江西省社会科学"十四五"基金项目"乡村振
江西乡村旅游文创产品开发策略研究"（2

徐娓娓◎著

旅游文化创意产品开发理论与实践

云南美术出版社

图书在版编目（CIP）数据

旅游文化创意产品开发理论与实践 / 徐姗姗著 . --
昆明 ： 云南美术出版社， 2023.11
ISBN 978-7-5489-5484-2

Ⅰ．①旅… Ⅱ．①徐… Ⅲ．①旅游产品－产品开发－
研究－中国 Ⅳ．① F592.6

中国国家版本馆 CIP 数据核字（2023）第 201904 号

责任编辑：陈铭阳
装帧设计：泓山文化
责任校对：李林　张京宁

旅游文化创意产品开发理论与实践

徐姗姗 著

出版发行　　云南美术出版社

社　　址　　昆明市环城西路 609 号

印　　刷　　武汉鑫金星印务股份有限公司

开　　本　　787mm×1092mm　　1/16

印　　张　　12

字　　数　　250 千字

版　　次　　2023 年 11 月第 1 版

印　　次　　2023 年 11 月第 1 次印刷

书　　号　　ISBN 978-7-5489-5484-2

定　　价　　66.00 元

前　言

随着社会经济的高速发展及旅游的日趋大众化，我国的旅游行业进入了快速发展的时期，这促进了旅游市场需求量的井喷，同时大量旅游产品的出现也导致竞争日益激烈。游客对旅游产品的需求趋于个性化和多样化，旅游产品开发的多元化必然成为旅游业发展的客观要求。旅游文化产品的开发和设计与旅游业发展息息相关，反映着人类文明的进程以及人类与自然的关系。优秀的旅游文化产品源于艺术与文化、艺术与工艺、艺术与材质的完美融合。每一个景区的品位和内涵，都会随着高水准旅游文化产品的开发而得以辅助提升；每一个旅游产品作坊或企业的经济效益，都离不开高艺术水准旅游工艺品热销的维系；每一个游客的美好回忆，都离不开对特色旅游文化产品的审美回味。

本书内容是关于旅游文化创意产品开发理论与实践，第一章至第二章从旅游与旅游产业入手，介绍了旅游产业与文化产业融合发展的动力与手段，使读者先对文化旅游有一个简单的认识；第三章至第七章分析了文化创意产品相关基础知识、旅游文化创意产品概述、设计理论、产品设计、旅游文化创意产品开发的理论与策略等内容，由浅入深地探讨了旅游文化创意产品的设计开发思路；第八章至第九章阐述了博物馆与乡村旅游文化创意产品的开发及探索。

编者在编写本书的过程中，借鉴了许多前人的研究成果，在此表示衷心的感谢。由于旅游文化创意产品开发涉及的范围比较广，需要探索的层面比较深，在编写的过程中难免会存在一定的不足，对一些相关问题的研究不够透彻，提出的旅游文化创意产品开发思路也有一定的局限性，恳请前辈、同行以及广大读者斧正。

目　录

第一章　旅游与旅游产业

第一节　旅游的内涵

一、旅游的要素与特征

（一）旅游的要素

开展旅游活动需要最基本的六个要素，即吃、住、行、游、购、娱，以此满足人们旅游活动的最低层次需要。离开这六要素就无从谈旅游，它们是旅游活动发展的产物。在我国，旅游活动的要素目前较为流行的有"三体说"和"新六要素说"。

1．三体说

旅游活动是一项涉及面十分广泛的综合性社会经济文化活动。按照三体说的观点，旅游主体、旅游客体、旅游媒体是构成旅游活动的三大要素。

（1）旅游主体

一般情况下我们将旅游活动的主体理解为旅游者。旅游者也可以简单地称为游客，主要指离开自身居所到其他地区进行旅游活动的人。从旅游的发展历史可以看出，旅游者先于旅游产生，此后才围绕旅游者出现了各种提供旅游服务的从业人员。在旅游活动中，旅游者是一个重要的主导性因素，旅游者的数量、消费水平、旅游方式等对于旅游业发展具有重要意义，是决定旅游业内部各种比例关系及其相互协调性的主要因素。因此，在众多旅游因素中，旅游者是其中最活跃的因素。

（2）旅游客体

旅游客体一般指旅游资源，也就是一切与旅游活动相关的资源。旅游资源的本质是存在于自然环境和人文环境中，在一定程度上对旅游者形成吸引的事物和现象。旅游资源在旅游活动中处于客体地位，与旅游主体相对。当一个个体在拥有充足时间和金钱可以开展旅游活动时，其为了求职或娱乐开展旅游活动之前，首先考虑的便是旅游目的地，旅游者会结合自身实际情况选择那些可以满足自身旅游需求的国家或地区。此时，可以对旅游者的选择起到决定性作用的因素便是满足其偏好的旅游资源。当然这并不是旅游者在做出选择时的唯一思考内容，他们还会充分考虑旅游目的地的生活条件和服务设施等，但是这些需要并不是旅游者的首要需要。旅游资源具有自身特色，这些具有民族特色和地域特色的旅游资源是其他资源无法替代的，并且旅游者只有身临其境才可以真切感受这些旅游资源，单纯地依靠文字、图片和视频等无法使旅游者真正意义上得到精神满足。由此可以看出，对于旅游活动而言，旅游资源是不可取代的客观基础，是旅游目的地吸引旅游者的关键所在，是国家和地区开拓旅游市场、发展旅游行业的重要物质基础和条件。

（3）旅游媒体

旅游媒体即旅游业，旅游媒体一方面为旅游活动顺利进行提供条件，另一方面为旅游者提供各种旅游商品和服务，旅游业涉及方面众多，是一个综合性产业。旅游业的发展与众多经济部门和非经济部门相关，其中包括旅行社、旅游饭店和旅游交通等。

在整个旅游活动中，旅游业发挥着重要的纽带作用，其将旅游主体和旅游客体紧密地联系在一起，旅游者通常会通过旅游业提供的服务获取旅游资源，而旅游资源通常是通过旅游业充分发挥自身作用。当前，随着人们生活水平不断提高，我们已经迎来大众旅游时代，几乎所有旅游者都会利用旅游业为其提供的各种服务。旅游业提供的旅游服务虽然不是旅游者进行旅游的最终目的，但是旅游业连接起了客源地与目的地，连接起了旅游动机与旅游目的。在旅游业充分发挥作用的前提下，旅游者不用花费太多时间和精力在一些琐碎事情上，不需要为旅游过程中可能遇到的各种困难而担心，旅游业可以为旅游者提供各种与旅游相关的服务，在旅行过程中，各相关企业可以帮助旅游者解决吃穿住行各种问题。随着旅游业不断发展，旅游者的活动范围越来越大，活动时间越来越长，活动内容也越来越丰富。

此外，旅游业还可以发挥组织功能，该功能有效地推动了旅游业的进一步发展。从供给的角度来说，旅游业以市场的实际需求为依据对旅游产品进行科学组织，推出各种旅游活动，并围绕市场需求提供一系列配套产品。从需求的角度来说，旅游业采取多种多样的方式方法为旅游产品组织客源。旅游的组织作用自其产生就已经形成，并且这一作用始终有十分突出的表现，组织作用是促使旅游业形成并发展的基础。

总之，就旅游活动而言，旅游主体、旅游客体和旅游媒体是相互联系、互为制约的，旅游活动是由这三要素共同构成的有机体。一个要素发生了变化必然会引起其他要素的变化。例如，旅游者的偏好和决策决定了他们对旅游地的选择；旅游的客流量和流向，以及旅游者的时空变化，对旅游地的开发、服务设施的建设等产生一定影响，同时还会对酒店、旅行社等旅游媒体的工作产生一定影响；旅行社对旅游地的宣传效果良好，意味着旅游地本身具有较强的吸引力，而这又会作用于旅游者的选择，从而增加旅游者流量，相应地，旅游地的开发规划、环境保护也会受到影响，旅游地的基础设施建设等也会产生一定变化。

2. 新六要素说

（1）资源

旅游活动的顺利开展必须有资源做支撑。中华人民共和国国家标准 GB/T18972—2003《旅游资源分类、调查与评价》将旅游资源定义为："自然界和人类社会凡能对旅游者产生吸引力，可以为旅游业开发利用，并可产生经济效益、社会效益和环境效益的各种事物和因素。"旅游业的产生、生存和发展都离不开旅游资源，旅游资源是旅游业的核心环节。实际上，旅游资源与旅游产业的关系可以理解为"皮与毛"的关系，旅游业的生存和发展依靠旅游资源提供能量，可以说，旅游资源是人类旅游活动、旅游经济的主要源泉。由此可以看出，旅游资源是人类社会开展旅游的基础。

（2）环境

环境与人类密切相关，一切人类活动都需要在环境中进行，旅游活动作为一种人类活动自然也与环境密切相关。旅游环境是针对旅游活动而言的一种环境，它以旅游者为中心，涉及旅游目的地、旅游依托地，是一种由自然生态环境和人文生态环境共同构成的环境，是一种具有复杂性的复合环境系统。环境与资源同时具备同一性和差异性。从人类主体的角度来说，环境是其客观对象，资源则是存在于环境中，被人加以利用的部分。人类的生存和发展离不开环境，旅游业也是如此。对于旅游而言，环境可以发挥自身作用实现旅游产品质量的改善、旅游服务质量的提高等。同时，旅游也可以反作用于环境，科学合理的旅游发展有利于环境保护。

（3）文化

一般情况下，文化可以划分为三个层面，即物质文化、制度文化和精神文化。物质文化的本质是文化的物质状态，可以表现为建筑、器物等；制度文化的本质是文化的制度状态，可以表现为人们的行为习惯及各种社会规则等；精神文化的本质是文化的精神状态，这是一种抽象概念，表现为人们的观念、意识等。旅游的各个方面都蕴含着这三个层面的文化形态。

旅游是一种生活方式，人们之所以可以将旅游作为一种生活方式，根本原因在于旅游具有浓厚的文化性。人们的旅游需求实际上是一种精神需求，旅游活动就是为了满足人们的精神文化需求而产生的社会活动。当人类社会仍然处于原始发展阶段，受到生理需求压迫，那么旅游这项社会活动不会形成，这是因为人们将生存放在首要位置，尽可能满足自身最基本物质需求的情况下，无暇顾及旅游。从人类社会的发展历史可以看出，当人们的低层次需求被满足后才会产生高层次需求，因此，人们产生旅游这一需求的前提是低层次需求被满足，旅游需求实际上是对自由自在地体验与欣赏生活的需要，只有处于这种状态人们才可能产生真正意义上的旅游需求。通过以上分析，我们可以将旅游本质与人性高层次需求有机地联系在一起，可以将旅游本质与人的文化本性有机地联系在一起，同时还将旅游活动与审美活动有机地联系在一起。随着人们的旅游需求不断被满足，旅游本身也会不断升级，从猎奇观光向休闲娱乐的转变是一种必然趋势。从本质上而言，旅游是一种人类文化活动。

（4）科技

人类社会不断发展与进步，科学技术不断更新，而这些新技术逐渐应用和渗透到人类社会的各个方面，其中旅游业也受到了深刻影响。通过观察人类社会的发展历史可以看出，每一次的飞跃式进步都离不开科学技术，科学研究是人类社会进步的重要基础，科学技术的应用是人类社会发展的重要手段。科技革命推动了人类社会的进步，改变了人们的生活方式，旅游业作为新兴的产业当然也会受到新技术的冲击，但同时科学技术也为旅游业带来了更多的发展机会，科技引领旅游业发展已经成为一种必然趋势。一般情况下，国际旅游竞争力会经历4个阶段，即旅游资源竞争、旅游产销竞争、资本实力竞争和创新竞争，可以看出，旅游竞争力会随着发展阶段的推进越来越依赖科学技术。在经济全球化和知识经济时代，如何利用科学技术增强旅游业的国际竞争力，加快旅游业的发展，是我国旅游业的重大战略问题。

（5）余暇时间

旅游活动是一种高层次的文化活动，满足的是人们的精神文化需求，这就要求人们在进行旅游活动时花费一定时间和精力，由此可以看出，余暇是人类进行旅游活动的基本要素。旅游者的旅游支付能力、余暇时间和旅游动机决定了旅游活动的发生，只有这3个变量同时被满足，才可能产生旅游活动。1995年，我国实行"周五"工作制后，国内旅游蓬勃发展的现实表明，对于旅游而言，充足且集中的余暇时间十分重要，闲暇时间的变化与旅游市场的变化息息相关。近年来，旅游产业迅速发展，当前旅游业已经成为我国国民经济新的增长点，尽可能地满足旅游需求对我国发展具有重要意义，只有做到这一点才可以充分发挥旅游的作用，在更大程度上、更大范围内带动经济增长。因此，更多的市场化旅游需求需要有更多、更长、更集中的余暇时间。在这样的背景下，进一步改革劳动用工制度显得尤其重要，为了充分激发旅游对经济的带动作用，我们应该进一步探究缩短劳动时间、增加余暇时间的有效途径。

（6）经济能力

人们在开展旅游活动的过程中不可避免地会产生一定费用，从本质上来说，旅游活动是一种经济活动，因此经济能力是支撑人们开展旅游活动的基础，尤其是对于涉及面广、活动范围大、旅游周期变化快、旅游危机增多的现代旅游而言更是如此，所以具备较强的经济能力是实现旅游的重要保证。

（二）旅游的特征

旅游是一项内容丰富、形式多样、涉及面极广的社会经济现象，是一种短期性的特殊生活方式。旅游以其自身特色从一般的社会活动中脱颖而出，得到了全社会的积极参与。旅游的特征主要包括以下几点。

1. 普及性

在第二次世界大战以前，经济社会发展程度不高，只有少数有闲阶级才可以旅游，旅游活动在某种程度上属于一种阶级特权。第二次世界大战以后，特别是20世纪60年代以后，大众阶层成了旅游队伍的主力，旅游度假成为普通大众都可享有的基本权利。正如世界旅游组织在1980年发表的《马尼拉宣言》中明确提出的，旅游也是人类社会最基本的需要之一。

随着我国社会发展，人们的生活水平不断提高，也有了更多可以自由安排的闲暇时间，旅游人群数量越来越多，平均每人旅游次数也不断增加。随着全面建成小康社会，旅游已经成为人民群众日常生活的重要组成部分，我国旅游业进入大众旅游时代。

2. 流动性

旅游活动是一种暂时性的异地活动，也就是说旅游者需要从自身所在地移动至旅游目的地参与旅游活动。旅游者从客源地流向旅游目的地，从一个游览地流向另一个游览地，这就决定了旅游活动的流动性。旅游者的流动性构成了对交通的需求，这成为旅游活动的特点。

3. 地缘性

旅游的地缘性是由区域性旅游表现出来的。在世界旅游发展中，区域旅游一直保持绝对优势。早期，我国入境旅游者大部分来自亚洲地区，欧洲客源较少。这从国家旅游局公布的统计数字就可以看到，2006年和2007年，在16个主要客源国中，亚洲国家高达10个，其中韩国、日本分别居第一位、第二位。当前，亚洲国家和地区虽然依旧是我国入境旅游的主要客源国，但欧美国家和地区也逐渐成为我国的主要客源国，这说明我国的入境旅游主要客源国由东方向西方转移，由近程市场向远程市场扩散，由低端市场向高端市场发展。

4. 短暂性

旅游者进行旅游活动，是一种从自身居住地到旅游目的地观光、游玩的异地短时期的活动，一般情况下，旅游者不会在某一旅游目的地停留较长时间，因此旅游活动并不是人们在常住地进行的活动形式。可以看出，短暂性是旅游的特点之一。短时间是一个笼统概念，为了在统计上的具体操作更简便，有关组织对"暂时"的长短做了规定，例如，世界旅游组织明确规定了"暂时"为不超过一年。

5. 综合性

旅游者进行旅游活动，在整个旅游过程中会产生各种各样的需求，包括吃、住、行、游、购、娱等，旅游业根据旅游者的实际需要为其提供相应的服务，满足他们的各种旅游需求。具体来说，旅游活动的一个基础就是旅游地有满足旅游者需求的餐饮设施、住宿设施、交通设施、景点设施等。例如，不同的旅游者会根据实际需求选择不同的旅游活动形式，可能是观光旅游、探险旅游，也可能是探亲访友等，可以看出，旅游主体会根据自身实际情况对旅游活动客体内容产生多种多样的需求。同时需要注意的是，旅游资源既包含自然资源也包含人文资源，既包含物质资源又包含精神资源。由此可见，旅游活动是一项与社会要素、经济要素、文化要素等密切相关的人类社会活动，而这也决定了旅游的复杂性、综合性。

6. 异地性

上面已经提到，旅游是一种旅游者离开自身居住地前往旅游目的地的活动，因此旅游具有显著的异地性特征，旅游是一种旅游者在异国他乡进行的特殊精神文化活动。由于人们长期在某一固定地区生活，就会对周围的环境感到平淡乏味，也就激发了他们想要到异地探索的热情，激起了他们到异地进行文化交流和生活的兴趣，而旅游活动则能实现人们的这种需要，人们通过到居住地以外的国家或地区领略自然风光、人文景观、民俗风情等可以满足他们的猎奇心理。

二、旅游的功能

人们在闲暇时间选择旅游这种生活方式是为了前往异地寻求审美和愉悦，因此旅游最基本的特征就是异地性和短暂性。旅游活动的本质决定着其功能。旅游功能指的是旅游发展在社会、经济、文化等方面发挥的有利作用，它主要体现在三个方面：经济功能、文化交流功能、教育与情感功能。

（一）经济功能

旅游涉及的部门众多，是一种具有复杂性的文化活动和经济活动。旅游的规模大、范围广，涉及的部门和企业繁多，也正是因为这些部门和企业为旅游提供了必要的支持与服务，才促使旅游活动可以产生并发展。从经济社会的本质而言，产业部门和企业介入旅游活动，就意味着经济功能的产生。一般而言，旅游的经济功能会通过旅游企业、目的地社区居民的收入等方面体现出来。

旅游企业涵盖范围广泛，各种与旅游活动相关的企业都可以称为旅游企业，包括旅行社、住宿接待公司、交通运输公司、旅游产品商店等。旅游企业的目的在于满足旅游者需求，这些企业发挥各自功能为旅游者提供各种旅游资源、旅游设施和旅游服务，并且通过这种行为获得一定经济效益，一方面促进旅游业发展，另一方面实现自身发展。旅游在宏观经济方面主要表现为增加外汇收入、平衡国际收支、回笼资金、扩大就业等。

旅游的经济功能不仅仅是为国家和区域带来更多经济收入，同时还体现在就业方面。旅游服务业是劳动密集型产业，这就意味着旅游业的发展会为社会带来大量就业机会，缓解就业压力，而这又可以进一步促成新的社会财富的产生。

（二）文化交流功能

人们旅游时需要从所在地转移至目的地，是一种空间移动活动，在这个过程中就会引起一定的文化交流。人们通过旅游的形式进行交际活动，拉近了社会各阶层以及民族之间的距离，使人们消除偏见、增进感情。人们往往通过旅游来促进各国间的文化交流。旅游史研究已经表明，玄奘取经、鉴真东渡，对有关国家文化、科技的交流都起过重要的作用。1274 年，意大利人马可·波罗到达元朝大都，在中国游历了十余年，其著作《马可·波罗游记》开阔了欧洲人的地理视野，引起了他们对东方的向往，开启了中西方之间政治、经济、文化上的广泛交流。伴随着旅游活动的产生和开展，旅游者的生活方式、价值观念也会自然而然地影响到旅游接待地，旅游目的地的生活观念和生活方式会有明显的改变。

早在 1980 年，世界旅游组织一致通过的《马尼拉宣言》中就已经明确指出了旅游的文化交流功能："旅游在国际关系和寻求和平方面，在促进各国人民之间的相互认识和了解中，是一个积极的现实的因素"。旅游作为人们普遍性社会交往的一种活动，不仅有助于增进各国人民之间的相互了解，而且有助于加强国家之间友好关系的建立。

（三）教育与情感功能

通过旅游活动，人们可以开阔眼界、增长见识，因此旅游活动具有一定教育功能，是一种将教育与娱乐有机结合的特殊生活方式。人们在旅游过程中可以了解旅游地的人文地理知识。我国自古就倡导"读万卷书，行万里路"，实际上就是强调了旅游的教育作用，强调旅游与读书一样可以帮助人们增进学识和才情。

实际上，著名的地理大发现就是一次规模宏大的旅行活动。在地理大发现之前，新旧大陆相互隔绝，世界处于封闭状态，人们仅仅了解自己居住地的情况，并把自己所见作为整个世界，对于外部世界了解甚少。而在地理大发现后，世界的封闭状态被打破，人们开始认识外部世界，视野不再局限于举目所见。在这样的环境下，人们逐渐形成了新的地理观、世界观、宇宙观。随着人们对世界的认识越来越全面，开始意识到地球并不是宇宙中心，同时环球航行这项巨大成就证明了地球是一个球状体。

16 世纪中叶，在经济社会不断发展的背景下，旅游活动于西欧国家得到了进一步发展，一些西欧发达国家开始主动组织一系列以教育和社会认知为主要目的的求知旅行，通过旅行帮助旅游者更深刻、全面地了解世界，了解不同地区的风土民情、生活方式以及整体组织等，充分地发挥了旅游的教育功能。在封建社会结束后的 18 世纪，教育旅行迎来了真正的高潮，迎来了著名的"大游学"时代。法国的旅游业发展繁荣，巴黎是世界旅游收入最高的城市。法国十分重视旅游业发展，并且政府倡导充分发挥旅游资源的教育功能和社会效应，为了让更多人通过旅游受到人文熏陶，普遍降低了景点门票的价格。此外，法国的大部分人文景观是免费对记者、教师、档案员、未成年人、残疾人和失业者等社会特殊群体开放的。

旅游的教育意义并不是只有西方国家才重视，我国也始终强调旅游的教育功能。明代地理学家徐霞客根据其 30 多年的旅行考察经历著成了《徐霞客游记》。这本书不仅是优秀的旅游文学作品，更是研究区域地理的科学著作，特别是它对石灰岩地质地貌进行了系统研究，在该领域为世界做出了巨大贡献。

通过以上分析我们可以看出，人们通过旅游活动可以获得知识、增长见识，旅游的过程就是"求知、求新、求奇、求异、求乐"的过程，旅游的本质可以理解为一种综合性审美活动。旅游者有旅游倾向后，往往会根据自身需要明确旅游目的地，而在正式出游前，会通过各种途径收集旅游目的地的信息，这个过程实际上就是一种自我学习过程。到达目的地后，旅游者可以通过亲历亲行了解异地的风土民情、自然风光，可以通过游览一个地区的文化古迹更好地理解当地的历史和内涵，欣赏传统艺术所蕴含的美学价值，在与当地居民接触的过程中可以深入了解当地人民的生活方式和风俗民情。可以看出，旅游的过程实际上是旅游者对于目的地更加丰富和全面地认识的过程。

此外，旅游还具有道德教育功能，人们可以通过旅游获得结合实践、贴合实际的道德教育，相较于书本教育更具针对性、更有效。旅游活动是一种公共行为，旅游过程中出入公共场所，乘坐车船，都有利于人们遵守社会公德，遵守人际交往准则

第二节　旅游的影响

一、旅游发展造成的经济影响

（一）旅游发展对经济的积极影响

1. 旅游发展创造更多就业机会

旅游业作为第三产业的重要组成部分，在提供就业机会方面发挥着重要作用。与其他产业相比，旅游业在提供就业机会方面的优势主要有以下几点。

（1）旅游业是劳动密集型产业

旅游业是劳动密集型产业，创造就业机会的成本比其他行业低。在旅游接待工作中，许多工作都需要员工面对面给客人提供服务，因而需要大量的劳动力。

（2）旅游就业岗位层次丰富

旅游业中岗位层次多样化，对不同层次的劳动力都有需求，既需要会简单技能的普通劳动力，还需要一些高学历、高知识人才，所以旅游业能够有效提供多样化的就业机会，包容性较强。

2. 旅游发展有助于增加外汇收入，平衡国际收支

一个国家在发展国际旅游的过程中，可以有效地增加外汇收入，平衡国际收支。一个国家获得外汇收入的途径有贸易收入、非贸易收入和资本往来收入。旅游外汇收入是非贸易收入的重要组成部分。在非贸易创汇中，旅游业较之其他产业具有明显的优势。

对大多数发展中国家来说，经济发展比较落后，物质商品出口量有限，但为了发展本国经济，又必须进口外国的先进技术和设备，这往往形成国际收支的逆差。国际旅游的换汇成本低，同时具有便利的创汇优势。因此，通过发展旅游创汇可以平衡国际收支，并增加外汇储备，以弥补贸易逆差。旅游出口（旅游入境旅游）是我国获取外汇的重要途径之一。

3. 旅游发展有利于区域致富，缩小地区差异

一个国家可以通过发展旅游实现国内地区经济平衡发展，有利于缩小不同地区之间的经济发展差距。国际旅游可将客源国的物质财富转移到接待国，国内旅游则可把国内财富从一个地区转移到另一个地区，起到将国内财富在地区间再分配的作用。特别是在我国大部分贫困地区，受物质条件及交通条件的限制，丰富的旅游资源得以完好地保存下来，为旅游开发及旅游业的发展提供了重要基础。

4. 旅游发展有利于调整地区产业结构，带动相关行业的发展

旅游是一项涉及面极广的社会活动，因此旅游业具有综合性、关联性的特点。从整体上来说，旅游涉及吃、住、行、游、购、娱六大要素。旅游业不仅直接给航空、交通、饭店、餐饮服务、景区等带来客源和市场，而且间接地带动和影响了农村和城市建设。

旅游业是一个综合性产业，一方面对其他行业有很强的依托性，另一方面又有十分突出的关联带动作用，在国民经济和第三产业中处于一个产业群的核心地位，发挥着带动其他产业发展的核心作用。

5. 旅游发展有利于加速资金流转

我国当前的一大任务就是拉动内需，而发展国内旅游就可以实现这一目标，从而加快资金流转。商品回笼、货币回笼、财政回笼和信用回笼构成国家货币回笼的主要渠道。旅游业通过提供各类服务，满足人们的需要，而获取货币收入，就属于服务回笼的一种。在物质商品投放能力有限、难以及时扩大市场所需商品投入量的情况下，转移人们的购买趋向，鼓励人们多消费服务产品，则成为必要的货币回笼手段。从这个意义上说，发展国内旅游起着回笼货币、加快资金流转、均衡国内财政收支的作用。发展国内旅游可以拓宽消费领域，吸纳剩余购买力，起到缓解市场压力的作用。

（二）旅游发展对经济的消极影响

事物都具有两面性，发展旅游可以带动我国经济发展，但同时也可能对经济发展造成一定消极影响。

1. 旅游发展造成局部物价上涨

在旅游活动中，旅游者的消费能力往往高于旅游目的地的居民，在经常有大量游客来访的情况下，难免引起旅游目的地的物价上涨。同时随着旅游业的发展，土地价值也会迅速上升，房价上涨也会影响当地居民的正常生活。

2. 过分依赖旅游业会影响国民经济的均衡

旅游业在国民经济中的作用越来越重要，但从本质上说其并不是关系国计民生的基础部门。一个国家或地区不宜过分依赖旅游业来发展自己的经济。这是因为：

（1）旅游业具有极强的敏感性

旅游业是一个集合性的产业，也是依托性很强的产业，它是需要各项服务组合而成的综合体。而这个综合体，注定要和"脆弱"并行。因为旅游业很容易受到外力的影响，比如社会安定状况、气候状况、经济因素等。

（2）旅游业发展造成局部农业劳动力减少

某些农业资源占优势的国家和地区，从事旅游服务的工资所得远远高于务农收入，大量劳动人员弃农而从事旅游业，致使当地农业劳动力不足，大片土地荒芜，导致产业结构变化，进

而影响经济和社会的安定。

（3）旅游业具有较强的季节性

在旅游淡季，旅游季节性较强的国家和地区的设施设备和劳动力处于闲置状态，造成资源浪费的同时，还会出现严重的季节性失业现象。

二、旅游发展造成的社会文化影响

（一）旅游发展对社会文化的积极影响

1. 发展旅游业有助于增强民族自信心和自豪感

在旅游的过程中，由于交流频繁往往会使人们对自己的国家、民族身份产生强烈的关注。在旅游活动过程中每个民族通过积极展示自己、张扬自己，产生强烈的民族认同，进而激发自己内心深处的民族自豪感。

2. 发展旅游业有助于文化的交流

旅游是文化交流的载体。旅游者的自发融合促进了国家之间、地区之间、城市之间的文化交流。在外来文化与本土文化的相互碰撞、渗透中，各种文化得以扬长避短。接待地通过发展旅游，一方面可以了解别人，促进人类整体和世界大同观念的形成；另一方面又可以宣传自己，树立自己对外的良好形象。

3. 发展旅游业有助于科学技术的交流和发展

旅游是进行科学研究和技术传播的重要手段之一。以科学考察和商务拓展为主要目的的旅游活动，能促进国家间及地区间的科学技术的交流。科学考察和商务以外的旅游活动在客观上也发挥了交流知识、推进科学技术合作的重要作用。科学技术的发展是旅游活动产生和发展的前提条件，而旅游发展反过来又不断对旅游接待的科学技术提出新的要求，从而刺激科学技术的迅速发展。

4. 发展旅游业有助于民族文化的保护与发展

随着经济全球化进程不断推进和对外开放程度不断加深，文化成为决定一国国际竞争力的重要因素，而民族文化是一个国家或地区的重要旅游资源，发展旅游业对于民族文化的保护与发展具有重要意义。随着旅游业的发展和接待外来旅游者的需要，当地一些原先几乎被人们遗忘了的传统习俗又得到开发和恢复；传统手工艺品市场因市场需求的增加又得到发展；传统的音乐、舞蹈、戏剧等又受到重视和挖掘；一些被毁坏的历史建筑又得到恢复或维护；等等。这些原先几乎被抛弃的文化遗产不仅随着旅游的开发而获得了新生，而且成为旅游接待国或地区所特有的文化资源。它们不仅受到旅游者的欢迎，而且使当地人民对自己的文化增添了自豪感，从而促进了民族文化的保护和发展。

（二）旅游发展对社会文化的消极影响

1. 发展旅游业可能会加剧接待地的社会问题

旅游是一种现代文化传播手段,这种传播方式可以让信息在极其广泛的领域内大规模传播。旅游者在旅游过程中,不仅会把民族中的积极因素带入接待地,还会把消极文化因素传播到旅游接待地区。受西方社会生活方式和思想意识的影响,当地的传统道德观念会发生裂变和扭曲。由于旅游者在旅游接待地往往是出手阔绰,突出主客之间生活水平的差异,在这样的刺激和诱惑下,民族和地区自卑感和媚外思想会逐渐加重,接待地的部分居民极易失去纯朴的美德。另外,受到一些旅游者不健康的生活观念、生活方式的影响,旅游接待地的社会风气容易恶化,甚至会出现严重的社会问题,如色情、赌博等。

2. 发展旅游可能导致文化传统被同化,甚至消失

一般而言,来自文化强势地区的旅游者对相对处于文化弱势地区的接待地居民会产生一种示范效应,当地居民会争先学习、效仿其所带来的思想文化,接待地的传统文化由此而逐渐被外来的强势文化及现代文明所渗透和影响,进而被同化,甚至消失。

3. 发展旅游可能造成旅游地文化商品化问题严重

旅游产业的发展,既可使传统文化得到保护和发展,又能使传统文化受到歪曲和冲击。特别是在外来异质文化的冲击下,一些国家或地区的民族文化变味,甚至逐渐消失。比如,传统的民间习俗和庆典活动都是在特定的传统时间、地点,按照传统规定的内容、程序和方式举行的。但是很多这种活动随着旅游业的开展逐渐被商业化,它们不再按照传统规定的时间和地点举行,为了接待旅游者,随时都会被搬上"舞台",为了迎合旅游者的观看兴趣,活动的内容往往被修改。因此,这些活动虽然被保留下来,但在很大程度上已经失去了其传统的文化意义和应用价值。

4. 旅游发展可能对当地居民的正常生活造成干扰

为了适应开展旅游活动的需要,旅游接待地区的设施在数量和质量上会有所改善,方便了当地居民的生活,但是,旅游旺季的时候,游客往往和当地居民争夺这些设施的使用权。特别是在接待地综合接待能力有限的情况下,外来游客的大量到来使当地居民的生活空间变得相对狭小,当地有限资源的供应也变得很紧张,这些都会给当地居民带来诸多不便,干扰当地居民的正常生活。

三、旅游发展造成的环境影响

（一）旅游发展对环境的积极影响

1. 旅游地以自然环境为基础发展旅游业

当前,很大一部分地区可以成为旅游目的地就是凭借其良好的自然环境基础。旅游地的自

然环境往往是美学价值很高的旅游资源，具有一定的稀缺性和独特性，对人的吸引力巨大。在旅游业发展之初，人们也是为了欣赏美丽的自然风光而慕名前来的。良好的自然环境是旅游业发展的基础，同时旅游业的发展也为自然环境的保护提供了动力。

2. 旅游发展有利于环境的保护和改善

旅游有利于促进旅游目的地经济建设的发展和人们生活水平的提高，这个已经取得人们的共识，而良好的自然环境又是旅游业赖以生存和发展的基础和保障，所以人们认识到良好环境对当地发展及个人生活的重要意义，进而增强自身保护自然环境的意识和观念，并约束了损害环境的行为。

（二）旅游发展对环境的消极影响

1. 发展旅游业可能因为盲目开发和过度开发造成对景观环境的破坏

发展旅游业会在一定程度上改变旅游目的地的自然环境，在旅游资源开发利用过程中，旅游设施建设项目的规划不当或开发过度，会使当地原有的景观环境遭到破坏，影响旅游景观的旅游价值。这种"开发污染"，主要表现为有关设施建设与周围景观环境整体不协调，如古迹复原处理不当，新设项目改变或破坏了旅游区应有的民族风格和历史、文化氛围等。

2. 发展旅游业可能对历史古迹与原始风貌造成损害

长期大量接待来访旅游者，会使当地历史古迹的原始风貌甚至其存在寿命受到威胁。这不仅与旅游者的触摸攀爬及乱刻乱画等不当行为有关，而且旅游者接待量的增大本身就会影响历史古迹的存在寿命。

3. 发展旅游业可能造成自然环境污染，破坏生态环境协调

随着旅游业的开发和旅游者的来访，固体垃圾、废气、废水等被直接排放在自然环境中，旅游目的地不可避免地会发生恶性变化。

（1）旅游发展可能造成水体污染

主要来自旅游区的生活污水、固体垃圾和旅游船舶的废弃油污的排放。由于旅游者的大量涌入，旅游区的餐厅、宾馆等生活接待设施的生活污水排放量增加，固体垃圾增多。如果不经过净化处理，就会成为水体的直接污染源。

（2）旅游发展可能造成大气污染

随着旅游者进入旅游区，旅游交通运输量增大，机动车等交通工具废气排放量增多，以及旅游区内的宾馆、饭店等生活锅炉排放的废气，加上众多游客呼出的二氧化碳，都会对旅游区的大气环境造成污染。

（3）旅游发展可能造成噪声污染

随着旅游者的大量涌入，旅游景区景点人满为患，旅游者的喧哗声、商家的叫卖声、交通工具的鸣笛声都会加重当地的噪声污染。

第三节 旅游业的性质及作用

一、旅游业的性质和特点

（一）旅游业的性质

1. 经济性

旅游业涉及领域众多，具有丰富的功能，但从本质来看其仍然是一种经济产业。旅游业是一项高度分散的行业，主要由旅行社业、旅游交通业、旅游饭店业和旅游商品业等企业构成。在社会主义市场经济条件下，企业是以营利为目的并进行独立核算的经济组织，追求利润的最大化。旅游资源的开发和旅游设施的建设需要投资，投资者要收回成本，需要考虑投入与产出。旅游业主要由各种企业构成，理所当然是一种经济产业，具有经济性。因此，我们可以把旅游业看作具有经济性质的服务行业。经济性是旅游业的根本性质。

2. 文化性

文化是人类社会发展的产物，同时也是推进人类社会进一步发展的基础，是人类在社会发展过程中所创造的全部物质财富和精神财富的总和。旅游业赖以存在和发展的旅游资源，如自然景观、历史古迹、现代设施等都具有丰富的文化内涵。在旅游活动中，旅游者通过对包含丰富文化内涵的人文旅游景点和自然旅游景点的游览，可以丰富文化知识、增加见识、陶冶情操。旅游消费是旅游者为满足自己精神、文化需要而进行的消费活动，本质上是一种文化消费。因此，旅游业又可以被看作具有文化性质的服务行业。旅游业的文化性质表现在以下三个方面。

（1）旅游资源的文化性

旅游资源是能够吸引旅游者的一切自然和社会因素，是旅游活动的对象，是旅游业赖以存在的基础。旅游资源包括自然旅游资源和人文旅游资源两个方面，就自然旅游资源而言，大都有文化的因素隐含在内。

（2）旅游者的文化性

旅游是一种高层次消费，旅游活动是一种精神享受，像欣赏音乐一样，旅游者应该能从旅游活动中获得美的享受和精神的满足。对于一些人文旅游资源来说更是如此，它需要旅游者掌握一定的知识，因此我们说，旅游需求的产生需要一定的文化背景，那么旅游者就应当是有一定文化素养的人。

（3）旅游设施的文化性

不同国家或地区的旅游设施代表了不同的文化。从旅游交通方面来说，有的是飞机（这当然反映了现代文明），有的是马车；有的是汽车，有的乘坐人力轿子；有的坐火车，而有的骑牲畜。旅游饭店更能说明问题，有的是蒙古包式的，有的是西洋式的；有的是哥特式建筑，有的则体现着伊斯兰文化；有的是摩天大厦，有的是小巧竹楼。至于饭店内部更是如此，从墙壁的粉刷到室内的装饰，从服务内容到服务方式，从服务员的衣着到他们的举止，从餐食到饮料，这些无一不体现某种文化。

从以上分析可以看出，旅游业的两个基本性质为经济属性和文化属性，但在经济条件下，其经济属性是第一位的，是一项具有丰富文化内涵的经济产业。凡为旅游者提供服务的企业或个人，都是旅游商品的生产者和经营者。

（二）旅游业的特点

1. 季节性

旅游基于旅游资源发展，在气候、旅游资源的特点以及节假日等因素的影响下，具有明显的季节性特征。不同地区旅游淡季旺季到来的时间有所不同。在炽热的夏日，地处海滨的旅游地可能对蜂拥而至的旅游者应接不暇，旅馆爆满，交通堵塞，而在严冬时节，那些最寒冷的地方可能最具有魅力，哈尔滨的冰灯、阿尔卑斯山上的滑雪正像磁石一样吸引着各地旅游者。

由于旅游业具有显著的季节性，导致旅游企业在经营过程中需要考虑各种季节性问题，这就在一定程度上导致他们在旺季的接待能力不足，而在淡季却大量闲置，从而可能蒙受经济损失。为了解决这一问题，许多国家一方面利用旅游差价（即在淡、旺季采取不同的旅游价格，淡季给予优惠）以期在淡季多招徕旅游者，提高设施利用率。此外，在劳动力方面也采取了相应的措施，在旺季到来时，多雇临时工（包括饭店服务人员及旅行社的导游员等），而在淡季来临时，又将他们辞退，以便减少开支，增加利润，避免亏损。

2. 社会性

当前，随着经济社会不断发展，人们的生活水平不断提高，旅游具有了广泛的群众基础，已经成为一种普遍存在的社会活动；不仅是一种社会时尚，而且像吃饭、穿衣一样，已经成为很多人必不可少的生活方式。越来越多的人从事旅游活动，越来越多的人开始加入旅游服务行业。人们通过旅游得到休息和放松，通过旅游结交朋友增长见识，通过旅游释放自我、恢复活力和健康等。可见，旅游已经成为一种社会现象，旅游业具有社会性的特点。

3. 脆弱性

影响旅游业的因素众多，包括各种自然、政治、经济等方面的因素，而旅游业会因为这些因素的变化而产生明显反应，这就导致了其脆弱性，各种因素的微小变化都可能引起旅游业的波动。例如，哪一地区如果发生洪水、地震、气候异常等自然灾害，来这里旅游的人数必然减少。一个国家或地区的政局不稳定或者社会治安混乱，到这里旅游的人数也会减少。例如，菲律宾的恐怖和绑架活动时有发生，导致菲律宾的旅游业受到了很大的影响。"9•11"事件后，全世界民航机票预订率平均下跌了12%～15%，使美国多家航空公司大幅度裁员，北美洲、加勒比、南美洲、中东和北非等地区的航空业、旅馆业和旅游业受到沉重打击。受此影响,游客流向也发生了很大变化:美国来华入境旅游人数大幅度下降,而日本等客源市场原本打算赴美国旅游的客流由于受阻而转向中国。世界经济形势及外汇市场汇率的变化也会对旅游业产生影响。世界经济增长较快时期,国际旅游的游客就会增加。这些都说明旅游业对自然、政治、经济等各种因素反应敏感。

4. 综合性

旅游业的综合性是由旅游活动的综合性所决定的,旅游者的旅游活动包括食、住、行、游、购、娱等几个环节,因此,旅游业不仅需要提供服务的建筑业、银行业、邮电业、商业、农业以及文物、卫生、教育、轻工、纺织等行业和部门,它的发展更需要得到这些行业的协作、配合与支持。总之,旅游业的综合性这一特点对旅游业乃至整个国民经济的发展具有重要意义。

5. 高度弹性与抗危机性

上面提到了旅游业虽具有脆弱性,容易受到各种因素变化的影响,但是在一定的条件下,旅游业也易于建立、恢复和发展,也就是说旅游业具有较强的弹性和抗危机性。例如,特大自然灾害、时局动荡之后受打击最直接的是旅游业,而经过短暂调整后,率先恢复并进一步发展的也是旅游业。可见,旅游业是既易受波动,又具有较强生命力的行业。

6. 劳动密集性与资金密集性

当前学术界对于旅游业产业类型的界定还没有形成一致意见,一些研究者认为旅游业属于劳动密集型产业,还有一些研究者认为旅游业属于资金密集型产业。我们认为,回答这一问题,首先必须确定旅游业这一概念的外延。对于广义的旅游业来说,它涉及第一、第二和第三产业中的很多行业,从而为旅游接待国或地区的居民提供了广泛的就业机会。

从当前国际旅游业发展实际情况来看,旅游部门每增加一名服务人员,社会上就要增加五名间接服务人员相配套。尤其是在当今生产力高度发达的社会,旅游已成为一种生活方式而遍及世界各地,从而需要越来越多的人从事旅游服务工作。从这个意义上讲,旅游业属于劳动密集型产业。但是,如果把旅游业仅仅看作是以旅游资源为基础,由旅行社、旅游交通和旅游饭店这三个行业组成,那么,旅游业就属于资金密集型行业。因为旅游资源的开发,饭店的建设,修筑公路,购买汽车、飞机等交通工具,无一不需要大量的资金,相对而言,这几个部门为人们提供的就业机会是有限的。也就是说,人均资本占有量相当高。因此,旅游业具有资金密集型的特点。以饭店为例,假定一座投资 5 000 万美元的中档饭店,共有客房 600 间,雇用员工900 人(客房数与员工人数之比为 1∶1.5),则人均占有资本 5.56 万美元,可见,这一比例是相当高的。

二、旅游业的作用

当前,随着人们生活水平不断提高,产生了越来越丰富的物质需要和文化需要,而发展旅游业可以更好地满足这些需要。通过旅游使人们在体力上和精神上得到休息,改善健康状况,开阔眼界，增长知识，推动社会生产的发展。旅游业的发展以整个国民经济发展水平为基础并受其制约，同时又直接、间接地促进国民经济有关部门的发展，如推动商业、餐饮服务业、旅馆业、民航、铁路、公路、邮电、日用轻工业、工艺美术业、园林等的发展，并促使这些部门不断改进和完善设施，增加服务项目，提高服务质量。随着社会的发展，旅游产业日益显示出它在国民经济中的重要地位。

（一）旅游业发展有利于价值提升与品牌建设维护

1. 旅游业具备拉动效应

一方面，旅游者会因为旅游活动到旅游地进行消费，使当地产品的销售直接面向市场，节省了中间流通环节上的费用，能够按照市场终端价卖出，从而获得更高的回报，我们称这部分价值为终端消费带来的价值提升。另一方面，游客在进行旅游消费的同时，还能够享受到不同于一般购物过程的新型体验和服务，使产品的最终价格高于一般市场上的价格，我们将高出的这部分价值称作体验性消费带来的附加价值提升。

2. 旅游业具备品牌效应

城市品牌是一个城市在推广自身形象过程中传递给社会大众的一个核心概念，期望得到社会的认同，即所谓的品牌知名度和美誉度。其中，文化是一个城市或区域发展的根基，是区别于其他城市的差异所在，是城市品牌形象的灵魂。旅游作为一种体验性活动，能够将一个城市的文化遗存、非物质文化遗产、民俗风情转变为吸引物，使游客体验后并迅速传播出去，形成目的地品牌形象。

由此可见，一个地区的旅游形象在一定程度上与其城市形象具有基本一致的目标群体和发展目的。旅游业可以最大化地释放一个城市或区域的吸引力，并使游客产生感应或共鸣。另外，旅游的外向性和美好性，也能提升城市品牌的知名度和美誉度，从而带动整个城市或区域的品牌价值提升，并最终促使人、商品、资产等的价值得到提升。

（二）旅游业成为经济发展新常态下的重要增长点

在经济发展新常态下，旅游业是稳增长的重要引擎，是调结构的重要突破口，是惠民生的重要抓手，是生态文明建设的重要支撑，是繁荣文化的重要载体，是对外交往的重要桥梁，在国民经济和社会发展中的重要战略地位更加凸显。

随着人们生活水平不断提高，现代旅游业已经成为经济发展新常态下新的增长点，相较于其他经济增长点，现代旅游业独有的特征和优势，主要包括以下内容：第一，旅游业是资源消耗低、环境友好型、生态共享型的新增长点。第二，旅游业是消费潜力大、消费层次多、持续能力强的新增长点。第三，旅游业是兼具消费、投资、出口"三驾马车"功能的新增长点。第四，旅游业是就业容量大、层次多样、类型丰富、方式灵活、前景广阔的新增长点。第五，旅游业是带动全方位开放、推进国际化发展的新增长点。第六，旅游业是增强国民幸福感、提升国民健康水平、促进社会和谐的新增长点。第七，旅游业是优化区域布局、统筹城乡发展、促进新型城镇化的新增长点。第八，旅游业是促进脱贫致富、实现共同小康的新增长点。第九，旅游业是新的经济社会组织方式，是有助于提高全社会资源配置效率的新增长点。

（三）旅游业发展具有经济拉动作用

旅游活动是一项具有经济性质的社会活动，是以"游客搬运"为前提，产生游客在异地（住宅生活区域外）进行终端消费的经济效果。这一搬运，把"市场"搬运到了目的地，搬运到了景区，搬运到了商业区，搬运到了休闲区、度假区，搬运到了郊区、乡村。

在旅游目的地的旅游观光消费，同时还涉及交通、饮食、娱乐、游玩、运动、购物等各方面消费，甚至可能涉及医疗、保健、美容、养生、养老、会议、展览、祈福、培训、劳动等非旅游休闲的延伸性消费。通过游客的消费，目的地的消费经济及相关产业链发展就被带动起来了。不仅如此，旅游产业的价值要远远超出一般消费产业的拉动价值。旅游产业在带动目的地消费、GDP、就业增长的同时，还带来了当地居民收入提高、文化品牌价值提升、环境生态价值提高、和谐社会建设等一系列良性社会经济效应。

从本质上看，旅游业之所以具有"动力效应"，是因为"搬运市场"带来的客观能力，是直接的消费动力。通过"搬运"，游客产生餐饮、住宿、游乐、购物、会议、养生、运动等综合性、多样化的终端消费，带来"出游型消费经济"，进而促使整个旅游目的地形成消费经济链及相关产业的聚集，最终带动当地经济社会的全面发展。

发展旅游业可以更好地实现市场需求和供给的有效匹配，因此在资源丰富而市场不足的一些偏远地区，旅游业的经济带动功能会得到更多的体现，在消除贫困、平衡经济发展方面做出积极贡献。

同时，旅游业还属于劳动密集型产业，可以提供广阔的市场空间、层次丰富的就业机会，可以从整体上带动社会就业，推动社会发展。旅游业在解决少数民族地区居民、妇女、农民工、下岗职工、大学毕业生等特定人群就业方面，发挥了特别重要的作用。

此外，旅游产业综合性强、关联度大、产业链长，广泛涉及并交叉渗透到许多相关行业和产业中，如工业、农业、教育、医疗、科技、生态、环境、建筑、海洋等领域，形成了一个泛旅游产业群。旅游业在这一产业群中，带动其他产业发展，并延伸出一些新的业态，是产业发展的动力。

（四）推动现代旅游业发展具有重要的战略意义

1. 发展旅游业有利于同时提升"软实力"和"硬实力"

旅游的文化特性决定了旅游可以发挥出一个国家或地区的软实力作用。但是，旅游不仅是软实力，更是一种硬实力，这是由旅游业的经济属性和产业功能决定的。旅游业已成为综合性大产业，关联度大、涉及面宽、拉动力强，对稳增长、调结构、惠民生意义重大。无论是对GDP的贡献，对消费、投资、出口的贡献，还是对相关重点行业的贡献、对就业的贡献等，都充分体现了旅游业是一个国家和地区的硬实力。国家旅游局"515"战略中指出：旅游业具有软硬兼备、融合度高、覆盖面广、拉动力强的综合性实力，是拉动就业、改善民生、形成国家和地区综合实力的重要标志性产业；是国民精神文化享受、文明素质提升的重要行业；是促进人的全面发展进步的重要事业。

2. 发展旅游业有助于建设美丽中国

生态环境与旅游业休戚相关。旅游是经济社会发展到一定阶段的产物，是人们生活水平达到一定程度后的消费需求。旅游使人们在体力上和精神上得到休息，开阔眼界，增长知识，推动社会发展和文明进步。旅游业是一个产业群，核心是旅游资源、旅游设施、旅游服务。旅游业主要通过劳动服务的形式，满足旅游者进行旅行游览的消费需要，其行业基本特征是非生产性，具有资源消耗低、带动系数大、就业机会多、综合效益好等特性。相对其他产业，旅游业污染环境少、破坏生态少、能源消耗少，是一种绿色产业，是生态文明建设的重要载体。在建设美丽中国和实现生态文明建设过程中，旅游业对生态、文化的保护、利用和开发将发挥至关重要的作用，这对带动整体现代服务业在这一历史性征程中发挥更多、更大作用极为关键。

3. 发展旅游业有利于城市发展变革和国民生活品质提高

现代旅游业的发展对城市产业结构调整、城市功能转变、城市公共服务体系完善、城市文化脉络传承、城市形象整合传播等重要问题的突破起到了至关重要的作用。现代旅游业也越来越多地被国民认为是现代生活不可或缺的一部分和品质生活的重要衡量指标。

第二章　旅游产业与文化产业的融合发展

第一节　旅游产业与文化的关系

一、旅游是文化的载体

（一）旅游发展与文化发掘

旅游受制于文化，这是旅游与文化关系的一个侧面。另一个侧面是，旅游毕竟是一种独立的社会文化现象和经济现象，它受制于文化，又游离于文化之外，给文化以巨大的影响和作用。

旅游作为一种社会经济现象，具有强烈的文化属性。旅游对于旅游媒介而言是经济行为，而对于旅游者来说，主要是文化行为。游客观赏的对象往往蕴含着丰富的文化，旅游活动本身又能创造文化。旅游活动的本质是为了丰富精神生活。旅游作为一项实践活动，主要对象是包罗万象的大自然。大凡气势恢宏的文学艺术作品，多源于作者对自然万物的灵感。当然，旅游审美活动的内容是丰富多样、无所不包的，除了秀美绮丽的自然景观，还有文物古迹、建筑园林、音乐舞蹈和社会风尚等。这些源于自然又高于自然的人文景观是人和自然相结合的杰作，体现了人类的智慧和追求，对游客同样具有极大的吸引力。

（二）旅游发展与文化优化

欣赏和了解异族文化是旅游者外出旅游的动机之一，越是有特色的文化，越能吸引旅游者。为了发展旅游业，旅游目的地国家和地区总是想方设法突出自己的民族文化特色，从而使文化得以优化，如旅游使云南丽江古城的文化特色更为优化。

作为传统文化的有机组成部分，旅游文化一方面依赖传统文化而生存，另一方面又推动着传统文化在现代社会的继承和弘扬。在丰厚的经济利益面前，各地兴起了用传统文化包装现代旅游的开发热潮，许多独特而富有内涵的传统文化遗产得到了发掘和保护。随着游客源源不断地涌入，对当地民族传统文化的需求显著提升，各地许多濒临失传的传统精神文化和物质文化在旅游大潮的触动下纷纷得到了保护、发掘和利用，并融入旅游市场。传统文化随着旅游业的发展迎来了复兴的契机。

传统文化不仅丰富了现代旅游业的内容，在旅游发展中也得到了广泛的弘扬与传播。尽管在一些地方，在开发旅游资源的过程中产生了一些破坏旅游资源和生态环境的不和谐音符，在发展旅游的过程中，本地的特色文化和民族风情遭到了外地文化的侵袭和渗透，逐渐丧失其本真和特色，但不容置疑的是，绝大多数地方的传统文化得以弘扬和发掘，已经成为当地发展旅游业的重要依托。[1] 各地在发展旅游文化的过程中，一方面大力发掘和利用本地的传统文化，另一方面在不断地推陈出新，创造出各种各样新的文化形式，以满足旅游者日益增长的物质文化需求。这样，旅游文化因为传统文化的重新被重视而不断地发展壮大，传统文化借助旅游文化的经济功能得以留存和弘扬，并日益成为未来各地旅游业竞争的源泉和动力。

游客和当地居民之间的文化交流也有利于促进和平往来。人们因为旅游活动，离开自己惯常居住的熟悉的环境，来到一个陌生的地方，接触到新鲜的人和事物，生活在一个与以往截然不同的新环境中，以新的文化和环境扩大了视野，增长了见识，增加了对旅游所在地的了解，有助于相互之间避免误会、消除隔阂、增进了解、加深友谊。另外，不仅要让外面世界的游客走进旅游地，也要让旅游地当地民众走向外面的世界，从而实现相互之间的交流和理解，增进友谊。

在旅游产业发展过程中，旅游文化由于具有重要作用和地位，在现代旅游发展中愈发显示出独特的魅力和强大的功能。旅游业的竞争，归根结底是文化的竞争。旅游地文化内涵和品位的现实状况，直接关系到旅游地的资源特色和竞争实力，也直接关系到旅游业发展的兴衰成败。旅游作为人类特有的一种生活方式，主要是满足旅游者高层次的精神需求和文化享受，因此在旅游业的发展过程中，只有不断提高旅游地和旅游资源的文化内涵和品位，旅游地和旅游资源才会对旅游者产生持久的吸引力，旅游业才能实现持续、健康、快速发展。因此，在旅游业发展过程中，旅游文化扮演着至关重要的角色，正日益成为旅游业发展的新的经济增长点。

（三）旅游发展与文化传承

旅游文化的传承性是从时间的角度来讲文化一脉相传的特性的。任何现存的文化都是从旧文化中传承而来的，继承先前的文化成果，并在新的条件下进行新的文化创造，形成纵向的文化内涵的传承，使文化积淀越来越丰富。现存的旅游文化都是人类文化长期历史演变的结果。越是古老的资源，越具有丰富的历史积淀。

任何一种文化形态的产生都源于原有的社会生产实践和历史文化传统，它的发展要汲取母体中有生命力的部分，并运用到现实的创造实践中。这是一个循序渐进的过程，不能凭空创造或随意移植、模仿。旅游文化学是一门新兴的边缘性学科，学科本身具备的理论学术积淀并不丰厚，前人研究的成果相较于其他学科来说，在数量上是有一定差距的。因此，旅游文化学在其发展的初期阶段，必然要依赖文化学和旅游学，以及其他学术领域的相关学科强大的理论体系和研究方法，必须大胆借鉴、努力吸收这些学科的优秀成果，不断充实自我。

但是，有一点必须注意，即文化内涵、民族的价值观念和行为规范的传承不是简单意义上的完全拷贝，不是直接拿来就用，传承更重要的意义在于变化和演进。一成不变的文化模式丝毫没有生命力，只有在垂直继承的基础上兼收并蓄、勇于创造，才能形成真正有价值的文化积淀。

---

[1] 柴寿升：《论中国传统文化的旅游价值及其开发与保护》，烟台教育学院学报，2003 年（3）期第 78-81 页。

二、文化是旅游的灵魂

早在 1981 年，著名经济学家于光远就指出：旅游不仅是一种经济生活，也是一种文化生活；旅游业不仅是一种经济事业，也是一种文化事业；从旅游资源的角度看，文化事业的发展也具有决定作用。[1]20 世纪 90 年代，旅游文化学专家更加深刻地认识到，旅游文化是旅游业的灵魂和支柱，是旅游业可持续发展的源泉，是旅游业发展的经济增长点。

（一）文化是旅游资源的魅力所在

旅游资源是旅游业赖以生存和发展的前提条件，是产生旅游业的物质基础，是旅游的客体。构成旅游资源的基本条件是一样的。首先，旅游资源对旅游者来说应具有一定的吸引力，能激发人们的旅游动机，能使旅游者得到一定的物质享受和精神满足。其次，旅游资源应具有可利用性，对旅游业具有一定的经济、社会和文化价值，即旅游资源的开发能产生不同的经济效益、社会效益和环境效益。最后，旅游资源是客观存在的一种实在物，有的表现为具体的实物形态，如自然风景、历史文物等，有的则为不具有物质形态的文化因素，如地区民俗风情等。绝大多数旅游资源是先旅游业而存在的，并不会因为人们的开发利用而转移，即使是现代形成的旅游资源，如城市风貌等，也是在形成之后才被人们认识，并为旅游业开发利用的。随着旅游者爱好和习惯的改变，旅游资源的范畴会不断扩大。

文化内涵是旅游资源的灵魂。无论是何种旅游资源，都有其独特的文化内涵。实践已证明，旅游资源不仅有充实精神生活、增长知识、健身的功能，而且有促进经济发展、增进文化交流和相互了解的价值。对一个旅游资源来说，它本身是一种天然的存在物，并非为了旅游而存在，人们只有发现了它的美，才会去游览、欣赏，当地政府或是投资者感到有利可图，才会对它进行规划和开发，挖掘其文化内涵，它就成了旅游目的地。

文化资源是旅游的核心资源。旅游的潜力在很大程度上取决于文化的魅力和吸引力。旅游资源多种多样，但决定其品质的是文化。有了文化的内涵和底蕴，旅游就会平添无限魅力。体现文化特色，需要把握该文化的内核所在和特质所在，以现代形式、大众方式来诠释和表达。没有深厚的文化内涵，旅游就失去了生命和活力，更不可能实现飞跃式发展。从旅游业的发展来看，文化资源已经成为现代旅游的第一资源。凡是旅游吸引力、竞争力强的地方，都是有独特文化品格和文化魅力的地方。

从文化与人文旅游资源的关系来看，文化孕育着人文旅游资源，人文旅游资源包含着文化，要对人文旅游资源进行开发与鉴赏，就需要对其进行文化的解读。人文旅游资源属于文化的范畴，不少文化资源只要略加开发，就可以成为富有吸引力的旅游产品。大量的人文旅游资源都具有丰富而深邃的文化内涵，游人要欣赏、感悟它，规划师、投资商要开发、利用它，就必须具备一定的文化素养。从文化与自然旅游资源的关系来看，大好河山孕育文化，文化辉映大好

---

[1] 于光远：《旅游与文化》，《瞭望周刊》，1986 年（14）期第 35-36 页。

河山，两者相得益彰。此外，虽然许多自然旅游资源本身不具有文化属性和叠加的历史文化色彩，但自然美无疑需要从文化层面来鉴赏，需要用科学知识来解读，而且，要将自然山水转化为旅游产品，必须通过旅游开发这一文化手段来实现。从这个意义上讲，自然旅游资源同样也具有一定的文化特性，与文化是密不可分的。

（二）对文化的追求是旅游主体的出发点与归宿

旅游主体出游无非出于乐生、养生、健身、求知和审美的需要。这些需要按照著名心理学家马斯洛的需要层次理论，都属于高层次的文化需求。人们对充满异国他乡情调的城市文明、田园风光、民俗风情满怀好奇心，满怀憧憬和期待，这是人类求异心理的典型反映；人们总是希望在奇险幽野的山岳景观中获得美的感受，在壮阔雄伟的江河中获得美的熏陶，这是人类审美意识的苏醒与律动；人们总是期待在大自然中获得灵感，在人类文明的河床上获得智慧，这是人类求知、启智需求的体现；人们总是希望通过投身于自然忘却烦恼、获得快乐，通过参与异国他乡的民俗活动洗去心灵尘垢，获得愉悦，通过旅游团队人与人之间的和谐相处忘掉尔虞我诈、钩心斗角，获得心灵的慰藉，这是人类的本能；人们通过跋山涉水可以强身健体，通过回归自然、享受自然可以消除疲劳、缓解工作压力，这是人类健身养生的需要。上述需求的满足都需要文化的参与，也是文化的体现。

（三）文化是旅游业兴旺发达的源泉

一个没有文化的产业是没有活力的产业，一个没有文化的产业是没有灵魂的产业，是必定会被市场无情淘汰的产业。旅游产业也是如此。一个文化氛围浓郁、文化底蕴深厚的旅游产业对内可以团结员工、凝聚人心，对外可以吸引游客、获得效益。

文化与人类的物质生活和精神生活有着密切的关系。文化的核心内容就是人类在长期适应和改造自然的过程中所形成的思维模式和行为模式：思维模式包含在观念、信仰、知识、价值中，是看不见的，只有当它诉诸行为时才会表现出来；行为模式包含在人的行为和人类创造的各种物质形态中，是可见的、经验的。而对文化的研究往往从可见的行为开始，透过行为洞察其内在的价值观念。

文化渗透在人类活动的各个领域。旅游是一种休闲活动和方式，在旅游过程中游客可以暂时脱离传统文化义务的约束，不受世俗礼仪的支配，投身到一种新的文化关系中，即旅游文化是包含在旅游活动中的人类物质和精神活动成果的总和，同时它也是一种可供观赏和参与，并使观赏者和参与者都能深刻感受到的一种文化，它有非常明确的展示性和选择性，有很多艺术特色蕴含其中。旅游的本质是一种精神文化活动，是满足旅游者审美需求的社会文化现象。随着社会文明的进步，人们对精神生活的需求越发强烈，旅游者将越来越不满足于对山水景物的浅层观赏，而追求从文化的高品位上，从自然、人文景观与文化的契合点上去获得一种审美愉悦，去探求、认识和感悟一种文化的深厚底蕴。

第二节 旅游产业与文化产业融合发展的动力

一、旅游产业与文化产业融合发展的内在动力

旅游产业与文化产业融合发展的内在动力由旅游需求的多变性、旅游资源观的转变及旅游文化企业间的竞争与合作三大要素构成。

（一）旅游需求的多变性

当前，随着生产力、经济水平和人民生活水平的不断提高，旅游者的旅游需求也在变化。旅游需求的满足不仅包括从消费中获取物质层面的满足，更重要的是从中获取心理和精神层面的满足。总体而言，旅游消费需求的多变性源于旅游市场的不断成熟、旅游者对旅游体验广度和深度的不断追求、新的旅游消费特征及信息共享的时代特征。

我国的旅游产业发展至今，旅游产品已经逐渐分层发展，突出的表现就是旅游者对一些高端旅游产品的消费。携程网推出的"鸿鹄逸游"系列产品的成功，是旅游企业开始拓展小众市场、高端市场的一次尝试。相比国内"小长假出游爆棚"的大众游，小众市场的发展表明旅游市场开始出现分层，旅游产品结构开始有了消费额的高、中、低档之分，这标志着我国旅游市场开始走向成熟。旅游需求具有个性化属性，具有小批量、多品种、非标准等特点。成熟的旅游者对旅游体验的个性化和体验深度要求更高，驱使旅游企业为了争取更多的旅游者、抢占更大的市场份额而进行创意、技术等方面的改革，将旅游产业内的要素进行优化整合，引入文化产业要素，从而使旅游产业与文化产业融合发展。旅游产业的结构也因此而改变，从而能够满足旅游者日益增长的需求。

旅游产业与文化产业的融合发展，不仅要关注旅游需求的多变性，还要明确旅游需求最明显的三大变化：其一是越来越多的人追求在生态环境良好的地区完成自己的旅游生活，生态环境良好成为旅游者追求的核心目标；其二是越来越多的人追求情感氛围更浓的旅游环境，通过旅游来促进亲情、爱情、友情，促进人际交往过程中的情感传递；其三是越来越多的人追求文化浓郁的旅游目的地，在求知欲望的驱动下，丰富自己的人生经历，感悟人类文明。在这三大旅游需求的变化中，游客对文化的渴慕是最突出的变化，也是推动旅游产业与文化产业融合发展的内在驱动力。

（二）旅游资源观的转变

旅游产品的创造依赖不同形式的资源。传统理论中将旅游资源分为自然风光旅游资源、传统人文旅游资源和社会经济旅游资源。无论是自然的、历史遗留的，还是现今创造的对旅游者具有一定吸引力的人工创物，都具有成为旅游资源的价值。但随着社会的发展，人类物质生

活丰富到一定程度时，其欲望的追求便逐渐转移到精神生活层面。"知识经济""体验经济""符号经济"等众多以满足人类精神需求为宗旨的经济主题的提出，就是对人类社会发展阶段的一种概括。

也有学者指出，资源能否成为旅游资源，其核心点在于能否对游客产生吸引力，只要能够产生吸引力，无论其是有形资源还是无形资源，是物质的还是精神的，甚至只是追逐精神享受的一个过程，均可被称为旅游资源。这样的概括，从表面上看略显宏观、笼统，但时代潮流的发展对于旅游产品的需求确实已经达到这个层面。个性化、多元化、人本化、体验化是当今旅游产品应该体现并满足旅游者的特点。只要是健康的、符合社会伦理的资源，都可以被称为旅游资源，这也是旅游产业同其他产业，特别是文化产业关联度极强的原因。

旅游资源观的转变使原有的单一的自然风光与人文古迹等旅游资源所形成的旅游产品已经不能满足旅游者的体验需求。对于现今的旅游产品，体验性必须是放在第一位考虑的要素。体验即是对异域文化的体验。自古到今，人类所创造的物质的、精神的一切均称为文化。可以说，旅游资源观的转变是旅游产业与文化产业融合发展的内在动力。旅游资源观的转变使旅游者认识到旅游产业融合对旅游资源的丰富具有重要的作用，这种观念的发展也促使旅游产业对于旅游产品的开发更具有深度，对旅游产品范围的延展更具广度。

对于多数文化旅游资源富集且具备发展条件的地区，应通过积极开发文化旅游资源促进其保护工作；对于少数生态环境脆弱、敏感的地区，应实行封闭式的保护管理。切实做到有能力开发的就要很好地开发，暂时没有能力开发的就要很好地保护起来，等待后人去开发。那种绝对的保护、所谓纯自然主义的方式，既不利于环境与资源的保护，也不利于旅游业的发展。所以，应该将我国文化旅游资源开发与保护和谐地结合为一个整体指导思想和行动方案，以发展为前导，以保护为支撑，不仅使当代人脱贫致富，又把青山、绿水、蓝天留给子孙后代，这才是真正的、完整意义上的文化旅游的可持续发展。

（三）旅游文化企业间的竞争与合作

从系统论来说，在旅游产业与文化产业的融合过程中起主导作用的还是旅游文化企业的竞争与合作行为。这里的"旅游文化企业"是整个旅游经济产业系统内的要素，涵盖旅游活动基本要素的各个行业。旅游文化企业的本能是追求最大化的效益，而最大化的效益则来自旅游者最大化的满意度。为此，旅游文化企业必须不断地探索技术的创新和新产品的开发，不断谋求发展与壮大，不断思考如何更好地满足游客的需要，不断在变化的环境中谋求持续的竞争优势。旅游文化企业面对的环境日趋复杂，而旅游文化企业自身的经营行为又使其环境更加复杂。旅游产业融合就是这些竞争中的企业互动发展的结果，它们改变了传统的竞争和行业观念，"竞合"和"跨界"的思想应运而生，形成了相互渗透、相互融合的关系。旅游文化企业所有的行为都源自旅游者的需求，所以说，消费者旅游需求的提高是旅游产业与文化产业融合的根本原因。如果企业没有为这些新需求做出努力，两大产业的深度融合也就无从谈起。因此，旅游文化企业的竞争与合作行为是旅游产业与文化产业融合的主导力量。

旅游文化企业作为旅游产业与文化产业融合的主体，对经济利益的追求是其进行融合的重要动因。文化产业要素的注入提升了旅游资源的品位和内涵，扩大了旅游产品的数量和种类，增加了旅游收入，并促进了旅游业的发展；旅游产业与文化产业的融合使旅游成为文化产业发展的载体，同时，旅游产业的介入也扩大了文化产业的市场空间。

二、旅游产业与文化产业融合发展的外在动力

（一）市场需求的增强

产生旅游动机的两大要素是时间和金钱。旅游是社会发展到一定阶段的产物，工业社会给人们带来的财富为旅游的实现提供了经济支持。当国家经济发展到一定程度时，随着社会生产力的增强和科学技术的进步，人们逐步从繁杂的工作中解放出来，闲暇时间日益增多，加之人们对于精神生活不断追求，旅游动机便应运而生。

对于旅游市场需求增强的理解，应该从旅游者出游动机增强和旅游者对旅游活动内容及由此获得体验需要的增强等几方面入手。随着经济的增长，闲暇与经济状况允许的条件下产生旅游动机的概率不断增强。与此同时，人们生活观念逐渐改变，对于传统旅游的内容要求自然也会相应提高。走马观花式的观光旅游已经满足不了人们释放日常工作压力的需要，人们需要一种别样的精神体验和角色互换，实现在现实生活中无法得到的精神享受与追求。人们对于旅游内容个性化、多元化、体验化的追求促使旅游产品开发必须不断创新，从而满足更加多元化的旅游需求，促使与旅游相关的文化资源一改往日的文化表达形式，被赋予普遍价值观，进行二次创造，以迎合市场的高层次需求。因此，旅游需求量的增加和对质量要求的提高对旅游产业与文化产业的融合发展起到了根本的外在推动作用，促使旅游产业与文化产业融合，不断生产出新的旅游文化产品。

（二）文化体制的革新

我国在改革开放之前不存在"旅游业"和"文化产业"这两个名词，文化以"文化事业"称谓，旅游则以外事接待为主，两者均无明显的经济意义。文化作为传播民族思想、弘扬传统经典的有效方式受制于体制的束缚，一切文化的生产和消费都有计划、有组织地进行。随着改革开放的发展，政治、经济体制的改革不断深入，市场不断开放，文化改革才慢慢显现。

我们可以按五个阶段梳理我国文化体制改革的历程，即文化市场化萌芽阶段（1978—1992年）、文化产业化起步阶段（1993—2002年）、文化体制改革试点阶段（2002—2009年）、文化体制改革攻坚阶段（2009—2012年）、文化体制改革全面深化阶段（2012年至今）。

政府文化体制的改革使产业间的进入壁垒降低，产业的生产范围不断扩大，使产业间的渗透、交叉和融合成为可能，产业结构趋于优化。而旅游产业与文化产业融合发展始于文化体制改革攻坚阶段及文化体制改革全面深化阶段。也正是基于文化体制的改革，才出现了旅游产业与文化产业的融合发展。这种改革是两大产业融合的重要外部动力，它促使旅游产业与文化产业融合发展拥有了更广阔的发展空间，也有利于我国传统文化精髓的传承与弘扬。

（三）技术的创新

旅游产业融合的本质在于创新，而旅游创新必须以一定的技术手段为依托。当前，信息技术的发展和创新已成为旅游产业融合的直接推动力，由此引发的信息化成为旅游业融合发展的引擎。

旅游信息化是当前旅游业融合发展的重要特征。在旅游资源整合、设施建设、项目开发、市场开拓、企业管理、营销模式、咨询服务等领域已经广泛应用现代信息技术，从而引发了旅游发展战略、经营理念和产业格局的变革，带来了产业体制创新、经营管理创新和产品市场创新，改变了旅游产业融合发展的方式，加快了融合发展的深度、广度和速度。比如，积极将网络信息技术、动漫制作技术等引进旅游业，可以创新旅游宣传、营销方式，加快旅游电子商务的应用，催生如旅游动漫等新兴产业的崛起。

（四）旅游产业的发展

目前，随着国家经济的发展和社会的不断进步，我国已进入经济转型发展时期，产业发展面临着诸多压力。其他产业与旅游产业融合，一方面是基于产业自身长期发展过程中累积的废弃资源的再利用，以增加产值、提升效益；另一方面是谋求产业更广阔的发展空间和发展方向。其他产业基于自身发展需要而主动与旅游产业进行要素的交流整合，从而促成了融合的产生。一些传统产业基于自身发展的需要，开始与旅游业联姻，实现了资源再利用，提升了其产业的附加值，使产业链延长，产业的功能置换和创新得以实现。传统产业因为机器设备的老旧与废弃、产能过剩等情况，需要刺激新需求、开拓新市场、开发新产品、培育新业态，而旅游业为其提供了一个新的发展方向和视角，这些产业依托旅游业完成了自身的资源再开发，创造了新价值，提升了产业本身的效益，同时，丰富了旅游业态和旅游产品，延伸了旅游产业链。

三、旅游产业与文化产业融合发展的相互推动力

（一）旅游产业与文化产业融合互动效应分析

融合互动是产业集成的一种有效形式，有助于在产业边缘地带激发出全新的产品，形成互生共赢的多重效应。旅游产业与文化产业可以相互依赖、相互促进、共同发展，在融合发展过程中，旅游产业扩展文化产业发展空间，文化产业拓展旅游产业的内涵和外延。首先，文化产业依托旅游开发，挖掘文化，通过旅游这一载体传承、弘扬文化。其次，旅游产业依托文化资源提升旅游文化内涵，加快旅游业的发展。最重要的是，通过旅游产业与文化产业的融合互动，能够产生文化的附加值，达到两大产业经济效益"双赢"的目的。实际上，两大产业的互动能够充分彰显区域文化，从而实现区域经济的最佳效应。

1. 旅游产业扩展文化产业发展空间

文化产业依托旅游市场，以自己的独特方式和途径逐渐发展，而旅游在这一过程中充当了显而易见的载体。文化通过旅游产业让更多的人对其有所认识和理解，由此促进了文化的发掘

与传承，实现了文化资源的保值、增值，甚至是创新，因此旅游是文化发展的强大推力。游客对传统文化的好奇心是旅游中挖掘文化资源的关键因素。要满足旅游者的需求，就得注重对传统文化的传承与保护，让人们更深刻地认识到传统文化的延续与复兴的关键性，从而增强对文化的保护意识，带动文化体制不断完善。

2. 文化产业拓展旅游产业的内涵和外延

旅游产业与文化产业是相互依赖、相互促进、共同发展的，两者的关系密不可分。从旅游产业的角度来看，蕴含文化因素的旅游产品与其他旅游产品有所不同，更有吸引力，更有市场竞争力。这样，旅游产业依托文化产业，不断优化升级旅游产品，满足旅游产业多样化、个性化的市场需求，旅游产业的内涵与外延得到了扩展。

一方面，在旅游产业中注入文化，以文化的创新打造旅游文化产品，使静态的文化资源成为动态的文化旅游产品，从而延续了旅游产品的生命周期。文化的创新设计与文化资源的动态展示提高了资源产品的吸引力，提高了旅游效益。最明显的是，文化的引入提升了旅游产业的文化内涵，文化产业的介入不断扩展旅游产业的外延。

另一方面，旅游产业具有明显的季节性，而且经常受气候的影响。这是阻碍旅游产业发展的一个突出问题。在这种情况下，可以通过文化产业产品的介入解决此问题。文化是旅游的灵魂，能提升旅游的档次，关键是要走内涵式发展道路。只有在文化产业与旅游产业的融合发展上寻找突破口，将提升文化内涵贯穿到旅游发展的全过程，才能改变游客走马观花式的传统旅游模式，促进旅游产业提质升级，从而实现由门票经济向旅游目的地建设转变，增强旅游地的核心竞争能力。

（二）旅游产业与文化产业融合发展的相互作用

旅游和文化如同人的身体和灵魂，没有文化的旅游，则失去了灵魂与魅力；而没有旅游的文化，则失去了发展形态和活力。旅游产业和文化产业在本质上都具有经济性和文化性，在实际发展中，它们也密切关联、相互促进。总体而言，旅游产业对文化产业的发展具有引导和扩散作用，而文化产业对旅游产业的发展具有渗透和提升作用。

1. 旅游产业对文化产业具有引导和扩散作用

通过旅游的引导和扩散作用，区域文化得以彰显，以游客作为载体与外地文化进行交流和传播扩散；旅游的发展为文化资源的整合、开发提供指导思路和依附载体，可充分挖掘和整合区域文化资源，促进区域文化产业结构体系不断形成并完善，进一步促进其规模化与市场化，还可促进民族文化和历史遗产的延续与弘扬，实现文化保护与开发的良性互动。

2. 旅游产业能促进文化资源的开发、保护与交流

文化资源的历史性、时代性、无形性和脆弱性等特点注定了其发展的艰难性，需要外在的辅助条件。无形的历史文化和有形的文物遗迹很容易遭到现代文明的冲击而失去其原有的光芒，也容易受到自然环境的侵蚀而残缺不全、光辉不再，此外，随着时代的发展，其价值也会不断

地被忽视和淡化。面对文化保护和发展这个严峻问题，政府出台了一系列保障文化发展的相关政策，并从财政上加大对文化开发与保护的投入，呼吁社会公众提高文化保护意识并参与其中。但是，财政投入的资金相对有限，对社会公众的调动作用有限，不能完全满足实际需要，文化资源的开发与保护仍旧是文化产业发展的"瓶颈"。我国漫长的历史积累了丰厚的文化资源，其历史悠久、种类多样、内容丰富、独具特色，具有强大的吸引力。在当今旅游兴盛的时代，将文化资源开发打造成符合现代市场需要的旅游产品，具有巨大的经济价值；随着旅游产业的发展，文化资源的开发利用能带来可观的经济收入与较高的社会关注度，从而为文化资源的保护提供充足的资金支持与社会重视。因而，旅游产业的快速发展可以解决我国文化保护与发展面临的严峻问题。

（三）文化产业对旅游产业具有渗透和提升作用

文化是旅游的灵魂，没有灵魂的旅游是空洞无味的，会给人散漫的感觉，不易长期吸引游客的兴趣。我国有五千年的历史，历史文化和文物古迹丰厚；我国是多民族国家，各民族的民俗风情、建筑风格、宗教信仰不尽相同，这些都为我国旅游产品的开发提供了多样化的旅游资源类型和深厚的文化底蕴，对国内外游客具有强大的吸引力。

文化虽是静态的、无形的，但是具有强大的精神魅力。随着人们科学文化素养的不断提高，人们对于文化的渴求也日益增加。越来越多的人的旅游目的之一便是追求不一样的文化体验，拓宽视野和知识面，旅游中文化的魅力越来越大。以前，我们只能通过文字、口耳相传等方式了解古代的、异域的文化；现在，随着科学技术的发展，高新技术手段能够将隐性文化显性化、静态文化动态化。旅游产业因为文化的不断渗透而能够创造出更为丰富和更具魅力的文化旅游产品，打造更具市场吸引力和竞争力的旅游景区。

传统旅游景区往往拥有丰富的历史文化遗迹等文化资源，而身处其中，游客只是静态观赏和听导游解说，不能直观地感受和领悟，这种旅游方式已不能充分满足游客的需求。随着文化产业自身的发展及与旅游产业的融合，根据游客的需求，可借助现代科学技术手段，将传统文化资源进行梳理和推合，融入新的创意，改变传统的以静态文化旅游产品为主的状况，打造立体的、动态的、多样化的文化旅游产品，提升旅游产品的文化内涵和档次，将文化精髓更有效地传达给游客，满足其精神文化需求。

第三节　旅游产业与文化产业融合发展的手段

一、旅游产业与文化产业融合发展的资源整合手段

（一）以规划整合带动资源整合

旅游与文化资源的整合不仅是小区域内的排列组合，还是全国在旅游与文化整体发展规划下进行的整合。规划整合就是在已有成熟线路基础上，达成"大点带小点，长线引短线，宽面分窄面，大圈带小圈"的规划思路。"大点"与"小点"是以景点的等级及价值为区分点，"大点"即精品线路中的世界遗产或国家4A级以上旅游景点，而"小点"指地域性的旅游文化景点。长线与短线是以线路在交通上的可进入性及线路上景点的价值为区别，长线指连接处于主要交通干线上的或者价值较高的景点的旅游线路，而短线指连接处于次级交通干线或小点的旅游线路；宽面与窄面、大圈与小圈主要是指旅游景点与旅游线路结合而成的旅游网络的大小。因此，旅游的规划整合实际上就是对"点、线、面"的整合，即旅游上经常出现的"点轴"思路。点的选择至关重要，是整合的基础。整合过程既是"大化小"的过程，又是"小成大"的过程。这就要求在规划时以大点为基础，结合同级大点成为长线和大面，同时以大点为中心，整合同类文化内涵相似或者互补的小点资源，形成一个个以中心为辐射点的小圈，最终形成"大圈带小圈，小圈促大圈"的互动格局。

（二）以核心产业整合支撑产业

依据旅游产业与文化产业内部各行业与旅游消费的关联程度及产品属性，可将旅游文化产业分为核心产业与支撑产业。其中，核心产业是直接为旅游消费者提供旅游服务的文化旅游企业群，如文化旅游景区、文化旅游演艺业等。支撑产业是为核心产业提供物质支持、交通支持和各类支撑服务的相关企业群，如交通运输业、文化工艺品制造业、餐饮业、金融服务业等。核心产业与支撑产业是共生的关系，相互促进，互为支持。核心产业的发展需要针对性的支撑产业，而支撑产业的完善又需要核心产业做引领，两者循环促进、共同发展。具体而言，就是要结合核心产业的特点及要素，以其为指导来发展支撑产业，最终实现核心产业与支撑产业共赢的局面。以核心产业整合支撑产业，就是要根据核心产业的需求去安排相应的支撑要素，构建核心产业良好发展的平台。

（三）以不可移动的资源整合可移动资源

旅游资源与文化资源是否可移动与其是否有形紧密相连。一般认为，不可移动的旅游资源和文化资源以物质为载体，可移动的则常以非物质为载体，不管是物质的还是非物质的资源，

都可以通称为旅游文化资源。可移动非物质旅游文化资源本身具有小、散、乱的特征,在整合开发中具有与生俱来的劣势,资金匮乏、经济发展落后、民俗流失等都会造成其传承的间断;而不可移动的旅游文化资源由于其物态性质,可以长期存在发展,可以以旅游资源和文化资源的形态传承,但如果内涵开发不够,其发展就会受到制约。结合两者特点可知,借不可移动的旅游文化资源整合可移动的旅游文化资源,能很好地解决非物质旅游文化资源因非物化形态而难以传承、物质文化遗产因内涵开发不够而难以发展的缺点,两者的整合可以实现相互促进、相得益彰。

（四）以文化资源整合旅游资源

整合旅游资源不仅是对景点文化内涵的挖掘,还应该是在资源整合驱动下的产业资源的整合。因此,通过对文化与旅游两大产业内部的各个分支部分进行整合,可以达到全面整合的目的。

1. 影视传媒业、节庆会展业与旅游资源整合

旅游产业与文化产业的交互融合程度直接影响着旅游文化产业发展的高度,两者相互依托、相互渗透,借助以下几个方面来整合旅游资源会有一定的整合效果。

一方面,借助大众媒体来整合非物质文化遗产资源。这需要借助电视媒体,通过广告电视作品或拍摄专题纪录片来直接展现其现状。这适用于商品类遗产,如剪纸作品、醋、酒、传统美食制作技艺和传统中医养生等。杂志作为一种比较有效的宣传方式,也应该被考虑。据调查,境外游客了解旅游资讯的主要手段除口头传递之外,便是杂志和网络,因此尽可能地邀请外国旅游杂志的记者与编辑来旅游,并将一部分广告经费投放于有影响力的旅游杂志是必要而且可行的。至于网络对旅游的作用则更是显著,所以加强多功能、多语种旅游网站的建设,通过图片和视频等来展示旅游资源至关重要。另一方面,借助影视作品或节庆会展等媒体事件来整合现有物质文化资源或已经转化为旅游资源的非物质文化遗产资源。影视作品对旅游文化资源的影响不容忽视,可以有效发掘资源文化内涵、提升文化品位。影视文化凭着自身强大的娱乐功能与宣传效应,能够吸引观众前去影视拍摄地游览,回忆和体验故事中主人公的行为经历,印证故事片段的发生地。同时,影视作品对旅游地的展示时间较长,这会对潜在旅游者形成身临其境的刺激,使其转化为现实旅游者。

2. 艺术品、工艺美术业与旅游业的产业资源整合

目前,国内旅游业的发展忽视了旅游需求的不同层次,所开发的旅游产品缺少层次性、多样性和特色性。而国内文化产业消费不足,很多传统技艺的传承发展受到资金制约未能继续。而艺术品、工艺美术业与旅游业的融合可以解决这些问题。例如,山西省政府将工艺美术行业划归省文化厅管理后,工艺美术业与旅游业的融合更显必要。融合的实质即借助相对成熟的旅游业市场开拓文化消费市场,不断丰富文化产品的层次及内容,在更大范围内促进工艺美术业的发展,形成文化产业与旅游产业共同发展的双赢模式。

3. 休闲娱乐业与旅游业的产业资源整合

旅游产业是食、住、行、游、购、娱六要素俱全的产业体系。总体来看，要将文化产业中的休闲娱乐业与旅游产业进行深度融合，要用文化要素充实旅游业的娱、购功能。应变普通的观光旅游为丰富的参与性旅游，调动游客的积极性，吸引游客。在具有情景开发价值的景区，如乔家大院、平遥古城、莺莺塔等景点，让游客白天进行景点观光，晚上观赏艺术表演，身临其境地体会景区源远流长的故事，从而提升旅游品位，增加旅游趣味性。通过这些来扩大旅游产业规模，延长产业链条，促进上下游产业的发展。要积极借鉴国外其他地区文化资源与旅游资源融合的实践经验，建设一批集旅游、购物、娱乐、休闲于一体的旅游文化景区和文化旅游主题公园。在强化旅游功能配套的同时，整顿不合理文化，融入时尚文化，合理开发娱乐休闲项目，将历史与现代进行有机结合，营造让游客流连忘返的文化旅游项目，进而促进国内产业结构调整，拉动国民经济又好又快地发展。

二、旅游产业与文化产业融合发展的市场整合手段

市场整合理论是在实践中不断发展和完善的，而旅游市场与文化市场整合理论也在不断演化和发展。旅游产业与文化产业融合发展的市场整合手段，可以细化为旅游市场与文化市场的空间市场整合、旅游市场与文化市场的营销阶段整合和时间整合。

（一）旅游市场与文化市场的空间市场整合

众所周知，旅游产业与文化产业融合发展会形成一个新的产业——旅游文化产业，而在旅游文化产业领域所生产的产品即旅游文化产品。旅游市场和文化市场的空间市场整合是研究某一旅游文化产品市场价格变化对另一旅游文化产品市场价格变化影响的程度。从理论上讲，在完全竞争的假设下，处于不同区域的市场之间进行贸易时，某产品在输入区的单价等于该产品在输出区的价格加上单位运输成本，如果输出区的价格变化会引起输入区价格的同样方向和同等程度的变化，则称这两个市场是完全整合的。空间市场整合通常可分为长期市场整合和短期市场整合两种。长期市场整合指两个市场的价格之间存在长期的、稳定的联系，即使这种长期均衡关系在短期内被打破了，最终也会恢复到原来的均衡状态。短期市场整合指某一市场上该产品价格的变化会立即在下一期引起另一市场上该产品价格的变化，它反映了市场之间产品价格传递的及时性和价格反应的敏感性。如果某个国家的任何两个市场之间都是整合的，则称这个国家的市场是整合的或一体化的。实际上，任何一个国家的市场都不可能完全整合，完全整合是一种理论上的状态。

（二）旅游市场与文化市场的营销阶段整合

旅游市场与文化市场的营销阶段整合是指不同营销阶段的整合，主要研究同一商品在某营销阶段的价格变化对下一阶段价格变化的影响程度。如果旅游文化商品在不同营销阶段的价格满足"下一阶段价格＝上一阶段价格＋营销成本"，则此旅游文化商品营销阶段之间是整合的。例如批零市场整合，即某商品的批发市场和零售市场之间的整合。

（三）旅游市场与文化市场的时间整合

旅游市场与文化市场的时间整合主要研究某商品的现期价格变化对后期价格变化的影响程度。当满足"后期价格 = 现期价格 + 储藏费用"时，则称之为旅游文化市场的时间整合。

三、旅游产业与文化产业融合发展的营销整合手段

营销整合的概念源于管理学。在管理学领域，营销整合所要解决的关键问题是企业与外界的融合问题，即在整合基础上实现与竞争者"和平共处"，让消费者高度满意。现将营销整合视为旅游产业与文化产业融合发展的手段，则是指以游客为中心，对不同地市、不同资源的相关营销因素进行重组，统一旅游与文化的发展目标，统一区域或地区文化旅游的整体形象，以此来传递给国内外游客文化旅游的综合信息，达到吸引游客的目的。

（一）景点营销整合

就单一景点来说，要从内部提高旅游景点的文化内涵，根据不同地区的特色资源及重要营销事件来构思不同的营销方式。

(1)对于国际公认、知名度高的优秀旅游资源，如平遥古城、清明上河园、云冈石窟、张家界森林公园等，可以遵循"大景点支撑"的理念，在发展时直接把现实的旅游文化资源开发成旅游产品，并保持其原貌，形成精品旅游景区，构成国际旅游文化体系中的尖端旅游文化产品。

(2)对已失传的传统文化，可以按照历史记载，挖掘题材，恢复历史面貌，以人造景观的方式历史再现民族文化。山西襄汾"丁村古村落"便运用这种模式，通过仿照当年样式的建筑及民俗，向游客表演如何使用原始农具耕作、原始车船运输等古老的传统习俗及各种民俗，再现了远古人类的劳动和风俗习惯，以此吸引了大量国内外游客。

(3)对一些传统民俗节日和历史事件的发生地，可以借助具有一定时效性的旅游事件，构成区域文化旅游活动的时间多样性，借此进行整合，比如通过举办牛郎织女旅游文化节、峨眉山国际旅游节等营销事件进行旅游营销。

(4)对于包公祠一类的文化景点，可以在旅游旺季特别是"五一""十一"小长假及民俗节假日，由文化传播公司联合承办节庆演出，并与新闻媒体紧密结合进行广告造势、亮点宣传，重点突出大宋包公文化，借助影视宣传来扩大知名度。比如开封连续多年举办"菊花节"，利用这个独创性载体，通过新颖的系列文化活动及与国内外游客的交流，大幅度提升开封古城的知名度和美誉度，同时让国内外游客了解开封、关注开封，从而提升开封的经济和社会效益。

(5)对于一些民间文学的发生地景区，可以采用情景营销方式进行整合，即在旅游过程中给游客塑造一种小场景，使游客身临其境地感受到自己成了情景中的一个角色，打造"角色融入式旅游"；或者以拍电影的形式将旅游地的文化做成剧本，角色由游客来饰演，制成简短的电影片段，向游客收费后由其自己保存。这样的营销创新既可以增加旅游地的吸引力，又使游客感觉充实，能够提高整合效益。

（二）区域整体营销

不同地区之间的营销整合主要是对营销方式、营销人才的整合。中国地大物博、人口众多，各地区在经济发展、交通网络、资源禀赋方面各有差异。地域之间的营销整合主要是以旅游产业与文化产业为核心点，建立有效的营销服务平台。在营销理念上，各个地区要保持理念一致，致力于将本地区打造成为全国旅游文化基地，在类似及互补资源方面要坚持营销方式与资源存在方式求同存异的观念，通过有力的宣传促销来创造强有力的旅游文化品牌。在营销环节上，要与旅游文化产品的开发紧密相扣，使游客充分参与旅游文化品牌，体验品牌的多层次、多样性，同时通过营销方式的整合及旅游文化产品的设计，满足游客的层次化、定制化、特殊化旅游需求。在营销人才上，要加强国内各地区及省际旅游营销人才的合作与交流；在营销方式上，要借鉴运用分类营销、捆绑营销、有奖营销及季节营销等新型营销方式，使营销宣传的旁侧效应最大化，最终通过这些举措真正达到营销资源共享、营销人才共创、营销创意共思、营销效果共喜的整体营销整合局面。

四、旅游产业与文化产业融合发展的政策整合手段

（一）政策整合概述

旅游产业和文化产业在我国国民经济与社会发展中的重要作用已经得到中央政府的高度重视，旅游业已全面融入国家经济社会发展战略体系。保证旅游和文化业的可持续发展，健全旅游产业和文化产业的政策是必然选择。

产业政策是政府为改变产业间的资源分配和各种企业的某种经营活动而采取的政策。旅游产业和文化产业的政策整合实际上是政府为了实现一定时期内特定的经济与社会发展目标而制定的针对旅游产业和文化产业发展的许多相关子政策的总和。政府一般通过制定整合政策来有效地对旅游经济进行干预，通过制定符合本国国情的旅游和文化产业政策，国家能有效地提升旅游和文化业的国际竞争力，促进旅游产业和文化产业的可持续性发展。

1. 符合国家产业发展的重点

从经济产业特征和发展前景来看，健全我国旅游产业和文化产业政策整合符合我国产业政策制定纲要的工作重点方向。旅游产业与文化产业是朝阳式的产业，正处于新兴发展阶段，发展后劲十足。国家已把旅游和文化产业确定为第三产业的重点，明确将其作为第三产业中"积极发展"类产业重点发展。

2. 符合经济发展的客观要求

旅游业和文化业的发展能扩大内需，这是不容置疑的。把旅游业与文化业确定为国民经济的新增长点，这种提法就是在旅游业和文化业具有扩大内需的潜力的基础上论证的。为了实现我国经济的快速、持续增长，加快制定旅游产业和文化产业融合发展的政策也是发展市场经济的客观要求与必然选择。

3. 符合旅游业与文化业本身的特点

旅游业与文化业的融合具有依托其他行业及与其他行业有很大的关联性等特点，它的发展会涉及许多部门和行业，需要各个部门之间的有机合作，只靠某一个旅游部门或者某一级政府往往是不能完成的，需要通过国家的产业政策加以宏观指导，这也是确保国家对旅游业与文化业发展有效推动和调控的手段。

4. 政策制定具有现实可能性

目前，我国制定产业整合政策的条件已经成熟。实践中，我国旅游业和文化业发展的方向性、原则性、趋势性问题已经比较明确，这些有利条件决定了我国出台旅游产业和文化产业的整合政策具有现实可能性。

5. 政策制定具有现实必要性

旅游业和文化业发展速度相对缓慢，不同地区之间更是相差悬殊；基础设施的制约因素大范围存在，旅游业与文化业的整体效益难以得到发挥；国内知名的品牌产品少，市场竞争力不强；旅游业和文化业融合程度低，产业结构有待调整完善；相应的旅游产业和文化产业发展的政策较为滞后；我国颁布实施的相关法规还不能满足现实需要。因此，政策制定具有现实必要性。

（二）旅游产业和文化产业政策整合策略与政府调控思路

1. 把握旅游产业和文化产业政策制定的主体

首先，发挥政府的主导作用。充分发挥政府的指导、引导和倡导作用，为旅游产业和文化产业的发展创造良好的社会、经济、文化和自然生态环境。旅游业与文化业的高效持续发展，需要政府对其进行规划、规范、指导和控制；要发挥各级政府部门、职能部门的领导调控作用，同时需要处理好各级政府与企业及市场间的关系；要明确旅游产业和文化产业的管理主体、管理权限，防止管理混乱、令出多门的现象；要形成产业调控能力，加大政府导向性投入，广泛地调动起全社会投资发展旅游产业和文化产业的积极性。总之，通过政府的调控，资源可以得到有效的配置，旅游企业和文化企业的经济利益也能够得到保护。随着我国政治体制与经济体制改革的深入，政府主导型产业势必会产生转化，演变为政府指导型、政府协调型产业。

其次，企业层要深化改革。要按照市场经济要求，改革旅游与文化企业体制，积极推进多种形式的产权制度改革，搞活中小企业。一方面，走集约化经营道路，调整旅游与文化企业结构，实现跨地区、部门、行业的集团化大型企业、专业化中型企业、网络化小型企业的企业格局，创新企业的经营模式；另一方面，积极吸引国际资金、社会资本，要使民营资本进入旅游与文化行业，参与开发建设与经营，建立多元化投入的市场运作机制。

最后，根据比较优势理论，加快培育旅游企业竞争力，增强竞争意识。

2. 探索完备的旅游产业政策体系

根据市场的发展需要，国家要不断完善旅游和文化政策，明确旅游与文化经济的发展方向，指导旅游与文化经济的全面发展。这些政策主要包括以下方面：一是产业定位政策，即要明确旅游业与文化业在国民经济中的地位，这是一切具体政策制定的源头和根本。二是产业导向政策，即旅游业与文化业发展所应坚持的原则和方向。三是产业市场政策，即要明确和强调市场导向的观念，这是市场经济对产业政策的基本要求。四是产业布局政策。产业布局的宏观调控政策的目的和作用主要是调整结构、转变增长方式，其中包括经济结构调整、产业结构调整、产品结构调整等。五是产业投入政策。国家应鼓励社会各方面的资本投入旅游与文化业，贯彻"五个一齐上"和"内外资并用"的方针。六是产业组织政策。国家应要求加强旅游与文化市场主体的培育，为旅游与文化企业创造公平竞争的发展环境，实施适合经济特点的产业组织政策。七是产业保障政策。旅游产业和文化产业政策能否有效实施，在很大程度上取决于保障手段。要支持旅游与文化部门贯彻实施好产业政策，应以法律、法规等形式保证产业政策的实施。

3. 完善旅游产业政策的立法程序

产业政策制定的过程实际上是各方面、各部门利益主体知情、表达意见和利益博弈的过程，在立法的过程中要坚持公开、透明、民主、参与的基本原则。首先，针对目前产业政策立法起草的主体单一、部门的利益倾向严重等突出问题，在实际的政策制定中要采取多部门联合草拟的方式，形成良好的利益表达机制。其次，在政策操作中，要对项目的可行性和必要性进行论证，吸收公众参与，做好调研，应将该立法的背景、意义、目的、目标、进程、方案选择、总体内容，以及公众和专家参与的方式、途径、程序、具体办法等在一定的范围内进行公告，在公告期间要保障公众能充分表达其意见。最后，建立立法的跟踪评估机制，保持对立法全过程的监督，保证立法机构能够及时修订和矫正法律法规自身所存在的一些缺陷，进一步改进立法工作，不断地提高立法的质量。

4. 形成旅游产业国际合作与竞争的政策支持环境

随着我国旅游业与文化业国际地位的不断提高，国际合作与交流日益加强。我国积极参与世界旅游组织和地方旅游组织的各项活动，不断走向世界，不断扩大与主要客源国的交流。通过国际合作，交流发展旅游产业与文化产业的经验，在实践中，能够借助对方的力量来克服自己的不足，加速旅游产业与文化产业发展的进程；通过国际竞争，也可以培养较高品位的旅游产业与文化产业，从而进一步完善本国和地方的旅游与文化市场，为旅游产业和文化产业的健康、长期成长奠定基础。我国要加强对国际交流合作的政策支持力度，积极创新与外国企业的合作方式，支持本国旅游企业参与国际市场的竞争并给予必要的资金、人才等方面的支持。旅游产业和文化产业政策内容和形式也应该体现出这种政策导向。当然，需要注意的是，旅游与文化市场的开放是一个渐进的发展过程，要避免形成由于政策支持力度不够，而造成旅游产业和文化产业不能适应竞争激烈的市场环境而过早地成为衰弱产业的局面。

第三章 文化创意产品相关基础知识

第一节 文化创意产品设计概述

一、文化创意产品的概念

"文化创意产品，是指文化创意产业中产出的任何制品或制品的组合。从产品最终形态来看，文化创意产品包含两个相互依存的部分：文化创意内容与硬件载体。文化创意产品区别于一般产品的特殊性主要在于它的文化创意内容，这是文化创意产品的核心价值。但文化创意内容无法独立存在，必然要依靠具体的硬件载体而存在。"中央财经大学文化创意研究院院长魏鹏举通俗地解释了什么是有形文化创意产品，却忽略了文化创意产品也包含无形的服务。理解文化创意产品的含义，关键在于弄清它与一般文化产品和一般物质产品的关系。

（一）创意内核

文化创意产品作为文化产品的一部分，其本质都是通过人的劳动创造出来用以满足人们精神文化需要的产品。同时文化创意产品不同于一般文化产品，它是文化产品的重要分支。文化创意产品强调创意、重视创新，重视个人和团队的创造力以及知识的作用，强调文化对经济社会的支撑和推动作用。文化创意产品力求探索文化元素或文化因子，通过各种设计手法、表现手法以全新的表达方式诠释文化创意，以此提升产品和服务的附加值，为消费者提供独特的消费体验，激发新的消费欲望，引导消费升级。

（二）商品属性

文化创意产品与一般物质产品一样，都具有一般商品的属性。恩格斯对此进行了科学的总结："商品首先是私人产品。但是，只有这些私人产品不是为自己消费，而是为他人的消费，即为社会的消费而生产时，它们才成为商品；它们通过交换进入社会的消费。"所以，文化创意产品首先是面向市场消费并以获得经济效益为目标的商品。

（三）文化基因

文化创意产品作为文化产品的重要分支，必须具备文化内涵和文化功能，反映当下的文化生活。在满足市场需要的同时，也需要时刻注重促进和提高人的思想境界，改善人的精神状态，培育人的道德情操。

二、文创产品的发展历程

文创，从字面意思分解后可以分成文化、创意两个词，其中"文化"是指被某群体广泛认知并形成群体思想与行为系统的精神与物质内容；"创意"是创造意识或创新意识的简称，以创新的方式对原有的内容进行再解读与创造。与传统产品比较而言，文创产品在满足功能性需求之外，还要满足审美需求，注意文化元素的提炼。文创产品是基于某种文化主题通过各种创意转化手段形成具有市场价值的产品。文创产品受到地方文化元素、当下受众群体审美、名人文化的熏陶以及符号图形的特殊含义等因素的影响，设计者将这些因素多位一体地与文创产品进行融会贯通。[1]

"文创"的概念经过了三个阶段的发展。在"文创"的第一个阶段中，主要表现为"文化产业"，是文化产业化、商品化的过程。通过这一轮改革探索以后，发现并不是所有的文化都可以成为产业，比如博物馆、公共服务、非物质文化遗产。

第二个阶段，"文化产业"逐渐变为"文创产业"，在原来的基础上更加注重创意型的内容，将创意型的内容变成产品提供给公众消费。"文创产业"的观念推动了这一轮的互联网经济，特别是互联网创意经济的发展，互联网也为文创产业提供了大量的新物种、新IP。

第三个阶段，文创产业逐渐扩大产业范围，从单纯的文化领域逐渐渗透到人们生活的方方面面。今天，人们对生活的消费和体验行为都负载了越来越强的文化需求、审美需求、精神需求，传统产品上附加了越来越多的文化价值，通过文创产业把文化和生活紧密结合在一起，这就是文创产业进入新时期的表现。

"文创"的价值并不止步于自身的产品价值，更在于产品带来的附加价值。最明显的例子是美国的电影产业，美国是世界上最大的电影国家，一年国内票房总额可达100亿美金。这与美国经济总量相比几乎可以忽略不计，但是美国的经济政策和外交政策都十分重视电影产业的发展。美国所有对外贸易谈判当中必谈电影，可以说电影文化已经成了美国的特色文化之一，美国如此重视电影文化，看重的不仅仅是电影区区百亿美元的直接经济价值，而是电影让美国成为一个全球畅销品的间接价值。

为了更直观地理解文创产品的涵义，本文将把文创产品分别和创意产品、旅游纪念品、艺术衍生品三个类型进行区分界定。

（一）文创产品与创意产品的区别

文创产品是在已有的文化资源基础上，根据某个文化主题，开发富有文化内涵的创意产品。创意产品是指在产品设计、生产过程中融入创造力，创意是产品的附加价值。文创产品属于创意产品的范畴，文创产品在创意产品的基础上多了"基于某种文化主题"的附加条件。比如，同样是动画形象，2008年奥运会吉祥物形象"福娃"，是以人为本、万物和谐的天人合一理

---

[1] 卞证、曹宸：《浅谈地域文化元素在文创产品设计中的应用 —— 以动漫艺术周文创产品设计为例》，《艺术科技》，2016年029（011）期第3-4页。

念的综合表达，五个福娃分别代表海洋、森林、火、大地和天空，利用中国传统纹样、传统技法与现代设计相结合，表达了"绿色奥运、科技奥运、人文奥运"三大文化理念。而风靡全球的动漫形象"哆啦A梦""樱桃小丸子"都仅是由故事情节需要所创造出的人物、科幻形象。所以前者归为文创形象，后者归为创意形象。

（二）文创产品与旅游纪念品的区别

旅游纪念品属于文创产品的范畴，是旅游文创产品的前身。本土文化是通过当地文化旅游业进行传播输出的，基于本土文化的文创产品（即旅游文创产品）是旅游纪念品的再创作、再升华，目前已经把旅游文创产品纳入旅游业的重要分支。旅游纪念品属于旅游商品的范畴，是具有本土特色、纪念意义的商品，包括各类民族手工艺品、土特产等。

（三）文创产品与艺术衍生品的区别

文创产品是以某种主题文化为核心的衍生品，与艺术衍生品有部分交集。艺术衍生品可分为"直接衍生"和"创意衍生"两类，若原有艺术作品本身具有文化属性，在其基础上通过各种创意手段对产品进行创意衍生的产品，也可称为"文创产品"。通过直接衍生出的艺术衍生品，若不附有文化属性，艺术衍生品不可定义为文创产品。区分文创产品与艺术衍生品的方式就在于该作品是否具有可供创意设计提取的文化元素。文创产品是系统化的内容，文创产品包含文化衍生产品。

三、不同类型的文化创意产品设计

不同的时期，不同地区会形成不同的文化，每一种文化都具有其他文化所没有的优势，比如不同的风俗习惯、物质基础、文化心理等受环境影响，从而塑造了不同的价值观、思维方式。文化在借鉴彼此优势、相互交流、共同发展的过程中不断创新，取长补短。对于不同类型的文化创意产品设计可以分为以下三种：

（一）博物馆文化创意产品设计

博物馆的社会教育与娱乐功能是文化传承与传播的重要途径。博物馆依据收藏、展示物品的不同，可以分为历史类博物馆、美术类博物馆、自然与科学类博物馆、地域民俗风情类博物馆以及综合类博物馆等。多元化的文物资源成就了博物馆文化创意产品的特色。博物馆文化创意产品不仅有商品属性，而且具有传达馆藏品的象征意义、美学价值的高附加值，它可以传递文化的情境或感触，加深参观者的体验感受。

（二）旅游文化创意产品设计

在快速发展的信息时代，人们的民族意识和对民族文化的认同感逐渐增强，通过开发和应用地域文化来设计旅游文化创意产品，可以提高地域文化的存在价值。当前各国都致力于把本国特色展现在广大消费者面前，旅游文化创意产品将地域性民俗文化元素与实用性、创新性结合，不仅能够突出传统文化的价值，推广民族文化，也能够使消费者产生情感共鸣。比如，南京"总统府"的文化创意产品,有以"总统府"的大门为元素设计的文化衫,有以"总统府"前士兵形象为元素的 Q 版人物的书签,还有纪念徽章等等。旅游文创产品设计应用元素比较单一和直接。

(三)校园文化创意产品设计

校园文化是学校所具有的精神环境和文化气氛。以学校的人文特色为素材,以承载学校历史文化底蕴而开发的校园文化创意产品,是学校品牌开发、突出自身优势、提升自身影响并创造一定经济潜能的重要手段。校园文化创意产品在很大程度上承担了重塑校园记忆的功能。

四、多种多样的文化创意产品设计表现手法

在全球化的今天,人类进入了信息时代,文化和艺术的交流日益频繁,文化的多样性更为明显,文化创意产品的设计表现手法也多种多样,打破了固定的思维模式和地域间的限制。当代的设计经常采用折中的手法,融入各种文化元素,通过设计将各种文化带入人们的日常生活。新一代的消费群体对文化创意产品提出了多元化的需求,促使设计师们设计时运用多种表现手法,使产品丰富多彩;同时不断借鉴不同地域、不同历史时期的文化与艺术风格,与当代审美情趣相结合,创造出更多的表现形式,也形成独特风格的设计产品。

(一)文化创意产品外观设计的多样性

文化创意产品要吸引消费者,使消费者产生购买冲动,首先是要设计出独特的外观,文化创意产品的外观设计需要符合广大消费者健康的审美和爱好,具有普遍的、多元的价值取向。在造型方面,不同时代不同消费群体在审美上千差万别,于是设计的造型也就呈现出多样性的状态。

(二)文化创意产品使用材料的多种性

使用不同的材料可以表现出产品的不同档次,因此对设计产品材料的重视程度并不低于对设计本身的要求。随着科学技术进步带来的材料创新,设计师在材料方面有了更多选择,可将各种材料混合、交错使用,同时也拓宽了设计师的思维。

(三)文化创意产品功能的多元性

文化创意产品的设计不仅仅为了美观而设计,实用性也是产品设计中要考虑的基本因素。当代的文化创意产品使用功能越来越多元化,如钱包、手提包、披肩等实用性强的生活类文化创意产品越来越成为主要的设计载体。

(四)文化创意产品工艺种类多重性

手工精致类文化创意产品的设计带有浓厚的文化、地域差异。为了适应当地的自然环境及本土的人文地理,设计所使用的原料、蕴含的设计元素自然也是不同的,如苏州工艺美术馆的各类手工商品,价值不菲。这类手工化的文化创意产品虽然价格比较高,但能起到保护和传承地方传统手工技艺,让文化创意产品更加多元化和精致化的作用。

工业化的文化创意产品的设计具有生产效率高、生产规模大的特点，这种机械化大批量生产出来的文化创意产品，价格低廉，贴近大部分消费者的购买心理，对于文化的大面积推广起到了很好的作用。这类文化创意产品包括出版类书籍、宣传画册、导视手册、光盘等，可以直接向参观者详细深入介绍博物馆的主题展览和藏品，更方便参观者与亲朋好友分享体验，如故宫博物院出版旗舰店售卖的一些与故宫相关的书籍。

随着消费力和生活品质的提升，人们更加愿意将文化创意产品"带回家"。这类文化创意产品设计通常会选取最具代表性或最有特色的文化元素进行开发，灵活运用文化元素，将文化内涵转化为具有实用功能的产品，种类和形式多样，且美观有创意，能给予消费者不同的体验。文化创意衍生运用类产品大致分为三类：①生活用品类，包括杯子、杯垫、餐具、钱包等；②文具用品类，包括笔、笔记本、资料夹、书签等；③服饰用品类，包括 T 恤、领带、丝巾、收纳袋等。

高科技化仿真类文化创意产品的设计主要是满足收藏和鉴赏的需求，分为两种。第一种是价格高的高仿复制品，在使用的材料和制作手法上，高度还原传统文物，以高端的消费者为主，价格较高，生产数量少，附有证明书等以保证其真实性和珍贵性，具有收藏价值。第二种是价格较低的复制品，可以大量制造，采用不同材质进行复制，虽然不可避免地丧失了原有藏品的美感和艺术性，但考虑到市场及实用性，能够满足大部分人的消费水平。

第二节　文化创意产品的基本特征

文创产品的"体验价值"，要求其不仅需要满足消费者物质层面的需求，更重要的是满足消费者心理和精神层面的需求。文创产品在具备普通商品一般特征的同时，还应该具有区别于一般商品的特征，如文化性与艺术性、地域性与民族性、纪念性与实用性、经济性与时代性等。

一、文化性与艺术性

（一）文化性

创意产业具有很强的人文性，它是通过创造性思维激活思维、激活文化、激活情感、激活概念所产生的创新性理念，可为产品注入新思想、新文化、新情感、新概念，在很大程度上提高文化附加值，带来可观的经济效益。

文化性是文创产品的核心内容，是通过文创产品显现民族传统、时代特色、社会风尚、企业或团体理念等精神信息。消费者对于文创产品的消费，从某种意义上来说不仅仅是为了其实用性，更多是为了买"一种文化"和生活方式，是一种由文化带来的情感溢价。在体验经济时代，文创产品背后承载的应该是一种独特的文化和故事，凝结着独特的精神价值和社会内涵，需要体现文化渊源和消费者独特的价值追求。文创产品注重文化的创新，文化创新并不意味着一定要和传统文化结合，也可以是多元文化的创造性组合。同时，文创产品对文化的传承与创新，应当尊重文化本身的"精神内核"，切忌捏造和篡改文化。如平遥古城地图文创产品（图3-1），做到的不仅仅是与古城地图形态的契合，还运用古人"以龟建城"的理念，传达吉祥、安康、坚强和永固的美好寓意。

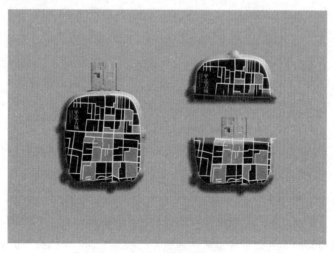

图 3-1　平遥古城地图文创产品

（二）艺术性

艺术性是指在结合设计条件、材料、环境进行设计活动时，创作主体应对设计的审美规律有所参照，设计作品应对设计审美要素有所展现。文创产品应具有艺术价值，凝结着受众群的审美特征，具有艺术欣赏的特性。艺术欣赏应包括文创产品外在形态和内在精神的欣赏，内外结合的美才能给受众带来愉悦的感受，同时提升人们的生活情趣和价值的体验，使文创产品与人沟通、与生活沟通。

因此，设计者在进行文创产品设计的时候，应当充分熟悉材质、工艺和形式所表现出来的特性，同时结合文化习俗、风土人情、神话传说、生活方式等，设计出外在形态符合形式美法则及当代的审美需求，内在故事能让消费者有所回味，从不同角度体现出产品独特的艺术审美价值。

二、地域性与民族性

（一）地域性

地域文化是以地域为基础，以历史为主线，以景物为载体，以现实为表象，在社会进程中发挥作用的人文精神活动的总称。地域文化反映着这一地区社会、民族的经济、政治、宗教等文化形态，蕴含着民族的哲学、艺术、宗教、风俗以及整个价值体系的起源。所谓地域性设计是依据地域特点的设计，主要包括基于地域环境的适应性设计和基于文化资源的传承性设计两个方面，其实质是一种生态性设计。

不同的地域必然有不同的文化空间，所呈现的文化环境也必然不同。如在中国，长江流域的文化与黄河流域的文化不同，但它们同属于华夏文明；荆楚文化与赣皖文化不同，但它们同属长江流域文化；而荆楚文化又可以细分为屈原文化、三国文化等。地域性设计的基本方法是提取传统文化中符号模式及功能模式应用于现代设计之中，以满足本地域文化共同体的审美心理认同，同时造成相异地区人们文化审美心理的差异感。在进行文创产品设计时，应概括出文化的共性和个性，突出文化的个性，反映特定地域的自然风貌和风土人情。当今文创产品对文化的阐释多流于表面，不能够深入地挖掘文化内涵，这也是导致同质化现象严重的原因之一。比如吉林省吉林市缸窑在清朝是东北陶瓷较大产地之一，有"缸都""陶都"之称，文创产品"独钓寒江雪"利用当地"特产"吉林钦瓷为原材料，纹饰则用"夜看雾，晨看挂，待到近午赏落花"来表现吉林雾凇因时间变化之美。

（二）民族性

艺术由人创造，而"人"不能离开民族而存在，尤其是离不开本土文化，即民族性。以"鱼"为例，鱼在中国有着美好的象征，若在设计作品中出现鱼，中国人自然就会联想到这个抽象符号所连带的一些特殊意义。而西方对鱼的理解往往与中国大相径庭。民族指的是一群人在文化、语言、历史或宗教与其他人群在客观上有所区分。一般来说，一个民族在历史渊源、生产方式、语言、文化、风俗习惯以及心理认同等方面具有共同特征。"民族的才是世界的"，在艺术风格上越具有民族性就越具世界性。同时，民族文化的独特性才能保持文化的多样化，如湘西的土家织锦、贵州的彝族漆器、西藏的唐卡等，各具特色、争奇斗艳。

不同的民族所表达的文化特性不同，设计师在设计产品之前，应该着重抓住民族文化的精神内核，找到共性与个性。在对文化元素进行提取时，应对民俗故事、纹饰、器物等进行分类梳理，在尊重民族习惯的前提下进行挖掘，设计出具有民族风情的产品，更好地弘扬和传承民族文化。

三、纪念性与实用性

（一）纪念性

纪念性是文创产品对情感和记忆的承载。纪念是人们在现实生活中的一种感知方式，并以这样的方式不断丰富个人和集体的文化意向，进一步形成丰富多样的人类文明。纪念性要求文创产品除了给消费者带来审美愉悦之外，更重要的是帮助人们回顾历史，更了解自身以及周边的世界。纪念性强调消费者与被纪念事物之间的关联性，而文创产品是将纪念性的意义赋予产品以唤醒某种记忆。

在进行纪念性文创产品设计时，可采用象征的手法。象征是以形象代表概念，运用象征的手法可以阐明与形象相关联的意义。最典型的象征手法有数目象征（如生日、革命纪念日等）、视觉象征（如品牌形象、纹饰等）、场所体验（如诗词意境、建筑等）。

（二）实用性

在设计发展水平相对超前的国家，实用性设计似乎不那么重要，人们更在意审美和艺术的趣味性。而在中国，在传统非遗项目中，传统手工艺创作者似乎更受资本市场和政府的青睐，很大程度上是因其可直接生产具备实用价值的产品。

鉴于中国国情，消费者在选择购买产品时更倾向于购买具备实用价值的产品。文创产品的实用性虽然不是必要选项，但应是设计者的重点考量维度。

四、经济性与时代性

（一）经济性

经济性是指以最低的能耗达到最佳的设计效果，文创产品设计应该具有较高的性价比，针对消费者群体特征而设定合适的价格。在旅游景点或文博单位，我们常常看到文物复制品或手工艺产品，缺乏创新性却价格虚高，让不少游客"望物兴叹"。文创产品的优势在于通过创意设计，赋予产品文化内涵，提升产品的体验价值，从而使产品具有较高的附加值，让消费者觉得"价格合理，贵有贵的道理"。

设计师应该考虑不同消费层级的群体，设计不同层次的产品，高、中、低档均有涉猎，让消费者有更多的选择空间。同时，相关部门应该加强监管和引导，从而提升消费者对产品的好感度、复购率等。

（二）时代性

艺术是人类生活中的重要组成部分。它可以培养人的认知能力、创造力以及审美能力。文创产品设计应当在兼具文化性的同时体现当代人的审美需求，与当代人沟通，使文化不跟时代脱节。时代性的对立面则是因循守旧，我国的部分手工艺或者民俗非遗传承难以维系，很大一部分原因是不能够适应时代发展潮流，与当下生活方式结合不够紧密。

随着中国顶层设计提出全面复兴中国传统文化，出现了一大批"古老"而又年轻的节目，如《国家宝藏》《如果国宝会说话》等弘扬传统的文化类节目广受好评。这些节目能成功的很大一部分原因就是注重与年轻人沟通和互动。中国的文创品牌要走出去，必须尊重中国的本土文化，同时符合国际审美。国际知名华人设计师刘传凯设计的上海世博会城市旅游纪念品——"城市·微风"，将上海地标以中国特有的折扇形式表现，利用了中国传统香木扇的拉花、烫花、雕花等制作工艺，极具时代性和纪念意义（图3-2）。

图 3-2　上海世博会旅游纪念品——"城市·微风"扇子

第三节　文化创意产品的基本分类方式

　　"文创产品"其实是一个比较广的概念，对于其内涵和外延学界业界也未能形成清晰的界定。本书中对文创产品的研究主要是依据艺术设计专业的设计实践，对文创产品的分类也主要是从艺术设计的角度进行考量。主要从四个方面进行分类：基于产品的设计对象分类、基于产品的材料工艺分类、基于产品的市场需求分类以及基于产品的功能分类。

一、基于产品的设计对象分类

（一）旅游纪念品

　　旅游纪念品目前并没有清晰的概念，海内外有学者将其分为广义与狭义。广义上，文化旅游产品是指利用能够满足人们的文化感受和精神消费的娱乐休闲、自然风光、风景名胜等旅游资源而打造的一系列旅游活动产品；狭义的文化旅游产品，即本书所讨论的产品，是指游客在旅游过程中购买的精巧便携、富有地域特色和民族特色的礼品。有人比喻旅游纪念品是一个城市的名片，这张名片典雅华丽，有一定的收藏与鉴赏价值。常见的旅游纪念品主要是指针对博物馆和观光景点所设计的文创产品。

　　国家统计局有关数据显示，近年来我国国内旅游市场的游客人数一直保持着稳定的增长趋势，年均增长率在 10% 以上。大众旅游时代，旅游休闲已成为百姓的生活常态，更多游客随着自身的经济水平不断提高，未来必将在旅游方面支出更多。

（二）娱乐艺术衍生品

　　艺术衍生品，是基于艺术品的艺术价值、审美价值、经济价值、精神价值而派生出的一系列商品，它来源于艺术品本身，却改变了艺术品自主性、个体性、不可复制性等属性，成为具有审美价值的可批量生产的一般性商品。而本书所说的娱乐艺术衍生品，主要是基于影视娱乐、艺术家作品、动漫 IP（即版权）等衍生出来的文创产品。

　　2015 年，动画电影《西游记之大圣归来》推出的衍生品首日销售收入突破了 1180 万元人民币，创造了国内影视衍生品的日销售额新纪录，2015 年也因此被看成是中国影视衍生品产业化的元年。2016 年，影视产业衍生品市场迎来了井喷式增长，互联网影业的进入正在开创衍生品市场的新局面。由光线传媒出品的《大鱼海棠》，仅衍生品就创下两周众筹 300 万元、总销量超 5000 万元的亮眼成绩。由此开始，衍生品的销售渠道不断被拓宽，销售种类也获得了前所未有的增长（图 3-3）。

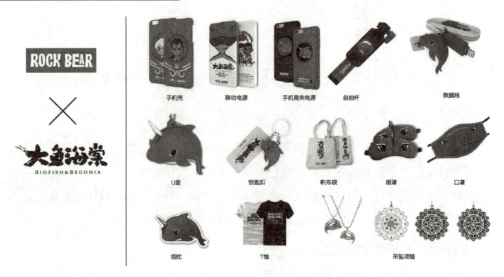

图 3-3 　《大鱼海棠》衍生品

在腾讯 UP2018 大会上，腾讯提出了"新文创"的概念，"新文创"是"泛娱乐"的升级，更强调 IP 的文化价值，以及文化价值与产业价值的良性互动。在这样的生态里，影视是文化表达最有利的途径，基于传统文化或者说中国文化符号的 IP 演绎显得尤其重要，同时这也给影视娱乐衍生产品设计带来了新的发展机遇。

（三）生活美学产品

生活美学指的是"美即生活"，强调的是对于美学回归现实的转向，通过日常经验和审美过程结合，从感性出发来理解和分析其美的感受。它是对于"日常生活审美化"与"审美日常生活化"最佳的理论诠释，也是现代美学的最终走向，即走向生活。生活美学产品主要是通过对生活的观察，把自己对生活方式的理解渗透到日常产品的细节，创造出美的甚至是引领生活方式的产品。正如乔布斯所说，"消费者并不知道自己需要什么，直到我们拿出自己的产品，他们就发现，这是我要的东西"。

"90 后""00 后"等新生代群体，在互联网和全球化的影响下，形成其中一部分反消费主义的群体，开始追逐 DIY、环保主义消费、极简生活方式等消费观，在一定程度上孕育了生活美学。这种新型的消费观以消费体验为核心，以社群关系为纽带，追逐个性和享乐，除实用性外，还对最终的产品作出审美判断，甚至关注产品的生产过程和生产者。但在互联网时代，消费者对生活美学的消费有时并非来自自己的体验，而是对一种潮流的追逐，催生了虚假生活美学。

中国的传统生活美学产品，应多关注中国传统生活方式和造物方式，如儒释道文化、茶道、花道和香道等。生活美学产品是对生活方式和造物方式的阐释，背后蕴涵深刻意涵、仪式感或是匠心，如老舍茶馆与洛可可合作 —— 新器新概念，根据盖碗哲学和禅宗哲学结合打造全新中国盖碗茶（图 3-4）。

图 3-4　老舍茶馆四季盖碗

（四）活动与展会文创

活动与展会文创一般指根据展会、论坛、庆典、博览会、运动会等所设计的文创产品，此类产品有较强的纪念价值，但时效性较短，往往会随着活动的截止停止生产和售卖。

（五）企业与品牌文创

企业与品牌文创指根据企业文化、品牌文化等创作而来的产品，主要用于展示和丰富企业文化、商务礼品馈赠、互联网话题营销等。品牌联名也是目前品牌与品牌之间较为常见的合作模式。如旺仔与国潮品牌"塔卡 TYAKASH"发布联名款（图3-5），旺旺集团把一系列经典、传统和民族化的东西变成新潮的、特色的和大众化的，通过可爱、调皮的形象拉近与消费者的距离，进一步使品牌年轻化。

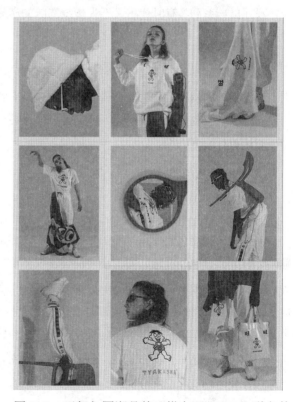

图 3-5　旺仔与国潮品牌"塔卡 TYAKASH"联名款

二、基于产品的材料工艺分类

材料，泛指制作物品的原料，是一切自然物和人造物存在的基础。设计师应当熟悉材料的特征，并在设计中运用形式美的法则加以应用，充分发挥不同材料自身特有的美学因素和艺术表现力，使材料各自的美感特征相互衬托，以求做到产品的形、色、质的完美统一。在文创产品设计中，对于材料的运用研究主要是从不同的材料能给人带来不同的情感体验出发。基于此，将产品设计中较为常见的材料进行分类，让设计师更好地了解和认识不同材质的特性。

（一）陶瓷与金属类

1. 陶瓷类

陶瓷是一种人们在日常生活用品中接触比较多的材料，被称为"土与火的艺术"，也是人类最早利用的非天然材料。

陶瓷刚度大、强度高，以陶瓷作为主要材质的文创产品，常见的有摆件、餐具和首饰等。在中国宋朝的五大名窑中所烧制的陶瓷，有形制优美、高雅凝重的特点，对于表现素雅之美有着很好的参考价值。不同工艺也会呈现不同的特点，例如景德镇的白瓷素有"白如玉，明如镜，薄如纸，声如磬"之誉，而玲珑瓷因明彻、通透，被称为"卡玻璃的瓷器"。在设计限定材质的时候，应在掌握材质特性的基础上，结合不同生活场景，用创新的思维将材质的特性表现出来。例如，景德镇陶瓷大学的毕业设计《流萤集》，利用玲珑瓷通透的特性，与铜钱纹巧妙结合，设计出一系列具有时代感又不失传统韵味的产品。

2. 金属类

从"青铜器时代"到"铁器时代"再到现在的"轻金属时代"，金属材料一直是人类文明史上最重要的结构材料和功能材料。金属材料具有良好的延展性，金属的光泽、色彩和肌理等给设计师提供了良好的发挥空间。作为文创产品设计师，应当了解和熟悉金属材料的工艺，从而做到游刃有余。

（二）布艺与竹木类

1. 布艺类

布艺是历史悠久的中国民间工艺中的一朵瑰丽的奇葩。中国古代的民间布艺主要用于服装、鞋帽、床帐、挂包、背包、其他小件的装饰（如头巾、香袋、扇带、荷包、手帕等）以及玩具等。它是以布为原料，集民间剪纸、刺绣、制作工艺为一体的综合艺术。布艺是营造温馨、舒适室内氛围必不可少的元素，能够柔化室内空间生硬的线条，赋予居室新的感觉和色彩。

布艺品的分类方法有很多，如按使用功能、空间、设计特色、加工工艺等分类。不管用什么材料和加工工艺制作的布艺品，最重要的是用在什么地方和有哪些用途，所以我们通常把布艺品按照使用功能和空间分类。到了今天，布艺有了另一种含义，指以布为主料，经过艺术加工，达到一定的艺术效果，满足人们的生活需求的制品。当然，传统布艺手工和现代布艺家具之间没有严格的界限，传统布艺也可以自然地融入现代装饰中。

2. 竹木类

木材具有易加工特点，是人类最早使用的材料之一，常见于家具、陈设品等。木材给人以生态自然的感觉，有着宜人质感、丰富的色彩和肌理、清新的香气、柔和的触感等特点。常用木材分为两类：硬木类和软木类。其中硬木又分为，一种是红木，如紫檀、黄花梨、酸枝木、鸡翅木等，这类木头多用于做高档家具或首饰等；另一种是杂木，如胡桃木、樱桃木、榉木等，常用于制作家具。

对于木材品类的文创产品设计，应注重考虑对材质从不同维度分类，如从档次、硬度、色彩、肌理等方面分类。根据木材的特性不同，巧妙地借用木材原本的肌理和颜色去设计，可以创造出不同温度感和情怀的产品。例如，苏州博物馆的"山水间"文具置物座，利用木头来代替片山假石，赋予了文创产品自然的温度感（图3-6）。

图3-6 "山水间"文具置物座

（三）塑料与玻璃类

1. 塑料类

塑料是一种相对来说历史较短的材料，第一代塑料于1868年问世，随后发展迅猛。塑料具有易成形、成本低和质量轻等特点，具有优良的综合性能，被广泛运用于带家电外壳、办公用品和装饰等，在中低端纪念品市场较常见到。

2. 玻璃类

玻璃与陶瓷一样，是一种脆性材料。玻璃的抗张强度较低，但硬度较大，玻璃还具有许多独一无二的优点，被广泛应用到望远镜、眼镜镜片、梳妆台灯等的生产中。它还能制成酒杯、灯泡、建筑物的幕墙，也能成为价值较高的艺术品。近年来，陈设工艺品这一领域受到越来越多人关注，其中有很大一部分的工艺品造型由玻璃来实现。

（四）泥塑与皮革类

1. 泥塑类

泥塑艺术是中国民间传统的一种古老常见的民间艺术，即用黏土塑制成各种形象的民间手工艺。制作方法是在黏土里掺入少许棉花纤维，捣匀后，捏制成各种人物的泥坯，经阴干，涂上底粉，再施彩绘。它以泥土为原料，以手工捏制成形，或素或彩，以人物、动物为主。泥塑在民间俗称"彩塑""泥玩"。泥塑发源于陕西省宝鸡市凤翔县，流行于陕西、天津、江苏、河南等地。中国传统泥塑多姿多彩，而在新时代的背景下，泥塑的创新应该符合当下的生活场景和审美。洛可可为腾讯互娱设计的腾讯礼物，即选择了凤翔泥塑进行创作（图3-7）。

图 3-7　腾讯礼物（洛可可设计）

2. 皮革类

本书所说的皮革是指天然皮革，也就是人们常说的真皮。皮革是比较昂贵的材料，近些年来越来越受到中高档消费群体的追捧，皮革制品也越来越多地应用到更多的生活场景。皮革的类型不同，其特点和用途也各不相同。例如牛皮革面细、强度高，最适宜制作皮鞋；羊皮革轻、薄而软，是皮革服装的理想面料；猪皮革的透气、透水性能较好。

三、基于产品的市场需求分类

（一）消费型

消费型文创产品是指能被消费者快速消耗，不适宜长时间保存的文创商品。常见的有土特产与农副产品，一般来说与食品相关的比较多。此类产品会让消费者在游玩途中或回家后快速消耗，但因产品有较强的文化属性和鲜明的个性，从而增强产品的好感度和忠诚度，会让消费者产生重复购买行为甚至愿意推荐给亲友。

在过去，农民在生产完将大批物资交给中间商，中间商通过压低生产价格，农民的获利较少。"掌生谷粒"是我国台湾地区的一个农产品品牌，它取代了中间商的地位，让产品直达消费者，使农民获得了更高的利润。"掌生谷粒"通过创意的包装、感人的文案，表达了其美好的初衷和善良的模式，同时传达了台湾独有的风土人情。"掌生谷粒"所有的设计都有故事，传达了产品的初心，这也是文创产品应有的初心（图3-8）。

图 3-8 台湾农产品文创品牌"掌生谷粒"

（二）保存型

保存型文创产品一般具有较强的纪念性，会带有时代、地域或者是某种精神的印记，同时能被消费者长期保存。保存型文创产品种类较多，从实用性产品到摆件，从使用频度高的到使用频度低的，也许消费者会因为忙碌而忽视产品，但每当消费者使用或者欣赏产品的时候都会想到产品背后的故事。

（三）馈赠型

馈赠型文创产品，往往代表赠予方的地位和价值认同，一般来讲做工比较精致、大气且文化内涵丰富等，如国礼常体现国家文化，商务礼品蕴涵企业文化。此类文创产品通常为中高端产品，具有很强的象征意涵，国礼级别产品一般具有唯一性、不可复制性。

四、基于产品的功能分类

商品开发种类多样及功能众多，例如博物馆针对商品研发部分会着手于销售、礼品馈赠、公关及活动宣传等市场需求，以供消费者广泛选择。以功能面来区分，文化创意商品包括：生活实用类（服饰、饰品、文具、生活居家、食品）、工艺品类（装饰性工艺品、实用性工艺品）等。

由于商品种类繁多，且以往的商品大多同质化严重，而新时代的消费观趋向于个性化、差异化，因此，在商品设计上可以增加与以往商品不同的功能性，且要具有创意元素和明确的文化内涵。

第四章　旅游文化创意产品概述

第一节　旅游文化创意产品的概念与构成

一、旅游文化产品的概念

旅游产品是旅游体系中最重要的概念之一，旅游文化产品侧重于将旅游产品与当地具有独特地域性的文化、风俗、历史等结合。地域文化是一个源远流长的动态系统，其内涵随着社会经济的发展不断发生流变。而地域文化及当地特有的生活方式是经过长时间的积淀形成的特定产物，是一种"记忆"和"文脉"，而承载地域"印记"的旅游文化产品，既反映出一个地区历史、传统和民俗的传承与延续，又随着地域文化形态的发展、演变而不断创新和丰富。将旅游文化产品与游客游览的整个过程进行衔接，不仅使游客获得独特的旅行体验，同时为旅游经营者创造更高的利润，对于旅游目的地实施品牌战略、塑造特色鲜明的旅游形象，打造主题突出的旅游品牌，推动旅游业转型升级都具有重要意义。

旅游文化产品，既可以是一种创造利润的商品，也可以是一种弘扬当地文化的文化品。这种商品是区域旅游文化的概括提炼的成果，集文化性、地域性、艺术性、纪念性、实用性、便携性等于一体，既可以满足旅游者的旅游消费需求，又能满足旅游商品的生活美学；既要引起旅游者的购买欲望，又要延续旅游者的情感记忆；既要符合地域文化特色，又要考虑实用性。

对旅游文化产品的创新开发，首先要站在旅游消费者的立场上，将蕴涵当地文化、历史或文化元素与科技、创意、创新思维巧妙融合，与消费者形成完美的互动过程。成功的旅游文化产品应该具有独特的故事魅力及历史的文脉、明显地域特征、符合现代设计美学、适应新的生活品位等特质。

二、旅游文化产品的分类

分类是人类认识事物、掌握事物发展规律的重要方法。旅游文化产品的分类也具有重要的意义，主要体现在旅游文化产品的设计、生产、流通、消费、管理和研究上。

（一）按旅游体系分类

在旅游体系中，将常规旅游分为观光旅游（满足游客游览自然风光、都市风情、名胜古迹等目的）、文化旅游（满足游客了解当地的风土人情、历史文化等的诉求）、商务旅游（旅游者以经营洽谈、会晤或信息交流等为主要目的）等。在旅游文化产品中会根据不同的旅游特点分为观光类旅游文化产品、文创类旅游文化产品、商务旅游类文化产品。

（二）按呈现形式分类

按旅游文化产品最终的呈现形式可以分为仿制、复制类旅游文化产品、音像制品类旅游文化产品、图书资料类旅游文化产品、字画类旅游文化产品、工艺品类旅游文化产品。

（三）按产品价值分类

从旅游文化产品的价值角度可以分为以使用价值为主的旅游文化产品、以欣赏价值为主的旅游文化产品、以收藏价值为主的旅游文化产品，以及集使用、欣赏、收藏于一体的旅游文化产品。

（四）按产品的价格分类

根据旅游文化产品所预设的目标人群及作用的不同所设计生产的产品在价格设定上也有所区别。可以分为面向商务旅游或入境旅游等高端游客为主的产品；主要面向中等收入阶层，为旅游目的地创收起到主要作用的旅游文化产品；不以创收为主要目的，以旅游目的地的宣传广告为主的旅游文化产品。

（五）从产品设计的角度分类

在旅游产品设计体系中，可以将旅游文化产品分为基于民俗文化传统所做的创新性旅游文化产品，在传统文化基础上进行设计的具有时代感、时尚前卫的创意时尚型旅游文化产品，继承了原始文化特性、根植于民俗文化的传统手工艺类旅游文化产品。

第二节　旅游文化产品的特征

　　旅游文化产品不但要具备普通产品的一般属性，还要具备文化的多元性、设计的艺术性、价格的经济性、功能的实用性、情感的纪念性、携带的便捷性、在地性等区别于一般商品的特征；既要满足游客在旅行过程中及旅行结束后的某些实用性能，还要满足游客的心理需求和精神诉求。

一、设计的艺术性

　　设计的艺术性是指旅游文化产品的整体设计构思奇特、赏心悦目，能给人带来精神的愉悦。旅游文化产品是旅游产业发展到一定阶段的必然产物，是伴随在旅游活动中满足旅行者的情感需求而产生的，在具有实用价值的同时还要具有较高艺术欣赏价值。在旅游文化产品的设计中同样追求艺术美。旅游文化产品设计的艺术性是旅游商品价值高低的重要体现。随着人们生活水平的提高，游客对旅游商品的要求不再局限在实用与猎奇上，产品设计的艺术性已成为选购旅游纪念品的重要指标，因此旅游文化产品的设计要体现出审美价值，提升产品的艺术性。

　　对旅游文化产品设计的艺术性的诠释，我们可以理解为旅游文化产品中传达出的艺术感染力。旅游文化产品设计的艺术性是通过产品的外形、装饰等给人以赏心悦目的感受，唤起人们对旅游过程的美好回忆，形成独特的生活情趣和情感体验。旅游文化产品的艺术表现要与当地的文化特色相协调，从实用与对当地文化的认知方面展开设计，并最终通过对设计语言的锤炼来获得。

　　人们对艺术性的评判标准千差万别。旅游文化产品设计要注重艺术性的表现，要设定产品的目标人群，针对不同目标人群的审美心理和审美标准进行旅游文化产品的设计，以满足不同类型游客的审美需要，而不能以设计者的标准代替游客的标准进行旅游文化产品的艺术表现。这样才能设计生产出受不同层次、不同需求的游客欢迎的旅游文化产品。

　　德国包豪斯设计学院的创始人格罗皮乌斯说过："真正的传统是不断前进的产物，它的本质是运动的，不是静止的，传统应该推动人们不断前进。"[1] 随着科技的进步、社会经济与文化的发展，人们的物质文化需求也在不断发展变化中，传统也随之变化。旅游文化产品的设计的艺术性也是在技术、文化的发展中不断地发展与提高，在发挥产品的物质功能的基础上追求更高形式的审美表现力。旅游文化产品的艺术性表现要坚持发展原则，审美创造是没有极致和终点的，要适应旅游者对产品艺术趣味追求的变化和对事物新鲜感的要求。

---

[1] 于泳、尚凯：《旅游文化产品创新设计与开发策略》，北京工业大学出版社，2018 年 12 月。

二、地域文化的在地性

地域文化是旅游文化产品创作的基石。所谓地域文化，是指在一定地域内的文化现象及其空间特征的组合。旅游文化产品代表了当地特色，承载了当地文化。

旅游文化产品一般在旅游观光地的风景区、博物馆等地才能买到，因此设计富于地方文化的专属旅游文化产品，可以增加旅游观光地的吸引力及宣传效应。旅游文化产品中所表现出来的地方文化内涵，具有新奇性、独特性，这种独特性来源于地方文化与旅游者所在地文化的差异性，这也正是旅游文化产品的魅力所在。

旅游文化产品除了具有普通商品的共性外同时具有旅游目的地的文化内涵。这种地域文化的在地性体现在当地的人文、民俗、自然、产业等多个因素中。不同旅游地的旅游文化产品应具有在地化的基本特征。旅游文化产品是否能反映不同旅游地域的文化特色，关系到旅游文化产品的品质和当地旅游文化的可持续发展。

人文因素是指具有在地特色的人物、文化或故事传承，以及相关元素。如山东旅游宣传曾提出"一山一水一圣人"的口号，曲阜是孔子的家乡，孔子则成为山东重要的在地的人文风土因素、文化图腾，围绕孔子开发出大量的旅游文化产品，如孔子像、尼山印、登科笔等等。

自然因素是指当地独具特色或具有人文故事的山、海、川等地理景观、地标等。例如：山东旅游中与孔子并称为"一山一水一圣人"的趵突泉、泰山等。

产业因素是指当地特产、具有历史传承的产业等项目。以山东为例，鲁锦工艺、周村烧饼、潍坊杨家埠木板年画等，都是创作特色旅游文化产品的产业因素。

民俗因素是指具有历史特殊性的、规模化的当地特色饮食文化、茶艺文化、酒水文化、服饰文化、居住文化、礼仪文化、节日文化、游艺文化、信仰文化等。这些都是特色旅游文化产品的设计灵感来源。

一件旅游文化产品从设计生产到制作、销售，不仅要考虑通过产品形象地体现出具有在地化特色和独有的文化品位，还要考虑如何尽可能地提升经济附加值，增加旅游地的经济效益。这是一个典型的利用独特的地域文化进行旅游文化产品设计的成功案例：客家"桐花祭"除了文化旅游活动，另一个重要部分就是客家的文化旅游产品，以只有当地苗栗人才知道的油桐树，以及满地的白色油桐花，经过5年时间变成客家印象，创造了400件文创商品，挽救无数的客家传统产业。

三、民族的差异性

民族是拥有共同的历史渊源、共同的生产方式、共同的民族语言、共同的文化风俗习惯，特别是共同的心理认知和情感的人群形成的稳定的共同体。鲁迅先生曾提到"只有民族的，才是世界的"。民族的文化是经过千百年的积淀与升华，具有强大的生命力与感染力。每个民族都有其独特性，不同的民族文化构成了丰富的世界文化。

民族性的产生离不开不同地域因素的塑造。我国自古以来民族众多，经历了多次迁徙与融合形成了丰富的带有明显地域特征的民族文化。即使是同一个民族，由于分布的区域不同、民族间的交融，也存在民族文化上的地缘差异。近年来兴起的民俗旅游，旅游者乐于去异族他乡旅游，正是出于对不同地域、民族的民俗风情、文化审美的新奇与向往，享受不同民族、民俗文化所带来的强大异域文化的冲击与刺激。例如，彝族地区的火把节、山东潍坊的风筝节等，这些民俗活动使没有类似习俗的游客都非常感兴趣，这些本土元素也是进行纪念品设计的灵感之一。民族文化的宝藏是丰富的，我们应该更加深入有效地发掘民族文化资源，在尊重民族习惯的前提下进行创新设计，生产出蕴含独特民族性的旅游文化产品，从而更好地为弘扬与宣传当地民族文化服务。

四、价格的经济性

经济性是指旅游文化产品物有所值甚至物超所值。游客在旅游的过程中购买旅游文化产品，除了为产品的新颖、奇异和特色所吸引之外，经济性也是重要影响因素。旅游过程中游客大量购物的主要原因之一，就是由于当地生产的旅游产品，在原料、生产成本、劳动力成本都有客源地无法比拟的优势，同时，由于是旅游者就地消费，节省了商品的流通和运输成本，因而有明显的价格优势。

我们在设计旅游文化产品时要做好产品档次分类，针对不同购买人群的消费心理设计制作物美价廉、独具特色、能被大众广泛接受的旅游文化产品。同时很多旅游目的地存在旅游文化产品价格虚高、鱼龙混杂的乱象，这妨碍了旅游市场的健康长远发展。旅游行业主管部门和物价审定部门应该出台相关政策用于监督和调整产品定价，在尊重企业开发、生产和销售成本的前提下，防止企业盲目定价，以免伤害游客的消费积极性。

五、情感的纪念性

旅游文化产品的纪念性是指游客在旅游过程中对旅游景点的感受和心灵体验，是对某段旅游经历的物化载体。从游客内心的角度来说，对旅游过程的回忆和感悟就是旅游文化产品的价值所在。

旅游文化产品不是单纯的商品，它浓缩着一个地方的民俗风情，能够表现出文化、艺术和民族特色，且承载着游客的旅途经历，能为购买者留下美好的回忆，具有纪念性。旅游文化产品的设计应考虑它的纪念性功能，要以人为本，从消费者的精神需要出发，充分体现情感设计原则。旅游文化产品还能作为礼品赠送给亲朋好友，对于接受礼品者也具有纪念意义。一般而言，旅游文化产品地方特色越浓厚、艺术价值越高，对消费者的吸引力就越大，纪念性就更强。

六、携带的便捷性

旅游活动具有异地性、流动性的特点。在不同景点间的空间转换过程中，随身物品的便携性自然决定了游客的情绪，体积过大、过重、易碎、不便取放的产品自然会影响旅行者的购买欲望。旅游文化产品具备地域性、美观性、纪念性等基本特征的同时，还要通过设计手段使具有便于携带的性能。

旅游文化产品在设计和生产上强调"轻、薄、短、小"，产品外形设计在体量上应轻巧精制、便于携带。旅游文化产品的造型设计不宜追求夸张的表现形式，保证造型的稳定性的前提下寻求新的突破点。材质的选择上应尽量避免使用易碎材质，以轻薄、抗震的材料为主。旅游文化产品的外包装设计也要充分考虑对产品的安全防护、包装材料的环保、轻便与抗压等性能的要求。同时还要针对便携性进行产品外包装的整合设计。

七、功能的实用性

实用功能是指纪念品具有使用价值，旅游文化产品作为商品的基本属性是其应具备实用性。

相对于普通商品，旅游文化产品更注重产品的纪念性、艺术性等精神需求，而实用性是在满足了游客纪念性、艺术性的基础上额外的需求。在旅游文化产品中占有较大比例的民间工艺品，往往具有极高的审美价值，同时也具有使用功能，是兼具艺术性与实用性的产品。

购买那些既具有纪念意义又可以拿来使用的旅游文化产品，可以说已经成为旅游者购买旅游文化产品的一个衡量标准。虽然旅游文化产品的价值在于其所展现的纪念性意义，但对于旅游者来说，旅游文化产品应该具备一体多能的特征，既注重旅游文化产品的纪念性，也要兼顾它的实用性、功能性等。

八、审美的时代性

设计师要具有感知外物的敏锐度，感知日常、认知情感、感受时尚。旅游文化产品设计亦是如此，紧随时代、顺应变化，并对设计领域重新配置。

旅游文化产品审美的时代性是指产品设计与当下的时代背景（科技水准、文化意识）紧密相联，带有鲜明的时代烙印，反映当下的价值取向和文化特征，以带动生活时尚的发展。优秀的旅游文化产品不仅要反映不同地域独特的传统文化，还要满足当下大众的精神文化诉求。旅游文化产品的时代性体现在，设计创造具有现代性的元素、符号，反映当代人的发展、社会的发展。

第三节 旅游文化产品的作用

一、旅游文化产品对旅行者的作用

（一）旅游文化产品是旅游者的精神消费需求

作为一种消费行为，在旅游活动的过程中购物是重要部分。旅游文化产品是景区的文化符号，也是消费者的消费对象，旅游经历的延伸和物化，能够与旅游情景及服务相符合。旅游者的需求是文化品位、文化产品、文化追求等。旅游文化产品有了文化性，达到了旅游者心理的预期，才能产生旅游消费行为。从旅游文化的角度来说，旅游文化产品要能够构建旅游区的形象，成为传递旅游景点文化的重要媒介。因此开发符合旅游者文化消费的需求心理、具有旅游地特点的旅游文化产品对发展旅游文化经济具有重要意义。

（二）旅游文化产品带给旅游者记忆的延续性

旅游的价值在于发现与体验旅游地的文化、风俗、景色、美食等，创意旅游文化产品作为旅游活动中的物质商品，能够唤起旅游者对旅游地的回忆与纪念。作为一种特殊的信息传达载体，旅游文化产品将游客无法触摸的旅游经历变为有形有质的事物形式保存下来，它是承载旅游者亲身经历的物化载体。旅游文化产品使旅游者经历的短暂美好的活动在其记忆中延续，使旅游活动具备了更深层次的意义。如果旅游活动是游客经历的一段身心愉悦的精神享受过程，那旅游文化产品就是这次美好体验的物化印记，对于旅游文化产品的欣赏与使用自然会勾起游客对那段美好瞬间的记忆。旅游文化产品本身可能微不足道，却成为经历者开启过往美好经历的钥匙，使短暂的旅游得到了延续。将旅游文化产品作为美好寓意的象征转赠亲友，不仅是情感的交流也是将旅游信息进行二次传播，同时还代表了旅游地的形象，为旅游地进行了免费的宣传。

如图 4-1，是老屋颜工作室设计的铁窗花明信片系列。铁窗花是我国台湾老房子上常见的元素。这些铁窗花造型变化丰富，同时呈现出不同人家的审美喜好，纹样还具有对生活的美好寓意。创作者希望游客通过手写、邮寄的方式推广台湾不同于其他观光景点的民居风景，让旅游者在假期结束之后，仍能通过这样的旅游文化产品，重新拾起在当地的回忆，同时也将台湾这种具有生命温度的风景通过旅游者传送到世界各地，让收件人感受到无比温暖。

图 4-1　铁窗花明信片系列

（三）旅游文化产品对应游客深层次的精神追求

旅游文化产品可以折射出游客的消费心理意识，在深层次上对应着消费者各种各样的自我诉求，即折射出复杂的、高级的精神需求，同时也释放出广阔的消费需求。旅游文化产品的实用情境设计，独特、新颖、造型优美的外观设计所蕴含的丰富内涵，或述说故事，或寄托情思，或代表着一种民俗风情，这些元素极易触发游客的情感共鸣、产生联想。很多旅游文化产品是有着深厚历史、文化沉淀的手工艺品，其中的手工温度、人文情怀、历史文化的内涵都是为了满足消费者追求回归传统、寻找文化根基的深层次的精神诉求。

相对于其他商品，集实用、艺术、文化、情感为一体的旅游文化产品，更能体现游客的自我意识和个性特征。每个人的生活经历、教育背景等决定了不同的偏好和精神需求，这就决定了对旅游形式的选择，也会影响旅游文化产品选择。在旅游文化产品的设计中也要充分考虑针对不同的旅游形式、不同旅游者的精神需求进行设计。因此开发符合旅游者消费心理、具有独特文化性、精神性的旅游文化产品，对旅游文化产业的发展具有积极的作用。

二、旅游文化产品对旅游目的地的作用

（一）旅游文化产品为旅游景区带来巨大的经济效益

在旅游产业中，"出行、游览、住宿、饮食、购物、娱乐"构成了完整的产业链，旅游购物是整个产业链里重要的一环。旅游文化产品的销售对扩大旅游产业的收入、带动旅游地经济发展起到了重要的作用。比如在旅游文化产品销量中占大比重的传统手工艺品，产品的特性决定这类产品多是在地化生产、本地销售的，由于产品就地"出口"，节省了许多外贸销售工作

与手续，营销经营成本降低，换汇率大大高于普通商品。

旅游文化产品营销的良性发展对提高旅游产业经济效益起到促进作用，同时旅游文化产品的生产、销售环节将为国家创造更多的就业机会和经济收入。随着旅游业的快速发展，旅游线路的开发接近饱和，行、游、住、食环节的效益很难进一步提升，但旅游文化产品购物在整个旅游环节中所占比重还有很大的提升空间。旅游地的旅游商品销售市场的繁荣将成为旅游地经济发展的新的增长点。在旅游市场上，发展旅游文化产品的生产、销售不仅可以拉动旅游消费，增加旅游收入，同时旅游收入的增加也有利于景区建设的提升，使旅游产业得到良性的发展。

（二）旅游文化产品是可移动的旅游资源，具有扩大景区宣传的作用

旅游文化产品是可移动的旅游资源。旅游文化产品多是针对当地独特的景致风情设计制作的。产品本身就是一张反映旅游地的独特自然景观和地域文化特色的旅游名片。它作为景区的资源文化的载体，会随着游客分布到全国各地乃至更大的范围，成了景区的形象和文化传播信使。通过旅游文化产品的传递，大量的旅游地信息也会随之扩散，让更多的人看到、了解、产生出行愿望。这样的实物结合旅游者的口碑相传，较之广告宣传会更具说服力，大大地提升了景区的知名度、扩大了景区的影响力。

（三）旅游文化产品有助于旅游景区形象的树立

作为旅游景区形象的载体，一件好的旅游文化产品承载着很多特殊的信息，是旅游目的地风土人情、独特的生产生活方式全方位的浓缩与展示。旅游文化产品起到了地域间文化交流、形象传播的作用。

同时，有些旅游文化产品将旅游目的地特有的物质资源、特殊的工艺、独特的地域审美观念、文化积淀集中于一身，游客购得这种旅游文化产品，能加深对一个国家或地域的文化传统、艺术造诣、民族风格的了解，从而达到思想感情的沟通。旅游文化产品在国际间的流通，扮演着外交大使的角色，能起到促进对外交流的作用，对旅游景区形象和地域文化进行有效的宣传。如图 4-2 是极具阿拉伯特色的旅游产品，迪拜的阿拉伯香精，产品包装采用纯手工打造的珐琅绘制的香精瓶，是瓷器画珐与琅制作工艺的完美结合，浓郁的中东风情的包装配合茉莉、龙涎香等东方香料，成了迪拜旅游必买的热销旅游文化产品。

图 4-2 迪拜阿拉伯香精

三、旅游文化产品对旅游产业的作用

（一）旅游文化产品的开发实现了旅游资源的可持续发展

任何一个旅游地的旅游资源都不是取之不尽用之不竭的，对旅游资源的过度开发将导致旅游产业甚至当地自然景观、人文景观、当地文化等方面不可逆的破坏。而旅游文化产品的开发相对旅游资源来说可以更深度发掘，扩大规模、扩大产量，加大设计研发的持续性、研发力度就可以使旅游文化产品的升级、更新持续不断。可以说，旅游文化产品的开发是旅游产业发展的生力军，是旅游资源的外扩与延伸，是实现旅游资源可持续发展的重要手段与途径。

（二）旅游文化产品的研发与销售提高了旅游业产整体的经济效益

作为一个完整的产业链，旅游业是由多种要素组合而成的，主要包括食、住、行、游、购、娱等。食、住、行的花费是相对稳定的，但在传统的旅游消费结构中的占比非常重要，在旅游业的产值增长中潜力最大的则是旅游物化产品的开发与营销。未来旅游消费需求将从观光型向度假型、体验型、购物型、特色型旅游转变，这样势必会加大对旅游文化产品的需求。因此，在客源稳定的情况下，如果要提高旅游业的收入，就要在适应游客需求的基础上通过各种途径为旅游产业和旅游区开发、提供大量适销对路、价格合理且具有文化特色、时代特色和地域特色的旅游文化产品。

旅游发展到一定阶段，文化旅游成为旅游业的发展方向，只有立足创意，深耕文化，设计出引导大众旅游消费观念的旅游文化产品，才能更好地在旅游商品的交换中实现更高经济效益。

（三）旅游文化产品的发展是优化旅游产业结构的重要形式

旅游产品是综合性产品。通过发展旅游文化产品，可促进地域文化、轻工、农业和外贸产业的发展。部分具有地域特色或文化特色的土特产品或轻工产品本身就具备旅游文化产品的属性。我们需要的是将这部分产品通过文化创新引领，设计更加符合美学的、打造独特的旅游品牌形象，激发游客的消费欲望并使游客产生购买行为，起到优化旅游产业结构的作用。

第五章 旅游文化创意产品的设计理论

第一节 旅游文化创意产品设计的动因

旅游文化产品的个性越突出，差异性越明显，种类越丰富，对旅游者的吸引力也越大。由于旅游者来自不同的地方，其自身所处的生活环境与社会背景各有不同，这就使旅游者对旅游文化产品的需求存在各式各样的差异，所以旅游文化产品要以形式内容上的多样化适应这种差异性。对此，本节将着重对旅游文化产品设计的动因、旅游文化产品设计满足旅游需求以及旅游文化产品设计的原则进行讨论。

一、旅游文化产品设计的动因

旅游文化产品设计的动因主要有两个，一是产品满意度，二是设计的产品化。

（一）产品满意度

产品满意度，是基于行为和认知科学的研究，用于发现人们的需要、动机、目标和行为四者之间关系的核心理论，主要目的是探讨一个产品如何能够满足人的某种需求，通过认知人们对产品的满意程度，优化产品结构，使人们产生再次购买的倾向。首先，要从人们对产品满意度评价的标准进行分析。一个产品要想让购买者有购买的欲望，最基础的是它要满足购买者的最低需求，这件产品需要有它存在的价值与意义；其次，满意度的高低是产品对于购买者来说产生的价值与意义的大小，也就是产品对购买者来说起到作用的大小。因此，如果产品所带来的价值与意义超出购买者预期值，购买者就会感到满意，否则就会有失落、不满的情绪出现。

大多的旅游文化产品设计都是以旅游者体验后所提供的"产品满意度"为导向的，但是现在同质化现象极为严重，大多旅游文化产品在其性能、外观甚至营销手段上相互模仿，最终形成了逐渐趋同的局面。同质化后的旅游文化产品之间产生了一种恶性的竞争关系，最后会导致产品失去市场活力。因此，我们要构建一个各有特色的旅游文化产品圈，而购买者体验的差异性是极为重要的，它早已成为旅游文化产品开发的核心竞争力。对于旅游文化产品体验的满意度基本上决定了整个产品的满意度。接下来我们针对用户体验层面的本能水平、行为水平和反思水平三个方面进行阐述。

1. 本能水平的产品设计

设计对每个水平的要求非常不同。本能水平是人脑内最简单、最原始部分，处于意识之前、思维之前。这个时候，产品的外形就极为重要，要在第一时间里用外形、质地或手感抓住人们的眼球。许多广告、民间艺术和工艺及儿童产品中能够看到本能水平的设计。本能水平的设计是最先呈现在人类视线中的，它的基本原理来自人类的本能，这些在人们之间与文化之间是相同的。本能水平的研究极其简单，因为它与最初的反应有关，所以只需要把设计放在人们面前等候反应就行了。这类本能水平的产品设计，最先呈现在人们眼前，在对外形的本能反应非常好的情况下，人们看一眼就会觉得"我想要它"，然后才会思考"它有什么作用"，最后才会想"它值多少钱"。这些反应，是本能水平产品设计者最想看到的，而且是可行的。许多常规的市场研究都包括这方面的设计。

在本能水平上，视觉、触觉和听觉处于支配地位。本能水平的有效设计需要视觉和制图艺术家以及工业工程师发挥其高超的技艺。本能水平的设计中，外形和形态、物理手感和材料质地以及重量都是极为重要的。其最主要的就是能够产生即刻的情感效果，通俗来说，就是要看起来好看，摸起来舒服。产生这种看一眼、摸一下觉得好，就想要购买的情感，是在商店、说明书、广告和其他强调外形的引诱中的"关键点"所起的主要作用。橱窗里陈列的商品，往往都看起来极好，这是店铺吸引顾客的一种营销手段，因为人们在购买产品时都会注重其外表的美感。当然，要是其他高价位的产品缺少吸引购买者的外形美，那么这类产品极有可能降低价格。

设计是"根据事先对物品的材料选择，经过制作加工到产品完成并得到使用的全过程而进行的设想行为"。在现代设计行为当中，设计材料具备叙事功能，这种功能的传递通常会通过材料的形态、形状、特性以及肌理来实现。比如说，每种木材都会具备与众不同的特性，如柔软性、吸湿性、脆弱性、易腐性、纹理结构特征，木制品的外观、触摸感以及强度正是由木材的这些不同特性决定的；不同材料的内部结构也决定了材料会具备不同的物理性能及化学性能。举例来讲，木材内部不同的纤维素和木质结构决定了木材的吸湿性及抗变形性的不同。每种材料的不同特性，决定了对其进行加工的工艺技术以及成品的造型差异。

在造物活动中，设计者往往会用材料容易加工出的造型来弥补材料自然属性的不足。比如，在用塑料制作各类饮品的包装瓶时，为了很好地增加塑料瓶的抗压能力，要在瓶身上设计一圈凹槽。除此之外，在造物活动当中，如果设计者遇到材料机械性能不足的情况，一般会采用一些稳定的结构来弥补。例如，瓦楞纸通过其波形的内部结构可以增强纸的抗压强度。对于不同需求产生的榫卯结构形式，使木件之间巧妙组合，适应冷热干湿的变化，构成富有弹性的框架结构，以"构性"弥补木材"本性"的不足。

设计实际上是一个不断探索、不断创新的过程。我们研究设计并非只是了解设计本身，更重要的是要掌握设计的原理。合理的选材料并运用材料的理念，一直在现代设计中具有正确的指导意义。传统设计的地位是不容动摇的，它总是会被赋予新的形式出现在人们眼前。设计者应结合时代发展特征，体会中国传统造物文化中的内涵，结合现代设计，创造新式的设计文化。

2. 行为水平的产品设计

行为水平的设计注重效用，在这里指功能。这是可用性研究界的实践者对产品设计的强调。

优秀行为的设计主要包括易懂性、功能、可用性以及物理感觉四方面。大多数行为水平的设计都尤其注重产品的功能。产品的功能指的是产品与人之间那些能够满足人的某种需要的相互作用。产品的功能包括实用、象征、审美、表征等。而这里所说的功能特指产品的实用功能，就是产品对于购买者来说所具有的实际用途。就像标枪的作用是捕捉猎物，陶瓷的作用是盛食物等等，这些都是产品的实用功能。在产品功能性语意的塑造中，功能通过组成产品各部件的结构安排、工作原理、材料选用、技术方法及形态关联等来实现。如汽车的设计方面，不管是汽车的结构还是形式，都先要实现汽车运送乘客的这一目标，这是汽车应有的最基本的功能。设计的时候，要把设计重心放在消费者的需求与现代科技发展的结合上，要求汽车能够适应不同的环境，以此实现汽车设计上的进步。

除此之外，产品功能性语意的塑造还源于对原有功能的再认识，把头脑中的主观印象与现实中的事物相互联系，衍生出新的功能，创造出与新功能相符合的新形态，进行功能语意的创新。新功能的出现才能推动产品设计的进步。功能是产品所具有的最普遍的因素，它能使全人类做出同样的反应，能够使设计获得跨国界、跨地域、跨民族、跨文化的认同。我们应该学会功能分析，以新功能来推动产品的创新改良。

总之，在设计旅游文化产品的时候要把握好美与功能的统一。产品的功能不同，其纹样、造型也会随之变化，这是由于在纹样、造型的设计上，设计师不仅要考虑加工工艺能否达到，还要考虑成品的使用效果。

3. 反思水平的产品设计

反思水平的产品设计通常决定了一个人对产品的总体印象。对产品的总体印象来源于回想记忆与重新评估，也就是反思。在反思水平上，客户关系在其中发挥着重要的作用。建立良好的客户关系毫无疑问是非常重要的，它能够使客户对产品的消极经历产生360°的转变。实际上，对某一产品的购买体验只有愉快感受的人，其满意度要比有过不愉快购买体验但后期被公司很好对待的人要低一些。这种换取忠实支持者的方法代价虽然是昂贵的，但是从中可以看出反思水平的力量是十分强大的。反思水平的设计与购买者的长期感受之间有着十分紧密的联系。购买者对当前产品的感受，在决定下一次的购买类型或者提出建议给朋友时，快乐的购买经历会消除之前的消极经历。

总的来说，行为水平与产品的效用和使用产品的感受是相关的。产品的功能，指的是一个产品有哪些作用，它可以做些什么。若产品没有实际作用或功能不足，这样的产品就没有存在的价值。产品的性能是产品能够发挥其实际效用、功能达到目标的能力。如果产品的性能不够好，这样的产品就是次品。产品的可用性是产品使用者运用产品来完成一定工作的容易程度。如果使用者在运用产品进行工作时产生了难度，那么给使用者情感上的体验就是迷惑和沮丧；相反，如果使用者容易使用，并且满足了需要，就会感到开心和快乐。只有在反思水平上才会有意识、情绪、情感及认知的最高水平，才会体验到思维及情感所有的潜在的影响。解释、理解和推理来自反思水平，在较低的本能和行为水平上只有情感。

在这三种水平中，反思水平是最易随着文化、教育、经验及个体差异的变化而发生改变的。反思水平还可以凌驾于另两种水平之上。所以说，会有人喜欢恐惧或者不快的本能体验，但是有的人就会非常讨厌，或者是有人很喜欢一个设计，有的人却不能接受。复杂化的设计往往忽视了大众的要求，设计者总是会为如何设计出吸引大众的作品而感到迷茫。

本能和行为水平是购买者在实际生活中看到和使用产品时产生的情感和感受，反思水平则是通过回想与思考得到的总体感受，延续的时间较长，与购买者由产品所产生的满足感有关。一个人的自我认同则由反思水平决定。在反思水平上，产品与自我认同间的交互显得尤为重要，例如购买者会因拥有或者使用某个产品而感到骄傲或不好意思。在反思水平上，客户交互与客户服务也不容忽视。

用户体验的"满意度"设计，其背后深层次的内涵在于最大化满足了用户的潜意识需求。这种用户体验不单局限于感官上的刺激，更是深入了解用户的心理需求，以达到满意度较高的结果。一方面，提供给用户及时的反馈，不要超出用户的等待耐性；另一方面，减少选择成本，直接引导用户达成目标。因而，在设计产品时，应准确分析产品的可用性、产品的购买者以及他们使用产品的目的，具体如下：（1）以购买者的需求为主进行产品设计；（2）最大化地优化产品的流程设计和服务流程；（3）设计要密切关注目标人群，挖掘他们的心理需求，使产品拥有较高的用户满意度。

（二）设计的产品化

随着时间的推移，社会在进步，科技在发展，人们的审美观念也发生了改变，大机器时代到来，旅游文化产品的发展开始出现瓶颈，需要对其创新。首先，要继承传统工艺中优秀的部分，并在传统工艺的基础上进行创新。从唯物认识论上讲，传统与创新是对立统一的。传统是已有的东西，创新是追求未来的东西，没有传统就没有所谓的创新，没有创新也就无所谓发展。我国旅游文化产品的设计开发应该在认识到传统工艺品所具有的文化价值与实用价值的基础上，融入现代工业的理念、方法、管理等，在旅游文化产品的造型、功能、生产、销售等方面进行综合性的设计，探索出既有传统特色又有当代先进元素的旅游文化产品。旅游文化产品设计的产品化，是可行也是非常必要的。

1. 体验设计概述

体验设计的方法包括以下几种。

（1）强调物品的情感化

在我们与他人的交流过程中，通过他人呈现的面部表情与肢体语言就能够分析出他们的心理状态与情感变化。我们一般通过这种能力来感知周围的一切，甚至对于无生命体也是一样。人们喜欢赋予动物与无生命体一些人性，常常把自己的情愿、信仰、动机强加在它们身上。尽管这种行为看起来是奇怪的，但是这确实是我们所具有的一种本能的行为冲动。因这些"有情感"的物品，很容易让我们赋予它们人性，使我们的情感系统做出积极的反应，从而感受良好的情感体验。例如当游人去异国他乡旅游时，会自然而然地对当地的乐曲反应积极，并会亲自体验一番，这就是一种典型的视、触、听觉的综合情感体验。有很多设计者就抓住了人们情感化体验，适时推出旅游文化产品及其衍生品，如澳洲墨尔本艺术中心的古典吉他就属于这类的典型。

（2）强调物品的娱乐化

随着社会的不断发展，人们的生活节奏越来越快，产生的压力也越来越大。在这种高压生活下，人们内心极其渴望自己的生活变得丰富、快乐和轻松。这个时候，那些以娱乐和游戏为目的的产品越来越受到人们的青睐，人们从这些产品中释放了压力，感受到轻松、快乐。

（3）强调物品的个性化

个性化追求的就是与众不同，个性化的物品会带给使用者强烈的自我满足感或者吸引别人注意而产生的自豪感。个性化物品带给人们良好的情感体验，使人们感到开心。这些都是人们越来越喜欢和追求个性化产品的根本原因。随着物质均质化的结束，个性消费成为人们新的消费热点，也是一种新的商机。

2. 通过体验设计实现旅游文化产品设计的产品化

（1）旅游文化产品的情感化开发

"有情感"的物品很容易使人们的情感系统做出积极的反应，产生愉快的情感体验。从商品的角度来说，情感化产品指的是产品能够通过形态、材质、使用方式以及相关的背景故事表达一定的情感状态特征，以此来吸引消费者，并给消费者的生活带来一定的快乐和感动。产品设计者可以通过对传统工艺品的形态、功能、肌理以及工艺品的背景和相关故事进行分析，寻找其中吸引旅游者、能够引起旅游者兴趣的元素，创新出具有审美体验的产品。如看到红豆就会想起唐代诗人王维的名句："红豆生南国，春来发几枝。愿君多采撷，此物最相思。"以红豆这一普通的元素设计出的旅游文化产品就将富含文化内涵而显得格外珍贵。

对于旅游者而言，当地很多富有特色的旅游文化产品只是有所耳闻，如大家所熟知的北京景泰蓝、苏州的刺绣、景德镇的陶瓷等，但对其历史背景、制作工艺、制作流程及相关知识等真正了解的并不是很多。因此，如果先让旅游者体验到这些传统工艺品的深厚内涵，对其产生文化和心理上的认同感，那么无须过多介绍，旅游者便会自觉购买了。因此，如果能在开发设计时，从旅游者的视觉、触觉、味觉、听觉和嗅觉等各个方面进行细致分析，突出旅游文化产品的感官特征，为旅游者创造良好的情感体验，旅游文化产品就会受到旅游者的喜爱。

（2）旅游文化产品的娱乐化开发

在体验经济时代，产品的娱乐性、游戏化体现了人类的本性，也是人们追求休闲、愉悦的一种生活方式。在保持旅游文化产品有趣的同时，还要使其有用，因为这种实用性会保持旅游者对旅游文化产品的有趣感。通常来说，物品被熟悉得越深，所吸引人的地方就越少，所能引起人的好奇心也就越少，人对趣味的感知能力也会相对减弱，慢慢地就会产生审美疲劳。因此，为了保持这种兴趣、热情和审美的快乐，在强调其娱乐性的同时，必须加强其实用性。

（3）旅游文化产品的个性化开发

目前，各地旅游文化产品市场存在的主要问题就是式样雷同、品种单一。在旅游区随处可见那些木雕人像、珠串饰品、水晶玻璃等工艺品作为旅游文化产品出售，缺乏鲜明的地域特色。想从千篇一律的旅游文化产品中脱颖而出，就需要进行旅游文化产品的个性化开发。如雕刻、绘画、陶艺、编织等表现形式的工艺品开发就能够让旅游者自己参与到制作过程中，满足其亲身体验、追求个性的要求，同时也提供了从业者近距离了解旅游者对旅游文化产品审美倾向的机会，从而可以有效地指导生产开发，使其产品更符合游客的口味。还可以根据旅游者的需要，个性定制一些当地的旅游文化产品，如织绣品、挂毯、靠垫、椅垫等。由于这种旅游文化产品充满个性并带有个人化色彩，所以会受到旅游者的青睐。

二、旅游文化产品设计满足旅游需求

（一）旅游文化产品设计满足旅游审美需求

目前许多地区将秀丽的自然资源与民族特色表演、民俗活动等旅游项目结合在一起，丰富了旅游活动中的文化内涵。这种将审美欣赏和娱乐活动相互交融的旅游，能够让旅游主体感受到更多的关于文化美的趣味和欢乐。旅游审美活动具有丰富多样的内容和形式。旅游者能够通过旅游了解各地的风景、人文，并且在旅游途中收获一些意想不到的惊喜。

旅游文化产品具备的特征是材质美、工艺美、功能美、装饰美，是心与物、才与艺、用与美、形与神的和谐统一。比如：旅游者们通过对旅游文化产品造型的鉴赏可以体会到社会历史的变迁和民族融合的过程；旅游者在驻足观赏旅游文化产品时，可以感受到工艺品缓解了一部分现代社会带来的紧张感。

（二）旅游文化产品设计满足旅游发展的文化需求

旅游业的发展注重文化与自然风光相结合，深入挖掘旅游客体的文化特质，形成文化旅游的趋势。赋予旅游客体一定的文化内涵，有利于吸引旅游者，有利于该旅游业提升自己的产业竞争力，充分发挥自身的产业优势。旅游文化产品在民间工艺传承与传播、世界民族文化交流方面具有极其重要的作用和意义。

不同特色的旅游文化产品能够满足游客对不同文化的需求，在旅游经营者与游客之间形成一种文化交易模式：经营者经营旅游文化产品，游客到各个景区享受、消费旅游文化产品。各个旅游景区通过其独特的文化内涵得到了快速发展，以文化为卖点成为旅游发展的实质。景区打造属于自己的旅游文化产品品牌，贴近旅游业的发展方向，推动了文化旅游的发展进步。

（三）旅游文化产品设计满足旅游购物的需求

旅游者在旅行的过程中是以花钱为目的的，他们要有足够的金钱、时间及旅游动机。在现代社会，旅游消费已成为很多人的重要消费，而旅游文化产品的销售具有十分重要的影响力。如今，随着旅游热的不断升温，判断一个国家或地区旅游业成熟与否的一项重要指标，就是这个国家或地区的旅游购物是否发达。旅游文化产品最本质的一个特征是可以记录旅游经历，传递不同文化特色的旅游感受。旅游文化产品承载着该国家或地区的文化，其流通可以促进景区与客源地之间的交往，可以很好地反映和宣传景区的形象。

（四）旅游文化产品设计满足休闲体验需求

传统的旅游审美注重一种非功利性的静观，古代的文人雅士喜欢从自然景观中提炼出精神食粮，将游山玩水作为一项雅致的活动。正如孔子所说的："知者乐水，仁者乐山"。随着经济的不断发展，消费文化的种类日益增多，不同领域的群体的消费理念也体现出差异性。休闲主义、实用美学以及快乐哲学的流行，使大众的旅游审美不再像古代的文人雅士一般以寻求山水之间的自然超脱为主，而是转变为以休闲娱乐为主的体验参与，这就推动了旅游业创造休闲体验的旅游活动。

体验休闲型旅游的开发更加注重文化娱乐的体验，旅游文化产品多注重其自身的观赏性与参与性，这些都为旅游者提供了更加丰富的旅游体验与实践地域文化的可能性。也有很多旅游文化产品售卖者在向旅游者展现产品特色的同时，会让旅游者参与旅游文化产品的制作，这样能够更好地让旅游者参与其中，引起旅游者的共鸣，满足旅游体验的需求，给旅游者留下深刻的印象。参与性强的旅游活动，在旅游者获得丰富的旅游经验时，促进了文化的交流与地域特色艺术文化的保护与推广。

（五）旅游文化产品设计满足"搭车"经济发展需求

所谓"搭车"就是获得某种物品的利益但避开为此支付的人或组织。每一个商品生产者都是最大经济效益的追逐者，旅游文化产品中包含着工艺、文化、人力等生产经济效益的资本，这些都将成为旅游文化产品生产者们所追逐的。许多旅游文化产品在加工制作方面将手工艺生产的文化特色保留了下来，这样一来想要提高利润的话，节约生产时间是很难实现的，只能最大程度地降低生产成本。随着社会的不断发展，交通越来越便利，这点对于旅游文化产品的加工者而言是非常有利的，因为实际上加工者估计原材料的价格和交易数额是不容易的，只能充分利用便利交通和比较成熟的旅游市场，来降低旅游文化产品的生产成本、营销成本、渠道成本、信息成本以及组织成本，以此来获得最大的利益。

三、旅游文化产品设计的原则

（一）旅游文化产品设计的基本原则

1. 个性化原则

个性化原则表达的就是独一无二，与众不同。个性化物品拥有者会因为物品的独特性而感到满足，还会因为个性吸引他人的注意而产生自豪感。个性化的物品会给拥有者带来积极良好的体验，这正是人们越来越追求个性的原因。在当今社会，个性化消费已经成为热门消费。因此，旅游文化产品自身必须具备独特性，产品的个性化决定了产品的生命力。想要旅游文化产品在旅游市场中快速地占据有利地位，就必须增强旅游文化产品在个性化创造方面的影响力，使产品品牌化。

2. 参与性原则

旅游体验型产品强调游客的参与度。游客体验的感受与参与的程度成正比，也就是说，游客参与程度越多，其产生的感受就会越多，体验感就越好，反之则体验感差，不能给游客留下深刻的印象。所以，使游客获得深刻体验的重要途径之一就是增加旅游者的参与性。

3. 文化与商业结合的原则

旅游活动不仅是一种经济活动，也是一种文化活动，文化才是体验型旅游商品的真正内涵与生命。巧妙地把旅游业与文化进行结合，将文化体验作为旅游体验活动发展的基础，规划好发展方向，吸引更多的游客前来参与。

4. 差异性原则

差异性原则是基于参与性原则和个性化原则提出的更高的要求，这要求旅游文化产品要做别人未曾做过的，独具特色的，还要做到更好、更别致，从而保证活动的特殊性，在同行业里形成良好的竞争优势。

5. 娱乐化原则

我们现在身处一个快节奏的社会中，无论是工作还是生活方面，人们常常处于一个高度紧张的状态中，面对的压力也越来越大。所以，人们极其渴望一种丰富、快乐、轻松的生活。正如德国思想家席勒在《审美教育简书》中有个著名论断："只有当人是完全意义上的人，他才游戏，只有当人游戏时，他才完全是人。"因此，一些以娱乐和游戏为目的的有趣的产品越来越受到欢迎。

6. 情感化原则

人类是有情感的动物。在我们与他人交流的过程中，我们可通过他人的面部表情及肢体语言揣测他的内心想法和情感波动。因为具有这种感知能力，所以我们才会感知到身边的一切，包括无生命的物体。人们喜欢把一些人的特性强加给无生命体与动植物，如情感、信仰、动机等，赋予它们人性化特征。对于这些"有情感"的物品，使我们对其做出积极反应，感受良好的情感体验。

（二）旅游文化产品的形象创新原则

1. 形态要素的类型

①从形态的维度来分类。

如图5-1，涵盖了旅游产品的全部形态形式。实体形态和空虚形态是相互依存、不可分割的，一个普通的三维实体形态置于空间中，这时实体形态与该空间就已经发生了关系，二者构成了静态空间。在分析设计方法时，我们往往会多次情调"物"与"境"之间的关系，从融入"时间、空间"要素的四维形态考虑，在分析"物"和"境"时都会用到相关概念。在东京迪士尼的游览空间设计中，"米老鼠一家忙碌的生活"里那些可以触摸得到、感受得到的实体物就属于三维实体形态，这些要素共同构成了一个三维空虚形态。

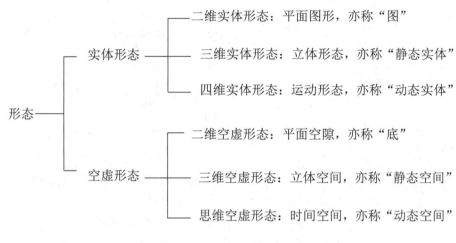

图 5-1 按形态维度分类

　　形态，是旅游产品构成的基础要素。真正透彻地了解形态，掌握其构成方法，是完成旅游文化产品设计的理论构架的前提和基础。清晰地认识形态的基本分类，能使我们认识旅游文化产品的合理存在方式。一直以来，我国的旅游文化产品设计都没有停下脚步，但是直到今天仍未形成一种具有中国特色风格的旅游文化产品，在旅游产品市场中也没有足够强大的竞争力。我国的旅游文化产品与发展迅速的旅游业之间产生了脱节，这与旅游产品的设计局限性较大有着直接的关系。旅游产品的分类介乎于工业产品与手工艺品之间，这种模糊的界定造成创新困难。手工艺品在旅游产品设计中较为普遍，除此之外，我们还要适当地融入现代设计理念或者创新创意时代要素，作为旅游产品的构成部分，三大层面协调发展至关重要。

　　②从形态的用处来分类（图 5-2）。

　　在许多旅游文化产品设计中，会有以传统文化符号的形态为基础进行创新和改进的产品设计，这就关系到旅游产品的形态构成原则。设计者通常会经过谨慎分析后，探究出怎样从自然形态向设计形态过渡，即遵循人工形态设计原则。这一原则，为传统文化元素与现代时尚要素的结合奠定了基础。

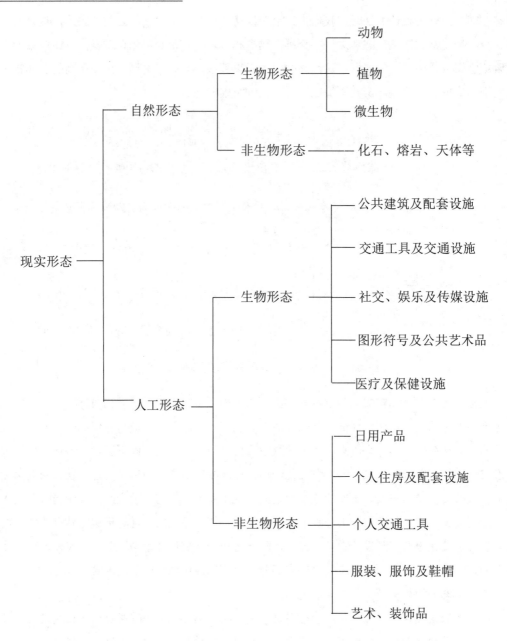

图 5-2 按形态用处分类

2. 从自然形态过渡到人工形态

从自然形态过渡到人工形态的过程，实际上是从自然形态转变为抽象形态的在思维方式上的深化。在此过程中，我们需要考虑元素的提炼和抽象，此外，还应该融入对自然形态进一步的理解，以此来发掘在人类社会中能够用到的某些特殊功能。

由自然形态转变为人工形态的过程总结如下：

①自然形态：通过进化与环境相协调（具有合理的结构，包括合理的链接方式和形体过渡

等）。

②通过学习把自然形态的结构特征简化成人工的结构（包括连接方式、几何形体的过渡方式以及材质的应用等）。

③充分了解这些要素。

④提前为人工形态的转化作准备。

⑤确定清晰且深刻的主题（造型—"造型要素 + 组合方式"—优化组合）。

⑥确立人工形态。

分析自然形态怎样向人工形态过渡这一过程是完成形态创新的第一个步骤。在这样的结构框架之下，针对旅游文化产品进一步分析构成其基本"结构、功能、要素"的形态系统是怎样从最初的民俗文化或创意文化不断变形，被最终确立并完成成熟产品的。

新形态的出现，并不是凭空得到的，它是基本型在打散、重构、融合其他形态后经过推敲而产生的。日本的招财猫憨态可掬，被设计者赋予了美好的寓意，作为摆设可以在日本家庭中经常看到。日本的招财猫有着多种造型，这是由于招财猫的产地有很多，例如吉原、北海道、爱知县和越后屋等，不同产地的招财猫的造型有所不同，体现着各地的特色，蕴含着当地丰富的文化内涵。日本招财猫的形态多样，展示了加工者绝佳的手艺，它作为一种富含日本文化风格的旅游文化产品，一直在传承日本的历史文化，从其受欢迎的程度来看，很明显，其商业价值是非常大的。甚至在如今这个仿造商品比比皆是的现代商业中，日本的招财猫还是具有强大的品牌优势及不可抄袭性，这是由于日本人对于招财猫造型多样的创造决定的。他们将传统文化、地域特点、现代时尚元素以及历史事件等所有要素融入招财猫旅游产品的设计中，使其获得最大化的传承和发展。

由传统形式的招财猫衍生出多种造型独特的新型招财猫，需要设计者加入以下几个步骤：

①利用系统性设计方法逐层分析所运用的传统文化符号，对其加以分类、提炼和整理。

②通过构建叙事性情境的方式完成思路的带入，得出一组与最终产品成型相关的关键词。

③利用造型处理方法塑造出新造型。

④运用系统性设计思维完成有关产品开发的系列要素的设计开发，如产品包装、系列化方案、产品宣传册等。

第二节 旅游文化创意产品的创新理论

一、创新与创新思维

（一）创新思维的概念

思维是人的大脑对客观事物本质属性和内在联系的一种概括和间接反映。通过独特新颖的思维活动来揭示客观事物本质和内在联系，并且引导人们去思考问题的新解释，从而产生新的思维成果叫作创新思维，也称创造性思维，它是创新过程首先起始于人的创新意识。创新思维给人带来的新成果是具有一定社会意义的，是人智力水平高度发展后得到的产物。创意思维与创造性活动紧密相关，是多种思维活动的统一，其中发散思维及灵感起着十分重要的作用。

创新思维是创新的核心，创新思维是整个创新活动的关键，如果没有创新思维，就不会有创新想象，进而不会有创新成果的产生。在社会实践活动中，人们会不断地认识一些客观事物，进而产生不满足感，渐渐地就会出现创新的想法，并通过创新思维活动产生不同于现状的一些设想，通过行动将设想落到实处，完成创新过程。所以说创新活动可以成功的基础就是创新思维，它是人们在进行创新活动的时候必须具备的重要心理要素。

（二）创新思维的特点

创新思维具备一般思维的特点，同时也具备区别于一般性思维的思维品质。

1. 深刻性

思维的深刻性反映在可以透过问题的现象而看到事物的规律，并发现事物的本质，预见事物的发展趋势和结果。

2. 广阔性

思维的广阔性反映在善于从多个角度思考问题，从不同的知识领域加以思考，不仅能够把握问题的关键，还可注意到一些重要细节，可以抓住矛盾的一般性，也可以看到矛盾的特殊性，找出矛盾的普遍性和具体性。

3. 求异性和独创性

创新思维是思维的高级过程，是人们以现有经验为基础，在一些事物中找寻新解释的思维过程。它首先体现在人们思维的求异性和独立性上，不盲目跟风，不盲目信奉，不受现有解决问题的方法的禁锢，而是以他人经验为基础，虚心汲取有用的经验，大胆想象，独立地思考，开辟出一条新的道路。

4．灵活性和敏捷性

思维的灵活性主要反映在思维活动随客观情况的改变而发生相应的变化，善于根据事物发展变化的情况提出切实可行的解决办法，脱离传统习惯，克服定势思维和惯性思维的缺点及功能固着的弊端。

（三）创新思维能力的培养

思维是人脑对客观事物进行的概括和间接的反映，是在实践中逐步形成的，不是天生的、一成不变的。创新思维能力可以通过一些有效途径来培养和提高。

1．创新思维的前提

创新思维的前提是敏锐的观察力。认识客观事物首先要做的就是观察，所有高级的心理活动都要经过"观察"这个步骤。人们利用观察力去周密、仔细地对客观事物进行观察，取得对研究对象的感性资料，形成表象，进而找到问题的突破点，找到解决方法。一般观察力强的人会快速发现别人没有发现的细节，可快速地采取对应的措施。

2．创新思维的基础

创新思维的基础是丰富的知识及经验。创新的前提是创新者具有丰富的知识储备和开阔的视野，一个人积累的知识量越大，经验越丰富，那么这个人产生创新思维的可能性相对来说就会越大。知识与创新是分不开的，创新建立在既有知识成果基础之上。思维是与问题密切相关的，创新知识结构应是多元化的结构，是进行创新思维的硬件系统。古语云："水深则所载者重，土厚则所植者蕃"。一个人的知识储备量越大，所积累的经验越丰富，他的思路就会更加开阔，思维也会更加灵活，自然而然判断就会更加准确，会更容易找到有效解决问题的方法。

三、旅游文化产品创新的意义

提高旅游文化产品竞争力的客观要求是进行旅游文化产品创新。旅游文化产品竞争力体现在旅游文化产品具有的开拓市场、占据市场并且以此获取赢利的能力。可塑性理论认为，旅游目的地若要不断提升竞争力，就要保持其可塑性，即不断地进行创新和变化。旅游文化产品时可以进行进一步细分的，是可变的，同时也可以根据市场的改变进行再塑。产品创新是市场策略的重点，旅游文化产品创新的实质即为吸引力的提升，即市场竞争力的提升。

实现旅游业可持续发展的基本途径包括旅游文化产品创新。随着旅游市场的发展，旅游者需求的变化，仅有创新，才会在激烈的市场竞争中处于不败之地。当前，许多传统旅游目的地的旅游文化产品面临的问题是产品老化，内容单一，主题重复，缺乏变化。因此，应积极进行旅游文化产品的创新。

四、旅游文化产品创新的特征

（一）时代性

根据旅游者的消费心理，坚持以市场为导向，把握时代脉搏，紧跟时代潮流，策划设计旅游文化产品，刺激产品的"张力"，促进新产品趋向流行。要根据市场需求的变化，不断地更新及提升旅游文化产品的竞争力，进而把产品周期的有限生命转化成无限的周期循环，经创新及竞争的交互式作用使产品在市场上具有持久的活力。

（二）多维性

旅游文化产品内涵与外延的多样性及复杂性决定了产品创新的多维性，涉及因素各种各样，可以是一种需大量投资的物态创新，也可以是一种精神创意，毫无疑问，精神创意的意义更大。它不仅包括旅游线路、旅游项目以及产品结构的优化，还包括服务质量的提高、产品品牌的提升、产品种类的增加、旅游大环境的完善以及旅游形象的构建等。

（三）超前性

旅游需求属于精神需求，旅游文化产品是以时尚消费的形式出现的。旅游文化产品创新要强调能激发出潜在的旅游需求，要引领市场消费潮流，缔造出创意引领市场的产业发展格局，即创造需求，开发市场，带动消费，引领时尚。因而，创造新型旅游市场和培育旅游消费群体是旅游文化产品创新的导向。参考旅游文化产品的时尚周期，对旅游者的消费心理加以分析，预测未来消费需求，推出新型旅游文化产品，通过创新来带动时尚需求，进而引导消费者的购买行为，这样才能够在竞争激烈的市场中先声夺人。

（四）持续性

创新不是一次性的，而是一个过程，即持续性创新。一个旅游文化产品开发出来以后，别的企业会效仿，竞争会加剧；即便保持独有的垄断性，受产品的生命周期限制，也会被新的产品淘汰。因此，创新应贯穿始终，即"生命不已，创新不止"。

五、旅游文化产品的创新类型

旅游文化产品创新的类型主要有四种，分别为主题创新、功能创新、内涵创新、类型创新。

（一）主题创新

游客出游的理性化毫无疑问对产品提出了更高的要求，只有抓住市场需求，设计出多样化、个性化、具有明确主题的旅游文化创意产品，才会吸引游客，并且可以最大限度地满足人们的个性化体验。市场竞争需要主题，需求差异呼唤主题。主题指旅游文化产品的关键内容，是组合旅游文化产品及其相关因素后形成的统一的基调，蕴藏在产品中，与产品的具体形式关系密切。

主题创新是旅游文化产品开发成功的基础，对于旅游吸引力的形成和市场竞争力的培育具有特别重要的作用和意义。旅游文化产品主题创新的形式有很多，主题线路在旅游文化产品创新中是至关重要的，因为能够吸引人的主题可以给区域旅游发展带来可观的经济效益和社会效益。

（二）功能创新

功能是事物或方法所发挥的有利作用和效能。产品的功能是其使用价值；旅游文化产品的功能是旅游文化产品给旅游者带来的利益与体验。不同的旅游需求需要通过不同的旅游功能来满足。旅游需求的多样化需要旅游功能的不断拓展。由功能的不同特点，旅游文化产品功能可划分为主导功能、支撑功能、辅助功能三种。不同的产品功能的构成也是不同的，在旅游文化产品功能创新时，应当做到层次分明，重点突出。

（三）内涵创新

现如今，旅游文化产品的问题主要包括：①存在较为严重的同质化现象；②替代性较强；③缺乏独特的竞争力；④缺乏根据市场需求对产品内涵的挖掘、不注重产品开发的创意和系列化，等等。这些问题导致很多旅游文化产品只有一次性消费价值，竞争力不持久。所以，要想对产品进行创新，必然要对原有产品的内容进行丰富，对其结构和形式加以改进。不仅要增加产品的实用功能，还要对其进行重新包装，并且要保证产品的质量，此外，还要强调提升产品的参与性功能，使产品的内涵更为丰富。另外，在主导产品的同一个主题下，可以构造"产品群"，增多产品种类，加强其系统性和系列化，完美衔接新老产品的开发和升级，使二者相辅相成，相映成辉。

（四）类型创新

产品类型直接决定了旅游目的地旅游业的性质及特点，而产品类型取决于旅游目的地的市场及资源的双向比较因素。产品类型的创新主要指对原有产品进行的改进、质量的提高、新产品的开发。随着社会的不断发展，旅游者的需求也在不断发展变化，呈现出多样化和个性化，其求新、求奇、求异的心理日益增强。为了满足旅游者不断增长和变化的旅游需求，必须密切关注市场需求变化，不断地丰富和扩展旅游文化产品的内容，使旅游文化产品的类型更多样。

六、旅游文化产品创新思想观念

（一）创新思想观念

传统的观光旅游使许多人形成了思维定势，认为旅游文化产品就是旅游六大要素的组合，虽然也在不断推出新的旅游文化产品，但是大多只是外在形式或名称的变化，内容其实没有发生改变。主要问题就是观念没有改变，没有跟上时代的步伐，没有能正确把握游客的心理需求。需求导向是旅游文化产品开发的永恒主题和不变宗旨。要强调旅游文化产品人性化设计，体现出对消费者的人文关怀，并提供个性化的旅游服务，还要增强旅游内容的体验性，以实现旅游消费过程中与消费者的互动。

（二）创新开发理念

1. 产品市场细分定位

在设计产品时，首要考虑的不是有什么产品，而是有什么样的市场。若将体验作为游客购买的唯一产品，就不会再有传统的老少皆宜的产品。必须进行内部和外部分析，找到自己的内部优势，再根据市场的相关性定制符合特定客源需求的专项产品。

2. 产品策划设计内容转换

传统的旅游文化产品是吃、住、行、游、购、娱等要素的综合。如果注意力集中于体验效果，那么这些内容显然已不能达到目的，旅游文化产品内容将由传统的要素组合向体验过程的设计发生转变。

（三）创新技术手段

科学技术的发展为旅游文化产品的创新提供了有利支撑。在当今科技和信息时代，要想实现旅游文化产品开发水平有很大的提升，毫无疑问增强旅游可持续发展的科技内涵是有巨大帮助作用。通过技术手段的创新，可以从需求动机、消费理念和出游条件等方面给游客带来很大的改变，还会对旅游企业经营和旅游产业运行产生巨大影响。例如，电子商务技术和网络开发技术在旅游领域的普遍使用，使旅游供给方式和旅游消费模式有了很明显的改变；现代化的声光电技术与旅游演艺的结合，产生了极具震撼的视觉冲击力，提升了旅游演艺的档次；自动控制技术、生物工程技术、环境科学技术以及工程建筑技术等也被运用在旅游目的地的建设中，使旅游景观数量日益增加，旅游环境质量不断提高。在未来旅游文化产品开发方面，还应该继续吸收计算机技术、数字技术、遥感技术、光电技术以及无线通信技术等的先进成果，生产出更多品位高、质量好的旅游文化产品。

第三节 旅游文化创意产品创意的语意传达

产品的语意传达主要是通过产品设计中的形态、色彩、材质以及综合特征展现给用户的功能性的语意传达和文化性的语意传达。功能性语意传达是指文化创意产品设计后所能够提供给使用者的具体功效;文化性语意传达是指产品设计后所呈现的文化内涵,既是显性的也是隐性的。功能性语意的正确传达是基础,文化性语意的正确传达是提升,两者同时形成相互促进的作用。

现在看来,有的不成熟的旅游纪念产品忽略形式具有的深层意义和所要表达的隐性情感,只是将民俗文化符号的形式单摆浮搁。这种旅游文化产品,很难使人产生联想,产生纪念、情感交互价值的目的也很难实现。如果这些太过形式化的民俗符号在我们的生活中无处不在、随处可见,如果神秘的东方文化仅仅是现代产物的外衣,它们就会有时限,超过了一定的时限,就会被人们厌倦,它们将不再为人们所熟悉,人们也不会再对此加以关注。

一、旅游文化产品创意设计中的意义传达

(一)产品设计中的"达意"与"传神"

借由实质的产品传达无形的且不为人了解的地域文化内涵,是地域性文创产品最主要的存在目的。产品设计的实质是一个从产品意义到产品神韵的传达过程。将符号形式背后的深层意义与所要表达的隐性情感传达出来,达到文化创意产品引起使用者回忆、联想、进行情感交流的目的。

1. 设计中的意义传达

能够传达意义的设计不仅需要其形态尽可能地表达出所选地域文化的表象特征,而且要让使用者能够借此产品感受到文化的深层内涵。在对文化创意产品的设计过程当中,首先需要对广义的地域文化内容进行探究,经筛选整理出代表该地域文化的核心价值,再通过撷取出的有形的视觉符号元素及无形的语义元素转化至实际的产品。所以,基于地域生活方式的文创产品设计,必须先深入了解文化的内涵,探究其核心价值,达到视觉美感与文化意义相互融合的效应。

将文化分为三个层面进行分析探讨,并提出将文化创意产品置于文化的三个层面中进行设计,以此考虑到产品所需的设计因素。

①将文化外在层面的意义表现在产品的外形、色彩、材质、表面纹饰、细节处理、部件组成等外部属性上。地域性文创产品通过其外观体现出的独特地域文化能够直接吸引人的注意。

②在设计基于地域生活方式的文创产品时,对文化中间层面的表达是重点,将文化中间层面的意义通过产品所涵盖的功能、操作方式表达出来,可以是对某一具体的行为活动或产品操

作方式的模拟。产品设计后的可实用性、可实现性，以及是否达到使用者的需求都是需要考虑到的设计因素。这可以使人们在实施操作的过程中感知当地人的生活方式。

③文化内在层面意义的表达是指产品有特殊含义，产品是有故事的，产品是有感情的，是对使用者心理、精神以及其他社会或层面需求的考虑。

文化自下而上的区分归类于意义表达的过程中，对"人、事、物"的认知与理解更加迅速方便，也更容易定位。

2. 设计中的神韵传达

对产品文化神韵的传达，是对文化意义表达的递进。只有充分表达出产品的文化神韵，才能令使用者产生文化共鸣，对产品所传达出来的意义心领神会。这不仅能让使用者对某一地域的文化有充分的理解，甚至能够唤起人们对身处该地域时的回忆。产品的设计需要具有丰富的情感语义以及对产品情感基调的准确把握。比如，为江南水乡设计的文化创意产品，整体的基调浪漫、朦胧、温婉，与之相应的元素符号也具有温柔、诗意的特点。而为热情、豪迈的西北地区设计的产品，传达出来的便是粗犷、坚毅的文化韵味。

产品需要能够传神的元素。这种元素并非来自产品的某种具体的形态特征，而是由形态元素创造出来的地域文化的深层含义，以此作为能够唤起使用者联想和共鸣的情感诉求点。

在设计产品时，对意义及神韵的传达，是产品向使用者传达语义的有效途径，是基于地域生活方式的文创产品设计模式中的关键，能够主动引导用户思考，提升用户兴趣。

(二) 叙事性设计方法的应用

1. 叙事性设计的必要性

基于地域生活方式的文创产品的设计重点在于用户的体验，在体验中用户才会有感动，设计师通过自身的认知把故事的能量赋予文化创意产品，这样才能引起用户的文化认同感。用说故事的方式，使地域文化符号的转换更为合理，并以可视化的方式呈现出来，让地域生活方式更真实清楚地展现在用户面前，进而确定产品的价值。故事怎么讲，我们需要基于叙事性设计的方法，其价值在于利用"叙事"的作用，使用户在使用过程中与产品之间产生深刻的情感交互。

叙事性设计是兼顾产品的物质属性及精神属性的一种表达方式，即用户在使用产品的过程中不仅能满足其所需的物质功能，还能了解到产品所传达的精神内涵，产生情感的共鸣，与基于地域生活方式的文创产品的设计目的一致。这就是说将文化创意产品视为文学作品，通过说故事的方式来感染、说服用户，吸引用户去使用产品。

2. 叙事情境构建要素的分析

叙事设计最重要的是建立一个合理的情境，包括"人""环境""物"三个要素。情境中的"人"，也是产品的使用者，包括长期生活在这一地域的"本地人"，他们的思维意识、行为方式等都具有典型的地域特色。而另一种就是相对于"本地人"的"外地人"。"环境"包括物理环境和社会环境。物理环境指的是一种情景，包括时间、地点等因素，而社会环境便是整个地域文化的反映，是整个故事文化主题的构建框架。"物"在故事中不是具体的内容，而是某个实体功能的体现。而在设计文创产品时，这个"功能"便是指将撷取出的文化符号转化至具体的产品上以满足用户的需求。

3. 情境构建的模式

设计者要说出故事策略的安排，说一个文化市场能接受的、吸引人的故事。这不仅是符号语义的问题，还包括系统间互动的问题。设计者需要深入思考符号运用转换的方法以及说故事的策略，进而加深地域文创产品的文化内涵。用户本身作为"事件"构成的要素之一，其获得的产品功能、情感体验以及通过对生活方式的感知而带来的心理感受都将由设计展开。

叙事性设计强调"事"的发生中各个构成要素之间相互影响、相互作用的关系。当事件发生时，各个要素将产生或单一、或错综复杂的联系，从而展现出一个动态的叙事情境。之所以它是一个动态的叙事情境，是因为各要素在情境中不是静止不变的。这种变化既包括空间与时间的演进，也包括人的使用行为、心理要素的改变，从而使产品的形态、功能、操作方式发生变化。这些情境中的要素又直接影响着故事的基调，所以，情境的构建取决于各要素的状态及如何作用于整个"事"。对各个要素是否会发生变化以及会产生怎样变化的把握，是确定设计主线的根本，并且引导用户理解设计者的设计意图和所要传达的信息。

基于地域生活方式的文创产品的设计方法，最根本的是对地域文化的所观、所感能有一个清晰的认识，并且能敏锐地抓住打动人的设计痛点。而对"情境"的内涵意义的掌握，则是如何利用叙事设计的重点，通过有针对性的对叙事情境的分析，获得产品贴近生活、引导生活的存在价值与设计方向。

二、旅游文化创意产品设计的符号意义表达

（一）外延意义与内涵意义的定义

外延意义讨论的是与符号和指称物之间的关系，即由产品形象直接说明产品内容与使用方式本身。它是一种理性的信息，如产品的构造、功能、操作等，是产品存在的基础，是一种显意义，是产品的固有意义。

内涵意义与符号和指称事物所具有的属性、特征之间的关系有关。它是一种感性的信息，更多与产品形态生成有关，即由产品形象间接或明确表达产品物质内容以外的方面。产品在使用环境中显示出的心理性、社会性或文化性等非物质意义，也就是个人的联想（意识形态、情感等）和社会文化等方面的内容。它比外延意义更加多维，更加敞开，相对外延意义而言它是一种增添的意义。

在通常的产品设计中，人们经常通过机能性的描述，使被指称的产品具体化，即进行产品外延意义的设计，然后才是考虑产品应该给人以什么感觉，产生什么样的情感。举例来说，当设计一辆汽车的时候，我们首先考虑到一个符号的基本外延意义，即汽车的基本功能性意义的满足，这是使它成为一辆"汽车"而不是其他物品的基础，如用来支撑和移动的轮子、用来操

控的驾驶室等。而当我们把"汽车"整体当作一个符号的能指（形式），那么就可由设计师自由发挥，使其具备不同的所指（内涵意义）。这也是设计表现出多样性的原因。

（二）外延意义

由于一切产品和物品都形象化地给人以感官上的导向，事物的功能、属性、特征、结构间的有机关系等都以形象性明示语意加以展示，对产品的使用者具有指示作用，并有机地作用于人们的视觉、触觉等器官。消费者通过产品形态中的指示符号了解产品及其构件的功用，结合以往的生活经验，做出"这是什么产品""如何使用""性能如何"或"可靠性如何"等逻辑判断，从而进一步理解产品的效用功能并掌握使用方法。所以外延意义应该为产品提供以下语意。

1. 功能性语意

产品的功能是指产品与人之间那些能够满足人的某种需要的相互作用。就大范围而言，实用、象征、审美、表征等都可称得上产品的功能。而此处所述特指产品的实用功能，即指设计对象的实际用途或使用价值。比如，洗衣机是用来洗衣物的，碗可以用来盛食物，床可以用来休息等，都属于实用功能。功能性语意塑造所要实现的就是这种实用性内容，并由实用性牵涉到多种功能因素的分析及实现功能的技术方法与材料运用。在产品功能性语意的塑造中，功能语意通过组成产品各部件的结构安排、工作原理、材料选用、技术方法及形态关联等来实现。

功能性语意应该明确提供下列几个方面：

(1)明确的功能区域划分。独立的产品功能面，如显示屏或控制面板，能够从产品的整体形态中明显地分割开来。抬高、下凹、材质对比以及色彩对比等都能使它们更容易与产品整体区分开来。

(2)功能群组化。根据"格式塔"视觉规则，将产品中功能相关的一组组件群组合在一起，施以相同形态和色彩，力求产品的简洁。

(3)体现产品的品质。设计师应该使产品在视觉上，体现其结构上的耐用性，同时还应该体现其使用上的稳定性。纤细、棱角、完美的平面，干净的边线以及明显的次序线体现产品精细的品质。

功能性语意是产品中普遍而共同的因素，它能使全人类做出同样的反应，可以使设计获得跨国界、跨地域、跨民族、跨文化的认同。因此，我们应该树立功能分析的观念，注重对功能的改良和创新，运用理性的思维方式设计出能被大众理解和接受的产品。

2. 示意性语意

在现代工业出现以前，由于技术发展迟缓，产品造型的演变也是逐渐的，人们辨认一件产品不会感到困难。现代工业出现以后，产品设计与工艺制作过程脱离，造成了产品形式与功能的脱离，对于不熟悉它的使用者来说是难以操作的。产品要为人们所理解，必须借助公认的语意符号向人们传达足够的信息，向人们显示它是怎样实现它的功能，从而使使用者确定自己的操作行为。

示意性语意的塑造就是要求产品设计师找到一种能准确传达信息的语意符号来表达产品的操作方式。比如，将按钮的表面做成手指的形状、操纵杆的外形做成手掌的形状、体重计踏板做成脚掌的形状，通过形体本身的造型语言即可说明它的使用方法。这其中最常见的例子莫过于火车上的水龙头，其开关的控制方式历经旋钮、按键、脚踏而越发趋于合理、方便。

示意性语意除要传达产品如何使用的问题外，还要通过其自身的形态、色彩向人们传达是何种人使用的问题。比如，大家在逛商场时都有这样的感觉，什么是儿童用品，什么是女士用品，什么是男士用品，从不会弄错。在这里，产品就是通过自身的形、色、质等示意性的语言向消费者传达了什么人使用的问题。这需要设计师知道一些基本的造型知识，如水平的形体给人以安定感，直立的形体给人以挺拔感，曲面的形体则给人以柔和、可亲的感觉以及不同的颜色会给人不同的心理暗示，等等。

产品设计中应当提供以下五种示意性语意表达：

(1)产品语意的表达应当符合人的感官对形态含义的经验。人们看到一个东西时，往往从它的形和色来考虑其功能或动作含义。比如看到"平板"时，会想到可以"放"东西或可以"坐"等。"圆"代表可以旋转或转动的动作，"窄缝"意味着可以把薄片放进去。设计要注意用什么形状表示"硬"和"软"，以及"粗糙""棱角"对人的动作的含义等。

(2)产品语意表达应当提供方向含义，以及物体之间的相互位置、上下前后布局的含义。任何产品都有正面、反面、侧面。正面朝向用户，需要用户操作的键应该安排在正面。设计时必须从用户角度考虑产品的"正面""反面"分别表示什么含义，用什么表示"前进""后退"，怎么表示"转动""左旋""右旋"，用什么表示各部件之间的相互关系。

(3)产品语意表达应该提供形状的含义。电子产品有许多形状，这些内部的各种状态能够被用户感知。例如，用什么表示"静止"，用什么表示"断电"，用什么表示"正常运转"，用什么表示"电池耗尽"等。

(4)产品语意表达必须使用户能够理解其含义。电子产品往往具有"比较判断"的功能。例如，用什么表示"进行比较"，用什么表示"大""小"，用什么表示"轻""重"或"高""低"等含义。

(5)产品语意必须给用户表示操作顺序。要保证用户正确操作，必须从设计上提供操作信息和操作顺序。许多设计只把各种操作装置安排在面板上，用户看不出应该按照什么顺序进行操作，这种面板设计并不能满足用户清晰使用的需要。设计师还必须向用户展示各种操作的过程。

（三）内涵意义

内涵意义体现着产品与使用者的感觉、情绪或文化价值交汇时的互动关系。不同的观者对同一产品，有时会理解出不同方向或程度的内涵性意义。例如，消费者认为产品有某种现代、简洁的感觉，或通过消费产品感受到一种时尚的生活方式，或从计算机服务器产品中感受到一个高性能的，让人值得信赖的品牌和企业形象。内涵意义一般提供下列语意。

1. 关联性语意

关联性语意是指利用生活中的隐喻手法，借用与已有形的相关、相近、相似、相对的关系，通过间接指涉，由此及彼而给人以新颖别致、有趣味的感觉。比如，甲壳虫汽车、老鼠形鼠标等。

关联性形态所表达的语意往往是隐含的，需要靠常识经验和想象力加以引申。用户可根据自己生活阅历和审美趣味的不同而赋予这种关联性的形态以不同含义。设计师在传达这种语意时也是弹性的、模糊的，他不会明确地告知用户自己这样做的意图，只是借用这种有趣的形式给人以想象理解的空间，赋予产品韵味。它易于表达某些联想和暗示，能产生较深刻、含蓄的意境。

关联性语意按与被关联对象接近程度的差异可分为显性直接关联和隐性暗喻关联。显性直接关联多是仿生性造型。仿生性设计作品往往给人幽默可亲的感觉，令人过目不忘。而隐性暗喻关联则多为抽象的造型，它能体现出设计者的设计哲学和艺术风格。

现代的产品设计关联性语意常常被用来产生产品的情趣，用产品的造型、色彩以及材质来体现生趣、机趣、谐趣、雅趣、天趣、理趣等。同时，也可利用关联性语意对产品市场进行分析，如利用关联性风格词汇对产品进行相对语意坐标的分析，从而便于产品的风格定位。

2. 象征性语意

人类通过自己制造出来的各种产品的外观形式来传达信息，产品的外在形式除直接显示它是什么，如何使用之外，还可以传达某种信息，说明它代表了什么。在很多情况下，象征性语意的塑造是借用某种具有某种程度的共识的代表物来表达的。这种物可以是具象的也可以是抽象的。它借用的是物的隐性含义，如流线型代表速度，蓝色代表科技，银灰色象征精致，白色象征纯洁，绿色象征生命，鸽子代表和平等。因此，只有遵循人们的心理经验，才能使象征性语意的塑造更容易与观众沟通。

一般说来，象征性形态具有识别社会角色和传达特定观念两种功能。因此，产品象征性语意的塑造也存在社会角色的塑造和特定观念的传达两种形式。

(1)社会角色的塑造。社会是由不同性别、职业、阶层地位的人组成的，每个人都担当一定的角色。我们往往可以从产品的形式判断其使用者的社会地位、职业、出身、经历、文化教养、经济状况，等等，了解他扮演的是什么社会角色。

(2)特定观念的传达。产品的外观形式或某些形式因素可象征性地表达一定的观念。比如，除流线型车身分别象征了高科技和速度等外，还有十字架表示基督教徒的信仰，戒指戴在不同的手指上可分别表达爱情、婚姻等状况。而有些特殊物品，如宝剑等，更是由于掌权者的佩戴或在执行某种权力时的特殊作用，其本身已经成为权力的象征。又如，日常生活用品中的"四大件"曾一度是中国百姓富足和引以为骄傲的标志。

3. 表征性语意

语意的形成有的是有意识的、精心设计的，有的则是由环境、历史、文化等附加进去的。

这是因为在器物设计制作的过程中，不可避免地要受到周围环境的影响和支配。每一种文化在造型方面的外部特征，都对样式有所选择。这种选择来自历史、地域、人种、习性等诸多原因。或者说每一个民族对造型形式的选择，都有其民族文化、历史、习俗等因素的渊源。在这里，环境有超出实用功能和可识别性以外的种种意蕴和文化内涵。

任何民族文化对形的认识总是有相同或者相近的地方，更有差异的存在。差异往往是区别和评价"形"文化特质的重要凭据。产品的语意传达不仅在于它能成为设计师情感的一种"自我表现"，更在于它能传达出整个民族的、地方的特色和时代精神。因此，与上述功能、示意、象征、关联和情感等语意的塑造方式不同，表征性语意的塑造更多的是对环境、历史、文化等一种无意识的呈现。它反映的是设计中并没有被特意强调的科技、材料、工艺、时代、人文、地域特征。

有些产品或物品符号会超越不同的文化背景，具有各地人们相通的情感意义，使人们产生共同的情感体验。产品中特定的语意符号会成为我们自己的印象延伸；有些物品会因为勾起过去的记忆，使我们产生强烈的感情。同时有些产品试图通过特定的文化符号及特定组合，唤醒我们记忆中久远的地方文化和思想认同，这是由特定的语意设计达成的信仰、仪式、迷信、吉祥物、特征物等的符号互换，从而建立起地方文化的连续性。此外，产品中的某些特征符号又会与某些特定的社会现象、故事、责任或理想发生内在的关联，引发观者有关社会意义的深刻思考。

（四）文化符号的语意转换

1. 文化符号"形"与"意"的表达

在设计文化创意产品时，所追求的不仅仅是色彩、材质的适当，整体造型的美观，更要追求辨识适当、意涵深远，有吸引力的语义层次和说故事层次。刘勰在《文心雕龙·隐秀》中提到"情在词外曰隐，状溢目前曰秀"。"秀"是指产品中鲜明生动，可直接被人感知的部分，是对符号造型要素的操作；"隐"指文化符号所包含的特殊意义和情感内容，是符号意义的表达。所以就文化创意产品的设计来说，它是对地域文化符号生动形象与丰富意义的转化应用，丰富的意义需要生动的形象表达出来，符号造型本身没有固定的意义，是根据整个社会文化的系统而定的，是约定俗成的地域文化所赋予的。例如，在裕固族喝酥油茶这一日常生活方式中，人们习惯在喝茶的时候用一根筷子来搅拌碗中的酥油、炒面等食材。以这根筷子作为地域文化符号，"形"即传统筷子的外在形式，包括其外形表现、色彩、材质、肌理、图像等因素。而筷子作为符号，本身没有什么特定的意义，是因在裕固族这一地域环境中，而被赋予了其特殊的意义。作为喝酥油茶过程中必备的器具，筷子除了具有搅拌的功能意义外，同时我们发现将筷子架在喝完茶的空碗上时，还具有暗示主人不再续茶的象征意义。

在对于符号"形"与"意"进行处理时，首先我们必须抓住地域文化中的本质，充分表达出地域性文创产品的可感知性，将能够体现产品生动形象的设计元素有步骤地融入产品的设计之中。其次，地域性文创产品的魅力在于内涵意义的含蓄表达，我们似乎很难找到直接具体的符号，但是恰当的具有情感倾向的符号群，通过具有逻辑性的组合后，将能够准确地诠释出文化创意产品中的情与义。

比如月相碗完美模仿了月相变化的全过程，利用液体在碗中不同高度时呈现不同的形状，以此代表月相不同的阶段。倒入白色或黄色的传统米酒、黄酒最合适，更能够形象地表达出月亮的形象，这是对"月相"这一符号造型的呈现，也是对符号表层意义的传达。而酒碗与月相变化的结合，不仅让人在饮酒的过程中体会到月亮阴晴圆缺的美丽变化，还传达了一种"明月几时有，把酒问青天"的情感语义。

2. 文化创意产品的造型方法

基于地域生活方式的文创产品，其多数借由符号展现文化的内涵与价值，要想在地域文化与产品之间获得适切的结合，则需要依靠合理的设计手法将文化符号转化于产品之中。比喻式设计是常被应用于造型的方法之一，通过类比表达两件事物之间的关系。

符号具有可象征产品性质的特性，文化创意产品的设计过程实际上就是将文化符号的"形"与"意"与产品在其主要的特征属性上找到相似的地方。以产品为主体，以符号为喻者来传达产品欲表现的意义，并通过语义转化为产品造型、色彩、材质等所需要的设计元素，进行创意的设计。

在"蒸蒸日上"天津狗不理餐具的设计中，以天津狗不理包子这一传统饮食作为文化符号进行一套餐具的设计。发现产品（主体）与符号（喻体）间，具有隶属的主喻关系，借此直接传达出此为一套专为吃天津美食狗不理包子所设计的餐具。产品与符号之间关系明确，转化直接。而餐具整体造型皆以制作"狗不理"包子的面皮和蒸包子用的笼屉作为符号，体现出产品的地域文化含义。将与天津狗不理包子相关的符号作为设计元素，就像看到叉子就会想到餐厅一样，用户通过符号解读出其背后所象征的地域文化。

产品（主体）和符号（喻体）间除了具有直接的空间隶属关系外，发现其引用方式在文化创意产品的设计中还具有产生动作一致、功能相似的主喻关系。基于地域生活方式的文化创意产品是以对文化中间层面的表达为重点的，是对某一地域具体的行为活动的模拟，其表现在产品的功能和操作方式上。

"玩美文创"设计的一款抱枕主要以茶叶的传统包装形式作为符号，因为此抱枕以茶叶为填充物，主体（产品）与喻体（符号）都有包裹茶叶的含义，并且发生了"包"的动作，且功能相似，动作一致。产品名为"春茶"。因春天的茶叶为一年四季之精华，而在闽南语中，"春"字的发音又与"存"或"剩下"意思的发音相似，用剩下的茶梗作为抱枕填充物，使茶包与抱枕又有功能意义上的转换。

对产品（主体）和符号（喻体）之间特征关系的分析，有助于对文化符号在产品设计转化上的研究。在进行文化符号的转化应用时我们要注意避免为了形式而形式，孤立的形态处理、单纯的形似必然不具备生动性，也不能打动人。

总的来说，我们在设计物的时候，第一个步骤就是要对物所在的"事"进行分析，事的发生一定会伴随"理"和"情"的发展。利用系统性思维方式对"事系统"进行处理，不同情境当中，有关于物的"理"与"情"的描述会对物的存在形式产生直接影响。对于旅游文化产品的设计开发需"功能性语意传达"，通过设计的"理"将产品要表达的意义表现出来。把富有地域特色的标志融入设计中，使产品更有纪念的价值，使消费者感到有收藏和纪念意义而购买。

产品向用户传达语意的一个有效途径就是对"功能性语意传达""文化性语意传达"的正确把握。例如马克思衔着烟斗专注的样子也非常具有代表性，类似的烟斗形态已不再是某一旅游地的地方特色，游客在回忆旅游过程或是将旅游文化产品转送他人时的深层次情感需求将很难得到满足。再如去英国侦探小说中夏洛克·福尔摩斯的家里找寻名侦探的影子，对于这样的旅游地，在设计具有特色的烟斗时，如果完全按照书中描述的样子制作，那么当用户将这款烟斗带离旅游地后，由烟斗所传达的语意就会由于脱离了特定的存在语境而被其他以"烟斗"为语意载体的语境所弱化。产品设计应该做到"功能性语意传达"和"文化性语意传达"，这是产品引导用户思考、吸引用户的重要保障。

第四节　旅游文化创意产品创意的情感表达

　　旅游文化产品的"情感表达"在很大程度上是对设计中"美"的把控。我们把情感表达在文创产品设计中描述为"情感表达"及"情感表达的尺度"。

一、情感表达的涵义

　　设计中的情感表达源于产品中的情感设计，它指的是以人和物的情感交流为目的的一种创作行为活动。设计师通过设计手法，对产品的外观、材质、颜色、点、线、面等元素加以整合，使产品能够通过形态、声音、寓意、外观形象等各方面影响人的视觉、听觉、触觉进而产生联想，达到人和物的心灵沟通，从而产生共鸣的目的。换句话说，设计的情感表达可以让产品带有情感，能与人心灵沟通，产生共鸣。

　　文化创意产品的意义不在于包装的繁或者简，关键是情感表达。例如，当国产有机大米与日本大米正面交锋时，从米的本质来说，无论是国产有机大米还是日本大米都是十分优秀的。不过中国北京所生产的有机大米却不能被称作"旅游文化产品"，最多可以叫作"旅游特色食品"。对比日本大米和北京产有机大米，可以发现它们对于"情"的把握是有差异的。北京产有机大米只是单纯的"产品"，若购买回去，除了被吃掉留下口感的描述以外，没有其他的作用。而日本大米则是承载了不同"情感"的纪念品，看着这精巧的东西，会让人舍不得吃掉，会想起当时的情景。日本某地的大米有了"丰收、爱情、长大成人的喜悦"情感，因为"情"的存在，米吃在嘴里其香味会更浓，"意"也更深。这样一来，日本大米的品质在无形中就被提升了，使日本文化以鲜活形象浮现在人们的脑海中。

　　日本京都丹后产的名为"初音"的大米，轻飘飘的口感和柔和的黏性，就像是京都的女性气质，像是祇园伴奏的初音，并由此得名。这个特质从产品的整体风格中就可以看出来，素雅而不失厚重，设计表达非常到位，其旨意为清晰的情感表达。

　　目前，中国的旅游文化产品市场，呈现出普通游客能接受的中低价位的工艺礼品普遍缺乏创新，尤其是缺乏对于产品"情"的把握，由此便出现了这样的情况：要么游客认为旅游文化产品的价格太高，要么就是不想买，"传统工艺"孤高冷傲，少有人问津的尴尬。不管旅游文化产品是产业化还是有政府的帮扶，如果没有情感的注入、缺少创新，那么这样的产品是没有办法反映出当地旅游特色的，更不会引起游客购买的欲望，导致最直接的后果就是后续的投入都将没有意义。"民族的才是世界的"，如何将中国的民族特色有效地传达出去，旅游文化产品应该通过怎样的形态去承载这些特色文化，这些问题引人深思。

　　如图5-3所示的国产品牌"三只松鼠"是由安徽三只松鼠电子商务有限公司于2012年强力推出的第一个互联网森林食品品牌，代表着天然、新鲜和非过度加工。"三只松鼠"采用网络销售这一新模式，在上线 65 天内，其销售在淘宝天猫坚果行业跃居第一名，花茶行业跃居前十名。其在包装设计、产品附加功能设计、营销策略以及品牌经营上都走在中国同类品牌之前。包装设计注重原创形象管理，通过"三只松鼠"品牌形象推广的有关所购买食品的健康饮食卡、健康笔记本等主题清晰、造型可人的附加性产品也使"三只松鼠"产品的竞争力更强。其营销模式采用网络推广，对市场灵敏度高，可以结合用户需求极快做出积极反馈。包括包装设计、标识设计、周边产品设计等一系列完整的品牌创意理念下，"三只松鼠"体现了信息时代文化创意型新兴企业经营模式的勃勃生机与强大的市场竞争力。"三只松鼠"品牌的成功经营，为文化创意理念如何应用于实际旅游文化产品开发，怎样找到适应中国市场的地域性方法开辟了新的思路和路径。

文学作品中的"情在词外"的表达是通过有形象感的"文""词"来完成的，并不是逻辑关系的简单描述。设计作品中产品所蕴含的情感，也要依托于一定的载体表现出来，即"形""色"。一方面，情在词外，义生文外，情感的强烈倾向性，并不是说一定要通过"文"或"词"直接地表达出来；另一方面，如果完全脱离"文词"是无法将"情意"表达出来的。要解决这个矛盾，可以通过"文词"组成生动可感的形象。在产品中注入情感，实际上很难找寻到直接具有逻辑关系的形态符号，但是一组恰当的、高贵的具有情感倾向性的"形态符号群"经过逻辑关系重组之后，可以准确地传达出其中蕴含的"情与意"。

二、"情感表达"对旅游文化产品的影响和应用

情感的表达及情感的尺度这对范畴就像是事件的首和尾，或者可以说成硬币的两面，两者之间的关系是相互依存的，共同作用于设计。情感表达的魅力表现为对设计蕴含的内涵意义的含蓄表达，产品形、色、材的准确性而又不过度表达和滥用；并非直白的表达，而是通过婉转含蓄的方式去引导用户主动地去认识和理解产品的设计理念。比如流水别墅没有采用包豪斯时代常用的平铺直叙的方式，也没有采用很多装饰性的线条去表达复杂的形态，而是将形体的自然张力融入环境，就像是海中的一轮明月，虽然璀璨耀眼却不会显得跳脱。在一年四季的色彩和不同材质的使用中体现出了产品强大鲜活的生命力，充分演绎了天人合一的境界。流水别墅对"情感表达及尺度"的共同作用效果表达非常明确。一方面，流水别墅本身具有自然生命力，没有采用平铺直叙的表达方式，也没有用绿叶或树桩、假石的造型直接告诉人们所要表现的为自然。这一建筑最出彩的地方就是它自然的气息及强大的生命力。通过无形以外的情与意，准确地表现出设计者的创作理念和思想。另一方面，如果完全抛开形象，也是无法传达"情与意"的。所以说，要想产生可以引起用户情感共鸣的优秀设计，就必须做到情感表达及表达尺度的拿捏，协调统一进而共同作用。

旅游文化产品面对用户，承载着用户对旅游地的情感寄托；面对社会，承载着传承当地的旅游文化、实现经济价值的重任。对于旅游文化产品的审美价值、实用功能、情感互动等各个方面的需求，决定了旅游文化产品具有多义性。怎样最大限度地表达出这种多义性，同时还要突出重点，主次分明，对于情感表达的多义性理解与应用是特别重要的。设计情感表达的核心

是气韵的把握，设计中情感表达的尺度拿捏的关键在于细节的处理。

受地域、文化、经验等影响，其审美意象蕴含的情感自然也不会完全一致，它是繁复的，而非单一的。"我爱听相声"，有可能是从小受到生活环境的影响，经常接触相声，久而久之受到了熏陶，也有可能是被相声的幽默桥段所吸引，还有可能是相声演员自己通过讽刺现实的口吻来宣泄。生活中，人们喜爱某一个事物的原因可能有多方面，所以，人们天马行空的大胆想象不应该被设计禁锢住。情感表达尺度的把握不同于过分雕琢，设计如果为受众做的太多，反而会缩小人们的想象空间，这样的话就在很大程度上减少了购买者与旅游文化产品之间产生情感共鸣的机会。

一块来自海南的著名景点"天涯海角"的石头，成功男士把玩它，是沉稳的美；身处异地的情侣看待它，是甜蜜、相思的美；情感丰富的妙龄少女，把它放在盛满海水的玻璃瓶子中，对其他异地的情侣们产生同情之美……一块石头经过设计加工以后，就会蕴含丰富的情感，如果设计得好，就可以协助受众完成他的想象。"隐"与"秀"的恰当结合，必然会产生"气韵生动"的良好效果。

三、情感表达尺度的涵义

情感表达尺度是对审美意象的一种规定。审美意象应该鲜明生动，可以直接感受。同时情感的尺度在设计中需要体现得恰到好处，尺度拿捏不好则会影响设计的表达，或粗俗、或情感不足，都不利于文化创意的传达，会引起消费者的反感。

然而，情感表达与其尺度的拿捏并不冲突，关键在于抓住旅游文化的核心内涵，将其审美意象利用文创产品的形、色、材进行有机转换。中国有着原生态特征的一些工艺品，比如云南的瓦猫，其造型怪异，有一种古朴之风，看不出来"刻意雕琢"的痕迹，甚至有一些粗糙，不同于当前对美的普遍定义。它的制作加工采用了大而化之的线条，但是，人们在看到它的时候，无法忽视它的美，还可以从中看到它的灵动和华彩，体会到其生命之美。

实际上，云南瓦猫是当地人置于屋脊正中处的瓦制饰物，由于其形象与家猫很像而得名，其原义是能食鬼的老虎。它的功能是避邪纳福、镇宅。如今，瓦猫已经成为一种特色鲜明的民俗，广泛流传于云南昆明、楚雄、玉溪、大理、呈贡、曲靖、文山等地。当然，由于不同地区的民俗文化和审美观念等不同，不同地区的瓦猫形象自然也有着很大的区别：玉溪瓦猫看起来像是留着胡须的巫师；呈贡的瓦猫看起来像是一个天真无邪的孩童；鹤庆的瓦猫造型有一种夸张之感；曲靖的瓦猫则是将八卦夹在了前腿，等等。瓦猫所具有的强调生命力实际上是对美的一种概括，同时也是对情感的一种宣泄。再比如乐曲《梁祝》，有外国人在听到《梁祝》这首曲子时会流泪，问及原因，他答道自己并不知道这个故事所讲的内容，却莫名让人感到悲伤，在他的理解中，这首曲子蕴含着一个伤感的故事。从中可以看出，乐曲的设计事实上已经打破了单纯视觉美的界限，它可以让人产生情感的共鸣，是有着情感尺度的准确而生动和可感性的优秀作品。

四、"情感表达尺度"对旅游文化产品的影响及应用

要想设计出一件优秀的作品，不单单要具备一定的艺术功底，还要对美有很好的掌控。设计者应将"美和艺术"融入产品中，使产品具备强大的市场竞争力。特别是对旅游文化产品来说，其特殊的消费人群和开发动机，更是决定了设计者要明确"情感尺度"的本质，对其进行系统的分析，充分体现出产品的生动性及可感性，把会与受众产生"强烈情感共鸣"的设计的美逐步融入产品的开发当中。

对于旅游地某事件、著名景观、人物的再现，实际上也在旅游文化产品开发范畴之内，而且渐渐地已经成为重要的开发内容。这种类型的旅游文化产品在中国的数量并不少，但是，普遍存在一个较大的问题就是缺乏设计要素，这就导致很多模仿显示类的旅游文化产品开发思路逐渐步入一个误区：仅用"工艺精细度"来评价产品价值，通过手工艺技能或者加工成本的高低来区分地摊货和高品质产品，而形式上的创新几乎没有。很显然，单纯的"形式"是不会展现出"生动气韵"的，更不会打动游客。对比日本、韩国等旅游文化产品开发较为成熟的国家能够看出，一款零钱袋、相扑娃娃等，利用机械化生产能够降低产品成本，提升产品的品质和精致度，而且可以体现出当地的文化和地域特征。每一个产品都会让旅游者认识和了解当地文化，并形成对当地的印象，这样的产品是具备生动性和可感性气质的优秀作品，甚至当地人也会由此产生自豪感。毋庸置疑的是，设计的"生动性"表达是旅游文化产品表现形态处理原则"情感尺度"的重要手段，设计是解决加工成本与旅游文化产品的品质间矛盾的途径之一。

五、情感表达及情感尺度的关系分析

旅游文化产品的设计必须要让人看得懂，要与用户之间存在情感交流，否则无法满足人们的情感需求。旅游文化产品具有特殊性，它除了要具备产品的一般特性以外，还要蕴含一定的文化内涵、艺术性，要体现出传统工艺的价值，同时还要满足多层次的情感需求。所以我们一直在反复强调，产品设计中的情感表达及情感尺寸的把控尤为关键。

情感表达和情感尺度一是说设计作品需要具有生动的形象，一是说设计作品不直接说出来的多重的情与意。情感表达与情感尺度从本质上来讲，是相互统一的，同时也是相互对立的。情感表达强烈，同时也夹杂着一些克制，没有平铺直叙的表达，而是通过生动具象的形象将情与意表达出来。

情感是通过特征鲜明、灵动的设计形象来传达的。即使运用了大量华丽辞藻，也未必就会形成"情感表达"恰到好处的艺术形象。因此创意产品尽管具有形式美，但是并不意味着对应的就是灵动的设计形象。对于情感尺度的表达，则需要丰满又克制。比如晚清的家具，从某一方面来说，太过复杂繁琐的雕琢，的确可以展现工匠的精湛技艺，但是需要承认的是，其设计美学的表达与明朝家具的典雅和简约相比却成为下品。对情感尺度的把握，是对设计的整体思路及服务于整体的细节的表达。那些具有情感尺度特质的产品，可以说是对设计主旨系统、全面、生动的概括。设计中，失去对情感表达尺度掌控的产品，其成型的各细节没能做到为整体服务，没能与"事系统"的各要素发生关联，在使用环境中是孤立的，便出现了跳跃，显得与

所处情境不和谐。

晦涩的语意往往与繁复的雕琢或者过分的夸张造型有直接关系。"情感尺度"一方面，设计所要表达的"情与意"是比较复杂的，它不是纯粹只有一种情感。另一方面，设计表达的"情与意"，并不完全等同于绝对的逻辑关系。例如，符合"人之情"的产品不一定会合乎"事之理"。曾经"人机键盘"在理论上被认为比现有的标准键盘更符合人的使用尺度，用起来更加省力，其设计更加合理。然而，这样合乎"事之理"的产品却没有在市场广泛普及，究其原因，是因为它不合乎"人之情"。人的情感是由人的认知习惯、生活方式以及文化背景等多方面因素所产生的差异性情感需求，在某种特定环境下，人的情感将会决定产品的存在方式。要把握产品的"情与意"，必须结合事系统进行细致且全面的分析。旅游文化产品因其对情感的特殊属性，所以必须要恰当地协调设计的情感尺度。

六、旅游文化产品的生动性特质

旅游文化创意产品的生动性主要通过产品表面特性的造型特点而直观展现。造型要素是超过90%的旅游文化产品具有决定性的构成部分，而且，非物质旅游文化产品的包装及承载造型的优劣也会直接影响到产品的生存问题。旅游文化产品如果要传达出生动性，那么关键是要好好处理形态。一般情况下，我们可以将形态解释成物体的形状、姿态。形态作为艺术创造的有效载体，指的是带有人类感情及审美情趣的形体，指的是各类具体的艺术形态，比如说产品形态、手工形态、建筑形态、舞蹈形态等。旅游文化产品从属于产品和手工艺术两个分支，其形态设计应该体现出"生动性"，必须要把握住"文化性语意传达、功能性语意传达"的表达。这正是对形态概念的最恰当的概括。设计的情感表达，其关键在于如何更好地向受众传达出设计者的世界观和审美意境，如何让受众看到产品之后与之产生情感共鸣，简单来讲，就是如何实现产品的"语意传达"。实际上，模仿一个形态是非常容易的，但是想要提炼出其形态隐含的"情与意"并表达出来，绝非易事。

第六章　旅游文化创意产品设计

第一节　旅游文化创意产品的创新思路与方法

旅游文化产品的设计既要体现其基本实用功能，也要满足人的精神需求。随着人们自身经济水平的提高以及对生活品质要求的提升，出门旅游的思想观念也有所转变，对旅游经历和旅游所购买的产品也提出了更高的要求，老旧的纪念品的设计方法已经不能完全满足大众对旅游商品的要求。这就要求设计师必须寻找新的元素，用自己的创意思维开发新颖的、奇特的、能够满足游客心理要求的产品，使旅游者心理上对产品认可。

一、产品功能的实用化设计

与传统的旅游产品相比，现有的旅游文化产品不仅涵盖了传统旅游纪念品、工艺品、农副产品，也将化妆品、服饰、文具、家居用品、电子产品等生活类的工业品包括在内。旅游文化产品越来越倾向于生活化实用化设计，这类产品已经在整个旅游文化产业中占了极大的比例，也是旅游文化产品开发的必然趋势。

一款好的旅游文化产品，不仅要蕴涵独特的文化内涵，同时还要具备良好的实用性能。设计师将提取的文化元素进行具象转化，结合日常生活产品的实用功能性，完成一件"接地气"的产品，这种以人为本，为人所用的设计理念是旅游文化产品设计的基础与前提。

二、产品注重文化元素融入

旅游文化产品的灵魂是文化。旅游文化产品的开发要突出地域特色，同时要体现出地域文化。众所周知，地域特色是开发旅游项目的主要资源，也是游客选择此地游览的直接原因。在此基础上，旅游产品的设计就应该抓住文化元素，将文化特色融于产品之中，如旅游区特有的地形风貌、历史遗产、与名人相关的旧居和传奇事件等，其中暗含的文化内涵，都能够引起人们要一探究竟的冲动和被其深深吸引的情不自禁。设计师只要能将这些文化元素提炼出来并呈现在产品之中，就会获得人们的认可并希望占有这样的产品。

旅游文化产品设计要在生活实用化设计方法的基础上，注重对产品的"精神意境"的塑造。如图 6-1 所示，该设计以钟为灵感来源，钟为古代乐器，佛教传入中国后，始成为寺院法器。钟声悠远，能净化心灵，意境空幽。这款晨钟系列作品包含茶壶、茶杯、茶仓及茶构，设计团队特别设计了一个胡桃木立架，将钟造型的茶杯吊挂于上，就像古代悬挂钟一般，同时也能达到收纳的效果。搭配的茶构，用以舀取茶末，还能当作撞钟的钟槌，兼具实用及创意巧思。茶仓盖钮及茶杯底脚的莲花造型的纹饰,是象征佛教的吉祥之物。提梁壶的设计也很巧妙,提把需旋转 90°与壶盖卡榫,方能固定,而提把的造型则呈现山门的佛光普照。通过敲钟与茶道的结合,阐扬现代禅学的概念。在使用该设计产品时,呈现的内涵也会区别于其他普通茶壶,即从别具一格的操作开始,意境已经从行为上有了传达,由行为接收再传递到心境层次,最终到达人的精神境界,内含渗透过程逐一而终、由浅入深。

图 6-1 《晨钟》系列茶具

一件成功的旅游文化产品必须有感情、有激情、有故事。对旅游文化产品的文化含量要求,是游客在进行旅游购物时更深层次的追求。实践证明,文化特征越鲜明、文化品位越高,就越受欢迎。

三、产品造型的现代化

旅游文化产品造型的现代化体现在产品的趣味性、时尚感中。时尚,是时与尚的结合体。所谓时,乃时间,时下,即在一个时间段内;尚,则有崇尚,高尚,高品位,领先。时尚在这个时代而言的,不只是为了修饰,而已经演化成一种追求真善美的意识。在旅游文化产品设计中,也应该注意时尚性的表达,通过不断自主改变造型的方式来强调产品自身的价值,掌控消费者的期盼,以其吸引广大年轻游客的购买欲。随着传统手工艺的复兴,时尚的设计与手工艺特性的结合使机械产品更趋向人性化、诗性化设计,这也符合当下一部分人所崇尚的"艺术化的生活"的理念。

趣味是产品在使用中与使用者形成的一种轻松愉悦的互动,趣味的产生与产品本身、使用者感受以及所处的环境息息相关。增加趣味性是提升旅游产品附加价值的一种重要手段。设计师在把文化内涵寓于产品中的同时,又将自己的创意呈现在产品形态上,或卖萌、或奇葩、或时尚，赋予其情感、生命，传达出风趣幽默的情感信息。旅游文化产品具备亲和力，会带给使用者有趣的联想，自然而然地对其产生情感；使旅游者感觉轻松、愉悦，从而产生良好的情感互动。

四、文化元素的符号化

旅游文化产品的设计实质上是一种文化设计。每个地域、民族都有承载着其独特文化内涵的符号，每种文化都有其深藏的情感符号，具有启动生活、消费的最大力量，好的旅游文化产品都应该具有这种文化符号。大到对一个地区民族风格、气质展现出的印象，如桐花祭中以"一朵桐花"和客家文化为基础的数以百计的桐花文创产品；小到一件产品记忆点，如以清朝官员顶戴花翎为创意来源的顶戴花翎官帽防晒伞的设计。文化符号是文化创意产业发展的灵魂，这是旅游文化产品的设计必然不能忽略的内容。

五、产品载体的多样化

随着近些年文化旅游、文创产业的发展，传统旅游产品的种类已经不能满足消费者在文化、使用、纪念等多方面的需求。在旅游文化产品的创新设计中，除了传统的产品载体外，还要拓宽思路，将大旅游商品的概念引入到旅游文化产品的设计创新中。可以利用文化用品、日常用品、小型家电、健身器材等与人们日常生活息息相关的物品，结合本地特色文化信息进行创意设计，增强产品的地方色彩、文化内涵和纪念意义。

六、产品题材的创新

一件好的旅游文化产品，除了考虑造型、色彩、材质、工艺等外在表现形式外，还要把具有广泛认同度的文化元素植入产品设计中，与消费者在情感方面建立共通认同。一个好的故事、具有地域特色的节庆文化、带有美好寓意的形象，能增加文创产品的厚重感、能够在旅游者心中留下深刻并且长远的影响元素，使产品变得生动、有趣、感人。例如台南曾有"千庙之城"的美称，不同的庙宇供奉着不同的神明，并且都有各自的典故。而大天后官、大观音寺、重庆寺、祀典武庙中都供奉了月老的神像。月老是人们祈求爱情而供奉的神明。当地就以四大月老为原型推出了府城四大月老纸公仔系列产品，以米粒造型将神祇趣味化。寓意无论是寻缘分、说姻缘，还是企盼夫妻和谐，这款产品都会为到游客牵起红，搭鹊桥。

第二节　创意时尚型旅游文化产品设计

一、创意时尚型旅游文化产品设计综述

创意时尚型旅游产品设计注重对现代与当代文化元素的处理和提炼。前期要进行周密的调研和数据分析，包括受众群体定位、购买者的心理需求、产品的开发周期、后续产品的开发方向等。后期结合现代设计理论，对具有强烈时尚特色的产品进行开发。文化创意在创意时尚型旅游文化产品的开发设计中起着至关重要的作用。

二、结合博物馆文创分析创意时尚型旅游文化产品的创新设计

创意时尚型旅游文化产品的开发，要突出创意时尚与产品的实际应用价值的结合。在创意时尚型旅游文化产品的开发中博物馆文创占据了重要的比例。博物馆作为一个特殊的场所，有着丰富的馆藏，每件馆藏文物都蕴含着丰富的文化资源。博物馆作为文化传承的见证之地，其典藏展品资源与文化创意产品相碰撞的过程中，无形中增加了文创产品的文化内涵，其作为继典藏展品后的第二载体，对文化信息和文化内容进行了传承。博物馆作为文化产品陈列的载体，不仅对产品的文化内涵有一定的表达，其馆藏的旅游文化产品还是一种集教育与经营为一体的营销产品。

对于博物馆旅游文化产品，大多是比较突出的、有特色的、极具代表性的产品，它们或具有较高的文化认同度，或具有强烈的异域风情。这些产品的混合配置，不仅丰富了产品类型，还增加了游客的购买欲望，从而提高文化产品的销售量。

每一个文化产品的属性，不仅决定了它的购买群体，还能对它的销售价格产生重要的影响。从产品属性的角度来说有两种，一种是硬周边产品，另外一种是软周边产品。硬周边产品指的就是明星藏品的复制品，这种高仿复制品，基本没有实用价值，属于纯观赏性的工艺品，因为材质及加工工艺的原因价钱相对较高，通常只有某些展品或某种工艺的发烧友才会去购买。软周边产品指的是将馆藏品形象与具有实用性的商品结合所设计生产的旅游文化产品，如具有特色风格的服装、创意满满的家具用品等。属于这种类型的文化产品，价格普遍能被人们接受，所以消费人群相对比较广泛。

对于外出旅游的人们来说，能够买到一件心仪的文化产品，不仅心理上能够得到满足，在情感上也能够获得一种寄托，它承载了人们对旅游的纪念意义和对当地文化的欣赏与认同。因此，旅游文化产品对于博物馆和游客来说，都具有十分重要的价值。

首先是它的文化价值。文化价值是一种关系，它包含两个方面的规定性：一方面存在着能够满足一种文化需要的客体。另一方面存在着某种具有文化需要的主体。当一定的主体发现了

能够满足自己文化需要的对象，并通过某种方式占有这个对象时，就出现了文化价值关系。而文创品牌之所以能够获得成功并有一定的价值，是因为它基于浓厚的文化土壤，被传统特色文化深深包裹着，因而使其具备了文化价值。而馆藏的旅游文化创意产品，将历史文化元素继承在其中，文化积淀更加深厚，从而使其文化价值更高，增值潜力也相对其他产品高些。

其次是它所蕴含的教育价值。教育价值是博物馆区别于其他文化产品储存场所的一种职能，而对其内展出的产品进行销售，也是一种新型的文化教育方式，凸显了其教育价值。文创产品是基于博物馆而存在的，所以也间接体现了产品所具有的教育作用及珍贵的教育价值。

第三是经济价值。博物馆作为一种特殊的体制存在，在其发展上受经济条件的制约，它始终通过国家财政拨款来缓解自身的经济压力，但这一途径是治标不治本的。随着经济好转和旅游市场的兴盛，博物馆也看到了一些转机，看中了文创品牌所具有的经济价值和文化内涵，并逐渐将其置于博物馆发展的中心位置。可见，博物馆将文创品牌作为重要的发展目标，可以减缓经济压力。

第四是它所承载和表达的情感价值。文创产品的情感价值是指在某种特定环境（博物馆的独特氛围）下，人们潜藏在内心深处的情感被瞬间激发出来，从而促使人们发生情感消费的行为。人们对博物馆有特殊的认知和情感认同，再加上故事的讲解，使产品所具备的文化情感与人们自身的情感产生共鸣，因而增加了文创产品的情感价值。

最后是其具有一定深度的美学价值。美是人们普遍欣赏和向往的东西，而产品的美学价值是区别于文化产品和一般商品的一种特殊价值，具有隐形性。文创产品所蕴含的美学价值的设计灵感，源于馆藏品。它们所展示出来的抽象符号或精美纹饰，表达了先民们对美的认识以及人们智慧的体现。将这些美学元素用创意性的思维和艺术手法在"形"和"意"上进行表达，可以极大地增加文创产品的附加价值。

第三节　基于民俗文化旅游产品的设计

一、中国民俗文化的特征

对于"民俗"，民俗学家有多种不同的解释。通俗地讲，它就是一个国家或地区的衣食住行、喜好、信仰与娱乐。民俗是一种复杂的社会文化现象，千变万化的民俗事象，表现出不同的特征。研究民俗特征，可以从民俗形成的固定因素和流动因素两个方面进行思考。中国民俗在文化上主要表现有七个基本特征。

（一）社会特征

民俗事象是社会普遍传承的风尚和喜好，是人们在共同生活中相互约定和形成的风俗习惯，并靠社会流传下来。个人的生活习惯、爱好，受到社会民俗的规范，只有同社会习俗相结合，才会得到社会承认，融于社会的民俗群体之中。故而，有学者将此总结为民俗的"群体特征"。民俗因其社会特征，具有了雅俗共赏的特性，具有平民性特色，具有最广泛的认同性。

（二）传承特征

民俗在传播过程中，表现为上一代人将习俗向下一代的子孙传授，下一代人向上承接父辈下传的特征，就叫传承特征。民俗是一种传统文化生活方式，这种传统文化生活方式是由一代一代通过上传下承的程序，把祖先遗留下来的生活流传下去。这种传承的特性主要表现在一些全民族性的节日，如春节吃饺子，元宵节赏花灯、吃元宵，清明节踏青祭祖，中秋节赏月吃月饼，大年三十的团圆饭与辞旧迎新等，都是传袭了上千年的习俗。这些节日在各代、各族、各地的口头和行为的流传中，虽多少有些差异和变化，但习俗的核心和"母题"部分都保留了下来，所标志的民俗的主要内容和形式都大致相同。

（三）民族特征

民俗在流传与发展过程中的传承特征相对稳定，为研究民俗的发展渊源提供了丰富的资料。

一个聚居群落的人民往往是具有共同亲缘关系的一个"民族"。由于民族的不同，在民俗上便表现出不同的文化，即一个民族具有不同于其他民族的风俗习惯，带有民族个性的民族特征。我国民俗的民族特征，一是表现为国内各民族都有自己习惯的居住、服饰、饮食、婚丧等方面的生活习俗，二是我国各民族的习俗又体现出整体的中华民俗文化的特征，与世界其他民族习俗相区别。民族特征最显著的外在特征是服饰，几乎有多少个民族就有多少种民族服饰。民俗是一个民族最基础的文化，最能够体现一个民族的文化精髓，揭示民族文化的真谛，保留民族文化的传统。

（四）稳定特征

民俗是一种流动的文化，在流播过程中，自始至终相对稳定地保持相同或相似的内容，有大致相同的形式，体现出民俗的稳定特征。民俗又是一种稳定的文化，其形成需要较长的时间。民俗一旦形成，便具有相对的稳定性。因为，民俗是社会成员对生活的共同约定，大家都必须共同遵守，并成为约束行为的标准，不会轻易被否定。而且，民俗一旦成为社会生活行为模式，就将代代相传。

（五）变异特征

一种民俗在其流传过程中，由于受不同区域地理环境、不同历史时代、不同民族文化传统和民族融合等诸多因素的影响，在内容和形式上会发生某些变化，或者完全革除，表现出某些变异特征。如中国舞狮习俗，在流传中发生某些变化，有北狮与南狮、文狮与武狮之分。南狮，不仅广东、广西两省在狮的造型与舞动的技法、形式上有不同，广西各地市都有变异，桂北的狮头较小，而桂南的狮头较大。社会习俗发生完全革除的现象，如历史上"三从四德""三纲五常"等一些束缚人性的陋习，在现今社会礼制上已被革除。

在人类社会的历史发展过程中，新俗取代旧俗，某些传统习俗的全部或部分发生变异，使某些民俗以鲜明的时代色彩成为特定历史阶段的标志。

民俗的变异是一种社会的变异，因而，民俗的更替与变异极为缓慢，所表现出的历史特征不像历史事件以年月日时为标志，而是以一个相当长的历史阶段为特色。民俗在发展过程中，变异性不断产生，并对民俗的发展产生深远的影响。

（六）历史特征

任何一种民俗都是历史的民俗，因而具有历史性，或称民俗的"历史特征"，亦称"时代特征"。民俗历史特征是民俗在纵向发展时段上所呈现的特征。历史上的每一个时段，都有相对稳定的经济、政治、文化系统，影响着一个时段的社会民俗。随着历史的推移，朝代、经济、政治、文化系统的更替，社会民俗便相应地发生变异，形成了带有某一历史时段印记的民俗文化，如汉代民俗、唐代民俗、宋代民俗、清代民俗、民国民俗等。对民俗历史特征的研究，要求我们不能把几千年的民俗混为一谈，应看到民俗发展的历史阶段性，看到民俗在各历史发展阶段中的联系与区别。

（七）地域特征

每一种民俗的形成、发展和消失，均受一定地域的生产、生活条件和地缘关系的制约，或多或少总要染上地方色彩。最能说明民俗的地方特征的就是我国不同地方的特色菜系，我国民间常说"南甜、北咸、东辣、西酸"，大致反映了地方性饮食习俗特点。

民间的搬运习惯也具地方特征，比如东北农村的爬犁、中原农村的推车。民俗的传播性，还表现在空间的地域性上，或称民俗的地方特征，大江南北的扁担、西南山寨的背篓、西北的驮子，至今已成了各地行旅的特殊标记。

民俗在文化传承过程中所表现出的七个基本特征不是孤立的，也不是对立的，它们之间互有联系，甚至互为因果。因此，研究民俗特征需要进行横向与纵向的联系分析，进行多侧面、多角度思考，才能对民俗特征有一个全面的正确的认识。认识民俗特征是为了在民俗旅游规划和民俗旅游组织中，更好地体现民俗特色。

二、基于民俗文化旅游产品的设计综述

民俗文化旅游作为一种高层次的文化型旅游，它更偏重人文景观，如某一地域的饮食文化、服饰文化、生活礼仪文化、节日庆祝的民俗文化、游艺文化等，都是民俗文化旅游的珍贵资源与欣赏对象。它与自然景观有着本质的区别，给人的感受也不同寻常。依据民俗文化旅游衍生的产品，也是源于对当地传统文化的聚集，结合文化、工艺、风俗等要素而打造的特色商品。从旅游者的角度来看，购买旅游文化创意产品是自己对旅游活动的一种纪念，而产品本身也是纪念价值的体现。随着旅游业的兴盛，大量游客的购物消费对文创产品的发展有极大的推动作用。在众多的旅游胜地，其旅游产品各不相同，每个地区都有自己的代表性文创产品，如民族服饰、民间剪纸、瓷器、织品等。

我国的旅游产品众多，但占据大部分市场的还是民俗文创产品，它也成为我国文化产品的重要组成部分。

目前，我国旅游业相对比较发达，各地结合自己的民俗特色开发多种形式的旅游项目也成为大家关注的热点，如以民俗文化为主题的公园、村落、博物馆等。开办文化节也是一种重要的文化表达形式，游客通过在景区听故事、看表演、吃小吃等与景区的多元互动后，在浓郁的民俗氛围下，通过提升产品美学及文创包装后带有景区特有的文化、故事的旅游文化产品将成为游客回忆和感动的载体，不仅能创造二次、三次消费，更能为适时创新、推出新的旅游文化产品而让消费者分享、回忆、回头。

基于民俗文化旅游的产品设计创新是时代发展的多元化产物，是满足大众追求物质文明与精神文明的必然发展趋势。一方面，在保持对民俗传统文化传承与发展的同时，来满足人民对文化创新的需求，但最重要的是对价值导向有一个清晰的认识。另一方面，准确把握文创产品的市场导向与市场价值，在不断发展和变化中丰富产品的功能，力求实现民俗文化与科学技术、时代美学与旅游产业发展的互通共荣。

三、以"滇元素"旅游文化产品设计为例分析民俗文化旅游产品的创新设计

以"滇元素"为主题的文创产品开发，其种类与形式都是十分丰富的、全面的，将云南的特色尽收于产品之中，把传统区域文化归于视觉元素范畴，用产品来表现云南的地域形象。可以说，在云南随处可见的物品，如民族服装、屋脊建筑等，是古今中华文化元素的凝集，都能给人一种设计灵感或者说人们能够从中获取设计素材。以"滇元素"为原型的产品设计多不胜举，涵盖范围十分宽广。

（一）创作元素的提取及其再创作

1. 如何有效提取"滇元素"

"滇元素"产品是当地文化得以表达的重要途径，它蕴含着特色文化和云南特有的城市人文风貌，因此，把这些特有的文化元素提取出来并应用于旅游文化产品的设计中，开发出具有纪念意义的、大众所喜爱的旅游产品是十分重要的。对"滇元素"的提取，源于设计师们对生活的深切感悟和潜意识里对文化的激发，所以应该从以下几方面展开：一是通过图形来构思获取灵感；二是从文字着手开发设计"滇元素"的语言文化；三是对色彩的把握与理解。总结来说，就是要对视觉上传达出来的内容进行解构，然后将关键点与自己的创意进行重构，通过成熟的工艺加工来制作最终产品。

2. 欣赏"滇元素"代表性作品的繁复之美

在当下社会的不断变化中，人们开始崇尚简单的生活习惯，如家居造型设计简约化、服装饰品简洁朴素化等，虽然以简约的格调为主，但内涵、品位却是独特的，不容忽视的。与简约的设计格调相比，云南所特有的服饰造型是与之相背的，它崇尚密集、繁复的设计造型，这是与这里的少数民族文化密切相关的，这是他们对自然表达敬意的一种方式，同时也表达了他们的审美特点。此外，在产品设计上承载了多种视觉元素，其造型繁复无比，而这样的密集设计，却暗藏了它自有的变化法则，将对称与重复的美表现得十分细致与完全。说到繁复的产品设计，首先想到的是以苗银为材料制作的头饰和胸饰。以繁复设计工艺产品著称的"银压领"和"花鸟帽"，虽然看上去如此复杂，但它蕴含的美是其他产品无法替代的。如图6-2和图6-3所示。繁而有序的编排设计，不仅使产品具有极强的造型感和节奏感，还能体现出有规律的变化。

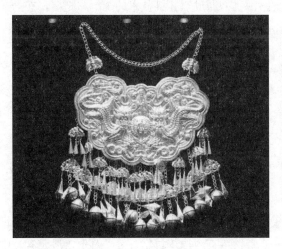
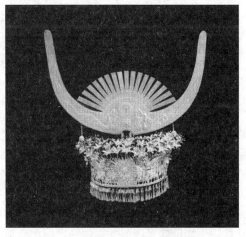

图 6-2　繁复的银压领造型　　　　　图 6-3　繁复的花鸟帽造型

针对旅游文化产品的设计来说，应该综合全面地进行考虑和创新，既要对传统的造型予以重视，要有所借鉴和创新，又要站在游客的角度考虑问题，设计出适合游客的产品，满足游客对产品文化、造型、大小的基本要求。

3. "滇元素"中简约造型的构成特点

特色产品的传统设计并不是千篇一律的，"滇元素"的产品设计也包含了简约的美，它是创新性的高度体现。站在国际化的视角下设计旅游纪念产品，产品的元素应用已经成为重要的关注点，抛弃了以多为美的设计概念，提倡简约化处理。这种简约是基于对传统造型的解构与提炼，以单纯化和个性化为主要目的。对于设计师来说，由繁到简的设计过程是相对困难的，因为它存在内容表达不完全的问题，所以对细节的处理和加工运用是至关重要的，是解决问题的关键。例如，切割法是常用的简约造型法则，可以把要素进行有效切割，又不失它们之间的联系和变化。简约的设计方式可以以建筑和人文为主要产品，力求绘制上有所创新；针对局部应用，则应该把握"滇元素"的灵动性，使文创产品更具生命力和感染力。

4. 对"滇元素"中色彩要素的把握

在众多的民俗文化产品中，色彩的混合使用是表达地域特征最直接的表现方式。例如，傣族的色彩搭配主要以白、红、黑为主，其中多以白色为打底色，红色和黑色则作为装饰性条纹使用，不仅给人以明快的视觉感受，更体现出了热带雨林地区少数民族所特有的韵味，创作源泉如同从光与影之中获得灵感。具有代表性设计产品——傣锦，是流传在傣族民间的一种古老的手工纺织工艺品，尤以西双版纳最著名，其制作图案以大象、孔雀、热带植物和宗教花纹为最有代表性的纹样，能够给人们最直接的心灵上的感受。除了傣族以外，生活在大理苍山脚下的白族，也有自己的色彩代表。他们的色彩源于当地的一种植物——板蓝根，可以从这种植物中提取蓝靛溶液，将其作为染料用于布艺产品的染制。他们对布艺的染制有自己的一套成熟的扎染技术和工艺，染料的色晕变化也极富朦胧感。我们通过对扎染技术的理解与把握，在产品创作上对色彩运用进行借鉴，对旅游文化产品的设计大有裨益。

(二)旅游纪念品中"滇元素"的应用

对于"滇元素"在现代产品设计中的应用，不应该机械地把元素直接复制过来，我们应该从元素发展的源头、历史中去寻找元素所蕴含的文化内涵，从产品所在的地域文化入手，将内在精神与产品外形高度有机地融为一体。尤其云南是旅游胜地，文华资源极其丰富，因此要大力发展创新创意产品开发，将"滇元素"有意义地融入旅游产品设计之中。

1. 传统纹样的构成与题材

云南位于我国的西南边陲，是自然景观秀丽、气候宜人的四季如春的城市，同时云南省也是我国少数民族聚居的主要省份，因此形成了云南省特有的传统文化习俗。对于"滇元素"中的装饰纹样，其特点以平面化的、连续的骨架为主，在组合排列上以单位纹样为基准，分别向上下或左右方向循环排布，排布骨架可以是任何形式的，如散点式、波纹式、几何式等，无论哪一种排布方式，都以表现的韵律美或装饰美为主要目标。例如，傣锦就是装饰纹样的典型代表，以点、线、面为基础元素汇集成群线，如此往复交叉排列，以传达一种繁复之美，表现特殊的视觉艺术。这种以无限循环为创意的设计，也代表一种吉祥的寓意，它的设计理念就是我们今天为旅游文化产品做设计可借鉴的东西。对于傣锦纹样的设计，其造型题材十分广泛，如具有特色标志性的动植物孔雀、蝴蝶、木瓜等以及与宗教文化相关的大象、菩提等，都是人们所尊崇的设计题材，不仅寓意吉祥，在视觉传达上也能给人眼前一亮的视觉美感，将民族特点表现得恰到好处。对于纹样的排布，无论是单独的还是连续的，都能够表现出具有象征意义的传统文化变化。此外，白族扎染的纹样设计也象征着吉祥。如图6-4所示，纹样设计以缠枝花卉为主纹样，再以圆形蝴蝶纹样为辅助，使整个设计风格与花卉一致，表达了人们对风调雨顺的美好生活的追求。

图6-4　白族扎染中错落的蝴蝶纹

2. 由繁到简的纹样创新与设计

简洁、大方是当今人们普遍追求的生活状态，也是人们欣赏美的东西的主要出发点，因此，对于传统旅游纪念品设计中的纹样元素的应用，也应该遵循这一点。从现今的部分产品中，我们看到，设计的发展趋势基本符合人们的欣赏需求，创新创意与去繁就简相结合。但是，在对复杂的工艺和纹样加工创新的过程中，不可盲目地截取或照搬设计元素，应对纹样元素仔细推敲，挖掘纹样形象间彼此呼应的联系，然后采用现代设计理念和方法加以提炼和加工，将传统手工艺与现代设计相结合，设计开发出适合人们使用和欣赏的时尚特色旅游产品。再以傣锦的设计产品手工包为例（图6-5），虽然纹样设计仍然采用二方连续纹样，但在巧妙的构思和设计之后，形成了形象鲜明的几何图案。这种简洁的纹样应用不仅突出了产品的精致，而且蕴含了对传统文化工艺的传承与创新，使产品蕴含古典美的同时又不乏现代感与时尚感。

图6-5　二方连续纹样的创新提炼

　　主要生活在云南省内的纳西族有本民族语言，纳西语属于汉藏语系藏缅语族彝语支。纳西族在艺术方面独树一帜，其诗文、绘画、雕塑、乐舞艺术名扬古今中外。其中，对旅游纪念品开发的元素来源主要有纳西族的东巴文字和宗教绘画。东巴文作为原始的图画式象形文字，将音与意的表达结合得相当完美，由此形成的东巴绘画也成为风格独特的文化遗产。此外，作为文化旅游产品应具备的地域性和纪念性特征，东巴文是代表性极强的创作元素，设计者们可以根据东巴文艺术遗产，对文字图形进行创新设计，将产品的外在形象与内涵品质高度相融，达到物与神的统一。

3. 基于三维立体造型要素的创新设计与应用

　　云南省是我国文化特色比较突出的省，其部分州市地处我国国境边缘，地理位置与东南亚部分国家接壤，随着我国与各国的友好往来和文化的交流，云南省也成了文化汇集的重要地区。在云南众多的传统手工艺文化产品中，苗银同样是一个典型的代表，它的发展变化也有一个漫长的经过。经过人们的研究发现，传统的苗银装饰品在造型理念上以大而繁为主，这与其民族崇尚的"以多为富"审美相匹配，这种造型在重大民族节日或婚俗中最常见，将苗银服饰所表达的装饰美呈现得一览无余。这种传统文化工艺品固然有其自己的价值，但在旅游文化产品的设计中，仍然要以大众需求为主，把产品的实用性和美观性作为创新设计的主要目标。现在，我们可以看到很多的苗银饰品制作都在遵循这一理念，在保留具有民族特性的传统造型的同时，去除繁复而体大的样式，对传统元素进行取舍和重新刻画，在饰品局部进行点缀。例如，在整体上，打造封闭或半封闭的曲线造型，加上线条与弧度完美结合，再以鱼纹、宝相花、卷草等雕饰，使整体造型既明快又富变化。

　　总之，将"滇元素"的提取与旅游纪念品创新设计之间进行重要联系，增加产品的收藏价值和欣赏价值，通过商务旅游、大众旅游将具有民族特色的旅游文化产品传递到中国的五湖四海，让全国各地的人们都能够欣赏、拥有民族特色的文化产品。

第四节　基于传统手工艺的旅游文化产品设计

一、基于传统手工艺的旅游产品发展概述

对于中国的旅游业发展来说，中国国际旅行社的成立是一个新的开端，它主要以发展海外业务、拓展国际旅游业务为主，它标志着与旅游业发展相关的其他产业得到振兴和发展，如我国传统文化旅游产品等。旅游业发展至今，虽然旅游文化产品的种类越来越丰富，尤其近些年文创产品发展迅猛，但基于传统手工艺的旅游文化产品仍是旅游文化产品的主体，并伴随着传统手工艺品的发展而发展。如最早向外国游客销售的旅游纪念品多为工艺品，而后的全国旅游商品定点生产企业中也有很大一部分是工艺品厂。今后的旅游纪念品的发展也离不开传统工艺品的发展。

传统手工艺品在我国的旅游文化产品的种类中占有较大的比重，我国真正意义上的旅游产品是从新中国成立之后出现的，我国的旅游文化产品生产是建立在传统手工艺产业基础之上的。

二、基于传统手工艺的旅游文化产品的开发思路

以传统手工艺为根源创作的旅游产品，与以融入民俗文化符号的旅游文化产品、结合时尚科技元素为特征的旅游文化产品开发的情况不同。以传统手工艺为基础的旅游文化产品蕴含了历史性，有年代的味道，是一种民族固有的文化符号，无法被动摇或替代。它的创新设计与产品开发需要在尊重传统的同时做到与时俱进，求新求变，要从如何提升游客的认知度以及如何发展品牌化、系列化，提高产品的品质感及衍生品设计等方面进行探索。

（一）适应旅游产品的特殊属性

适应旅游产品的特殊性，进行体量的调整，外包装的再设计，解决产品的便携性与安全性，方便游客携带。

（二）在传承"传统意义内涵"的基础上，拓展产品的类型与风格

在传承"传统意义内涵"的基础上，进行类型风格的拓展，如在造型上结合本地域其他的形象元素，丰富其文化内涵，结合其他工艺进行产品种类的创新。瓦猫是云南特有的屋脊兽之一，不同地区、不同民族对瓦猫的放置位置及寓意还有不同，如鹤庆的瓦猫有辟邪纳吉的寓意，而丽江纳西族的瓦猫还有"吃铁厠金""吃外爬里"的招财寓意。将两种寓意结合则丰富了瓦猫形象原有单一的文化内涵，形成了基于传统瓦猫形象的"猫福"形象，成为具有云南特色的IP形象。基于瓦猫形象的美好寓意，保留瓦猫原生态的特征，结合当地银饰加工工艺则可以创造出新的产品，拓展了瓦猫产品的类型。

（三）引入外来文化，顺应市场需求

每个国家和民族都有其自己的文化根源，随着国际交流的不断发展，文化间的碰撞、融合、影响也在悄悄地发生。由此联想到民间传统文化，我们应该有度地将外来文化融入传统手工艺品的设计，顺应市场需求。此外，我国地区的其他文化形态也可以被引入某一文化的发展之中，将中国的多种文化元素进行融合创新，也可能带来意想不到的成果。通过引入不同的文化，丰富旅游文化产品的形态，扩大销售市场。

（四）加强传统手工艺品的品牌建设

品牌即一种产品的标识，它有自己的文化精神和产品寓意，它体现的是大众的精神追求和对价值理念的认同，是产品价值最核是最直接的表达。每一件传统工艺品的诞生，都有其追溯的原型，要么是神话传说中的经典人物，要么是历史名人或与人物相关的典故，无论哪种形式的文化传承，都对传统手工艺品有独特的塑造意义。围绕这些风格独特的传统文化设计制造的这些手工艺品，往往已拥有十分成熟的品牌文化。在此基础上应结合现代设计创新，利用传统媒体平台及发展迅猛的新媒体平台加大对传统手工艺品的品牌文化传播，围绕品牌内涵和精神展开新产品研发，打造一系列以品牌建设为中心的、具有识别意义的产品，使传统手工艺品得以在市场上立足。

（五）提升产品形象，进行包装的再设计

要提高产品的形象认知度，体现出手工艺产品制作精良的特色，产品包装设计就显得尤为重要了。我国的绝大部分工艺品都存在产品本身精良的品质与作为旅游文化产品所应具有的商业价值的不匹配的问题。产品本身的文化内涵、深厚的历史底蕴在包装设计上难以传达，品牌认知度较差。游客可以借由包装第一时间便可准确体会产品本身具有的象征意义和文化内涵，因此，成功的包装设计是旅游产品尤其是传统手工艺品打动用户的关键。

三、以"虎丘泥人"与"惠山泥人"为例分析手工艺类旅游文化产品设计

"虎丘泥人"源于苏州泥塑，苏州泥塑是用黏土塑制成各种形象的一种地方传统手工技艺，在民间俗称"彩塑""泥玩"，以前都集中在虎丘山塘一带，所以又称"虎丘泥人"，2008年被列入第一批国家级非物质文化遗产名录。苏州泥塑是苏州特有的传统艺术形式，也是研究中国雕塑艺术的珍贵资料，更是中华民族一笔宝贵的文化财富。它集民俗、宗教、雕塑、绘画、书法等于一身，并具有艺术、历史、观赏、收藏等价值，因此它的良好发展，对于今天民族传统艺术的继承和发扬具有较大的意义。"虎丘泥人"的影响十分深远，成为惠山泥人制作的原型。

虎丘泥人与惠山泥人都善于"塑真"。"塑真"也称"捏像"，是一种在现场制作成型的手工技艺。张霞房曾在其著作《红兰逸乘》中这样评价虎丘泥人捏像："虎丘捏像，老少男女，神气宛然，固绝技也"。此外，还有故宫博物院馆藏的《雍正皇帝真容彩塑像》（图6-6）作品，此作品的捏制与收藏的画像神似非常："面颊清丫，头戴盘龙结秋帽，头后梳辫，白面朱唇，身穿石青云纹对襟长袍，衣纹简练流畅，足登朝靴。"这件捏制塑像的成品，经过了皇帝本人

的认可，其相貌举止与人物十分契合，成为历史上极具价值的藏品。

图 6-6　虎丘泥人《雍正皇帝真容彩塑像》

　　虎丘泥人以写实著称，对细节把握得十分细致，捏制作品的主题对象多为戏文人物、孩童等，所以留存的"细货"较多。

　　作为花开两朵之一的惠山泥人，是江苏无锡汉族传统工艺美术品之一，无锡三大著名特产之一。无锡当地艺人取惠山东北坡山脚下离地面约一米以下黑泥所制，其泥质细腻柔软，搓而不纹，弯而不断，干而不裂，可塑性佳，适合"捏塑"之用。惠山泥人以其造型饱满，线条流畅，色彩鲜艳，形态简练而蜚声中外，其精湛的工艺技巧和完美的艺术造型，凝聚了古代汉族劳动人民智慧和艺术的结晶。惠山泥人一般可分为两大类，一类为"耍货"，也称"粗货"，采用模具印坯，手工绘彩，造型单纯，用笔粗放，色彩明快，形神兼备。内容大多以喜庆吉祥题材为主，如大阿福、老寿星、渔翁得利等，深受群众和儿童喜爱。另一类是手捏戏文，也叫"细货"，作品取材于京昆戏剧中的精彩场面，人物刻画生动，色彩华丽，耐人寻味，适宜人们喜庆赠礼或欣赏之用。历史上曾盛极一时，今已很少见。

　　"手捏戏文"中以人物的组合出现为主，2～3人一组，用于表现戏文的经典桥段情节，将戏文中人物的精彩神态定格在捏制人物的脸上，不仅有优美的造型，色彩运用也十分丰富，绚丽华贵。其中，人物性格、表情的塑造堪称极品，郭沫若曾这样表达他对泥人塑造的认可："人物无古今，须臾出手中"，是泥人中的精品。

惠山泥人中还有一类称为"粗货"，又称"耍货"。惠山泥人的代表作"大阿福""蚕猫"和"青牛"都是"粗货"类型，是惠山泥人浓郁民间特色与江南情调的典型代表形象。例如，《大阿福》（图6-7）的形象造型一派安详，眉清目秀，和颜悦色，满脸笑容，讨人喜爱，承载了人们祈求孩子健康成长、吉祥如意的美好愿望。

图6-7 惠山泥人《大阿福》

1992年国家旅游局将"大阿福"定为当年的旅游吉祥物，如今的大阿福不仅是惠山泥人的典型形象，并已经成为无锡的城市IP。"阿福"不再是一件民间手工艺产品，已经发展成一种文化，一个品牌。

苏州"虎丘泥人"与无锡"惠山泥人"作为江南泥塑艺术的一对姊妹花，地域相邻，文脉相通，惠山泥人拥有如此生动的品牌形象，取得传统手工艺行业保护、传承与市场营销的多赢局面。而曾经名满天下的"虎丘泥人"却渐渐衰落。对照可见，建立传统手工艺良好的品牌形象可以帮助其提升美感价值，传统手工艺的价值才能得到有效的转化。第一，建立并传播品牌形象；第二，进行包装及文创设计；第三，工艺师与设计师的联袂合作。文创产业发展模式中，传统手工艺通过市场重新定位、文化属性与跨界设计的导入等手段进行解构与再设计，为更好地推广民族文化产品做出更多的努力。从设计思维角度进行创新传承，以传统手工艺为基础的旅游文化产品必将重新绽放其特有的艺术魅力，激活其新的市场活力与生命力。

第七章　旅游文化创意产品开发的理论与策略

第一节　旅游文化创意产品的开发理论

一、旅游文化产品开发的概念

旅游文化产品开发，指的是以经济为目标，以市场为导向，将文化旅游资源转化为旅游文化产品的过程中所涉及的一系列调研、规划、设计、生产、经营和管理活动。

旅游文化产品的开发需要综合多方面的因素，其中最主要的是进行文化旅游资源的提炼，不断地反复筛拣最终提炼出最具有潜力的文化旅游资源，并且根据资源的特点来规划设计旅游文化产品和相关的基础设施。在设计的过程中，应该充分考虑市场需求，并且进行市场营销，打造旅游品牌。与此同时，根据旅游资源的聚集情况，开发成体系化的旅游文化产品，并与时俱进，用创新的方法不断提升产品的文化品位，巩固市场，满足不断变化的市场需求。

二、旅游文化产品开发模式

旅游文化产品开发模式可以分成以下四种。

（一）创意开发型

这是人才导向型开发模式，需要充分的人才资本作支撑，将旅游资源设计开发成新颖、独创的特色旅游文化产品。

（二）原生依赖型

原生依赖型是资源导向型的开发模式，是我国旅游文化产品开发的主流模式。它指的是依赖旅游地现有的文化旅游资源进行浅层次或者辅助性的加工，将经济效益有限的旅游资源转化为具有良好经济效益的旅游文化产品。

（三）整合功能型

这种开发方式特别适合我国发达地区大中城市的旅游经济开发，指的是综合采用上述几种开发模式，实现资源整合、优势互补，共同推动区域文化旅游的发展。

（四）转换价值型

转换价值型指的是将具有文化旅游潜在价值的产业、部门、单位等，在保留原有职能的前提下，开发其文化旅游价值，如农业梯田观光、茶园观光、特色产业工厂参观等。

旅游文化产品的开发就是根据市场需求，结合各个旅游市场的特点设计出适合这个旅游市场的新产品并且提供这个旅游新产品或者对原有的新产品进行改进，以满足市场需求。旅游文化产品开发的过程中涉及的学科理论较为广泛，包括旅游学、经济学、发展学等方面的理论。

三、文化旅游产品开发的关键

（一）文化旅游产品开发要做到"文化"性

开发文化旅游产品，必须重视"文化"性，无论是文化旅游景区景点还是文化旅游线路，或者单一的文化旅游项目和活动，甚至文化旅游餐饮等，都要体现文化性。文化性是文化旅游的根本属性，例如寻根游线路、民俗文化村、文化街区、农家乐、渔家乐等。

文化旅游产品开发切记不要"挂羊头卖狗肉"，文化旅游产品开发也不要偏离文化旅游的本质属性。文化旅游产品本质上是把文化景区景点等具有文化内涵的各要素串联起来组成的旅游产品，其本质是文化性，缺少了文化性或者打着"文化"的幌子组织文化游，是一种违背产品属性本身，变性脱离文化旅游的做法，要坚决杜绝。例如，目前教育部提倡的中小学研学旅游，其中研学就是要在旅游中学习各类文化，让孩子们在旅游中更好地掌握各类文化知识，它改变了单一的课堂理论教学模式，做到了寓教于游、寓教于乐。又如，有个民俗旅游产品，本身属于文化旅游产品，但是民俗旅游只占几分钟，其他全是游玩海盗船、蹦蹦车等现代儿童娱乐，民俗博物馆是免费的，费用只产生在娱乐中，对外宣称是中小学民俗研学旅游。这就是"挂羊头卖狗肉"，这严重偏离了文化游本身的属性。

（二）文化旅游产品开发要考虑整体性

所谓整体性就是文化旅游整体产品，实际上包括基本的食、住、行、游、购、娱，这六要素都要体现"学"，每个环节都要设计文化性的内容。例如，景德镇瓷都旅游，设计要点为："食"要体现本地旅游历史文化的特色菜肴，并且用本地具有文化的瓷器作为器皿，"住"也要有瓷器点缀甚至瓷器民宿，内部各类交通工具也要设计瓷器文化，"游"要用陶瓷文化串联起来，购物当然也是陶瓷旅游商品，娱乐也要体现陶瓷文化娱乐的编剧。

（三）文化旅游产品开发要配套文化讲座专题

就是要在出发前花费一定时间学习，听专家讲当地文化和旅游线路上的文化节点。例如，井冈山红色旅游已经红遍全国，红色旅游不仅仅要学习红色文化，还要进行爱国主义的文化熏陶，做到情景交融。井冈山红色旅游有专门配套的"红色讲座"，讲座者是红色旅游专家，基本是固定的。各地文化旅游发展也可以配套文化讲座，一方面让游客对当地文化有个初步了解，另一方面让游客有的放矢，学习到异国他乡的不同文化。从另一个角度来说，对旅游地也起到宣传作用。可见，文化讲座对游客和旅游地起到双向互动的作用。

（四）文化旅游产品开发对导游讲解的要求

"祖国山水美不美，全靠导游一张嘴"，说的正是导游在整个旅游过程中的重要作用。实际上，文化旅游对导游的要求非常高，导游不仅要能讲，更重要的是会讲。例如，应培养宗教导游，甚至专门的佛教导游，培养书院导游，甚至专门的白鹿洞书院导游，以及科普导游、地质导游等。

四、文化旅游线路产品开发

（一）文化旅游线路分类

根据不同的分类准则，可以将文化旅游线路分为多种不同的类型：

按照文化旅游线路的距离大小，分为短程文化旅游线和中程文化旅游线，以及远程文化旅游线。

按照文化旅游线路旅游时间长短，分为一日文化旅游线路、二日文化旅游线路、三日文化旅游线路和多日文化旅游线路。

按照文化旅游线路的特点，分为一般观赏文化旅游线及专题文化旅游线。

按照文化旅游线路对游客吸引力的范围大小，分为国际文化旅游路线、国家级文化旅游线路、区内文化旅游线路。

按照文化旅游线路的空间布置形态，分为双向往返式文化旅游线路、单一通道式文化旅游线路、环形通道式文化旅游线路、单枢纽式文化旅游线路、多枢纽式文化旅游线路和网络式文化旅游线路。

（二）文化旅游线路的生命周期

一个好的旅游产品是吸引旅游者来旅游的关键因素，旅游地没有好的旅游产品，其他基础设施再好也是枉然。一个好的旅游产品只有在优质的旅游线路的支撑下才能长久发展。旅行社想要开发优质的旅游线路则需要承担更多的市场风险，需要进行高成本的调研、设计、投入、宣传等，这些因素使旅行社进行优质线路设计显得得不偿失，所以现状是很多旅行社抄袭现有的知名旅游线路或者开发一般的旅游线路。但是从市场学的角度来看，我们要的是持续的发展，而不是只重视眼前利益，因此旅游线路的设计显得尤为重要。

（三）旅游线路设计的原则

1. 以需求为中心的市场原则

旅游线路设计的关键要素之一是适应市场的要求，必须最大限度地满足旅游者的要求。旅游者的需要主要包括：去往未曾到过的地方增加见闻并且拥有精彩的旅程；从日常紧张的生活中得到短暂的放松，有乐趣；有效地利用时间而又不用太劳累；有效地利用预算节约成本；购买便宜而又新奇的商品。

2. 旅游线路特色性原则

特色是旅游线路生命力的关键。一条具有特色的旅游线路，能长久吸引旅游者，也是旅游线路可持续发展的有力保证。

3. 景点结构合理原则

旅游线路有时候就像一首歌曲，有高潮、有过渡的阶段，在线路上的景点必须结构合理，才能吸引人。

4. 旅游交通合理原则

交通的选择应当以迅速、舒服、保险、便捷为基本标准，与旅行的主题融合，尽量减少候车的时间。一次完整的旅行活动，其中空间移动可分三个阶段：从常住地去往旅游地、在旅游地各景点旅行游览、从旅游地返回常住地。

5. 旅游产品创新原则

游客在游览过别的景点后，肯定会对一些旅游产品有所记忆，如果旅游产品不进行创新，将很难满足其追求新奇的心理，结果导致旅游产品吸引力下降，经济效益也下降，这对旅游的发展是相当不利的。

6. 行程安排灵活原则

旅游线路的设计，应该保持其灵活性，在景点的安排上应该紧凑适宜，不宜太多，也不宜太少，在面对突发事件的情况下，也能灵活地处理。

（四）旅游线路设计要素

1. 目的地的类型

一个目的地的类型是旅游者决定是否去往该地旅游的首要因素，所以在设计旅游线路时要对目的地的类型分析透彻，将目的地的类型简单地呈现给旅游者，便于他们选择。

2. 目的地的级别

旅游者在去旅游时，对于目的地的级别有一定的要求，级别不同，所提供可游玩的旅游产品也有区别。在设计时将目的地的级别考虑进去，对于区分不同要求的旅游者，有很重要的帮助。

3. 目的地的数量

根据旅游者游览时间的长短，在设计线路时，将目的地数量考虑在线路中是十分必要的，若在有限的时间内安排过多的旅游景点，发挥不了旅游景点的真正作用，对于旅游者来说反而是一种负担。

4. 目的地的相似性与差异性

在设计线路时，目的地的相似性和差异性要把握好，合理分配，不能一味地追求千篇一律的文化旅游路线，同质化是最危险的。

5. 顺序科学

顺序包括两个方面的意义：空间顺序及时间顺序。绝大部分的线路是以空间顺序为引导的。

以空间顺序的安排方式有利于节约成本。

6. 点间距离适中

在设计线路时，旅游景点之间的距离应该被考虑进去，如果景点之间的距离太远，路途占据旅游太多的时间，会消耗旅游者大量的精力，导致景点的吸引力大大降低。

第二节 旅游文化创意产品的开发策略

一、旅游文化产品开发的原则

在开发旅游文化产品的时候，不论是前期的开发旅游地，还是之后组合旅游路线，首先都必须深入分析市场需求、市场环境、投资风险、价格政策等诸多因素，然后以对这些因素的分析和比较为依据产生一系列设计方案和规划项目，再把这些方案和项目中既与市场旅游者的需求相符，又与目的地特点相适应，且具有竞争力的选出来，准备开发。旅游文化产品开发中需要遵循的原则主要有以下几点。

（一）效益观念原则

旅游业不仅是一项经济产业，也是一项文化产业，因此在开发过程中其主要目标始终是经济效益的提高，但是社会效益及环境效益也是必须做到的。这也就是说，发展旅游业时，想要提升旅游业的综合效益，必须从整个开发模式的总体水平去考虑，不能只单一考虑某一方面。

树立效益观念，要做到以下几点：

(1)经济效益要看重。不管是开发旅游地，还是投资某个旅游项目，或是把旅游路线进行组合，都必须先研究项目的可行性，再仔细对投资效益作分析，以此来达到最佳的旅游目的地和旅游路线投资开发的经济效益和利益最大化不断提高的目的。

(2)社会效益不可忽视。要想形成健康文明的旅游活动，并对地方精神文明的发展起到促进作用，在选好旅游地，进行开发一个旅游路线产品设计时，就必须把当地的社会经济发展水平、政治文化以及地方习惯都考虑进去，把人民群众的心理承受能力考虑进去。

(3)生态环境效益不能松懈。为了"保护—开发—保护"的良性循环，创造出和谐的生存环境，应该以旅游文化产品开发的规律和自然环境的可承载力为依据，用开发促进环境保护，以环境保护来促进开发的综合效益的提高。

（二）市场观念原则

随着社会经济的发展，人们的生活水平不断提升，旅游已经从一种有钱人的休闲方式逐渐成为大众化的生活方式，旅游者也逐渐变得成熟、理性，旅游主体也开始变得多元化，消费者的旅游需求也开始变得越来越多元化和丰富化，旅游的行为也开始自由化而不再盲目跟随，渐渐出现了理性化，旅游消费也变得更加休闲化和体验化。从这也不难看出未来旅游的总体特征及发展趋势：由观赏性旅游变为体验式旅游，由单纯的眼睛看的旅游模式变为用身心去体验旅游，去感受最原始的地域环境特色。旅游的模式开始发生改变就暗示着我们，对于不同方面的旅游需要也很快速地发展起来，旅游者正在不断提高旅游过程中对旅游目的地的要求和旅行活动的质量，从而促使一些旅游产业发展逐步趋于理性和成熟。现阶段旅游产品开发策略的实施要准确把握住这个方向，顺应市场的潮流发展，不断创新开拓新型旅游产品的时尚。

（三）产品形象原则

旅游文化产品是商品中比较特殊的一种，它是在旅游资源的基础上，把食、住、行、游、购、娱等各种旅游活动要素放在一起进行有机组合，并依据客源市场需求和一定的旅游路线，设计组合出来的产品。因此，并不是拥有旅游资源就等于拥有旅游文化产品了，旅游资源要想开发出适销对路的旅游文化产品，必须与市场需求相结合，经过开发、加工和再创造、有机组合才行。

树立产品的形象观念：第一，要在设计旅游文化产品时，以市场为导向，与客源市场的需求特点和变化相结合。第二，要在旅游资源的基础上，对构成旅游文化产品的各个要素进行有机结合，在对旅游文化产品进行设计和开发时，尤其要注意把文化因素注入旅游文化产品的设计中，这对增强旅游文化产品的吸引力有很好的帮助。第三，要把旅游文化产品的形象竖立起来，把旅游文化产品的质量、规模及品位等充分考虑进去，凸显出旅游文化产品的特色，努力开发具有影响力及创新性的拳头产品和名牌产品。第四，要随时对旅游文化产品的市场生命周期进行跟踪分析和预测，以旅游市场不同时期的变化及旅游者的需求，及时对旅游新产品进行开发和设计，注意产品设计一定要适销对路，与此同时，要对已有的旅游产品不断进行改造和完善，保证旅游业的可持续发展。

（四）张扬个性原则

随着社会经济的发展，人们生活水平不断提高，旅游已不再是小众的奢侈品，而是已融入大众生活，迎来大众化时代，但这并不代表小众化的旅游需求就不存在。相反，随着人们对精神生活的要求越来越高，个性化的旅行方式逐渐成为越来越多旅游者追求的方式。随着时代的发展，旅游市场在某种程度上受到越来越多人的欢迎，开始逐渐扩大，自由性、选择性也逐渐成为旅游者的旅行方式，如深度游、定制游等。一般的大众旅游线路和大众多样化的旅游需求相比难免显得单调。综上所述，第一，要想准确把握将要面对的目标客户群体，就必须做到产品种类多元化。第二，针对客户不同的需要，在旅行产品上进行细致的划分，对不同的人群做一个细致的定位和具有针对性的个性产品创新。

张扬个性的亮点在于个性、特色和闪光点，要善于发现亮点、创新亮点、展现亮点，只有这样才能够突出亮点。旅游企业经过不断的生产、回馈、反思总结，他们发现了一个很重要的问题：注重产品的质量竞争才真正会受到消费者的喜欢，一味地拼价格只能陷入恶性循环，要通过创新以个性化旅游产品为亮点去占领市场才是最重要的竞争手段。一些旅行社针对有特殊偏好的旅游爱好者，开发了个性化十足、有突出亮点的创新产品。

（五）创新概念原则

"概念"是整个销售推广的主题，产品的营销不仅仅是产品与产品之间的竞争，更是产品概念之间的竞争，所以在产品已有的创新设计的基础上给它一个明确的"概念"，或者说一个"独特"的说法是很有必要的。给产品一个好的卖点，就相当于给了产品一个概念，这个不同的充满概念的产品外衣上，给消费者一个对事物充满幻想的心理观念。当你认为你能够将这个观念储存到消费者的心目中时，消费者对于这个产品的好感就应运而生。一个产品要想让消费者认同、接纳、喜爱、追捧，它必须有一个好的卖点，这样它在市场中的地位会更加巩固。一般说的卖点，其实就是指发掘产品身上某一与众不同或别出心裁的特色或者优点。这些特色或优点，有的是产品本身就有的，有的则是策划人通过想象力和创造力创造出来的。产品在营销策划、提炼产品卖点的时候，要多站在消费者的角度换位思考。

（六）把握时机原则

任何社会重大事件或热点都有可能蕴藏着发展旅游的契机。时机是特定时间的特殊机会，具有时间限制性。只有抓住时机，审时度势，才能运筹帷幄，决胜于千里之外。但是机会并不是每时每刻都会有的，它具有一定的随机性和偶然性，要想不让时机走掉，必须多方面观察，做足准备；要眼光独特，善于发现时机，把所有有用的机会利用起来，运用创造性思维把别人没有注意到的或者是不怎么看好的机会变成自己的机遇；还要仔细认真地观察，将微妙的变化收入眼底，发现具有价值的线索，预测较为准确的热点趋势，开发出与众不同的产品。

二、旅游文化产品开发策略

以下从三大领域的旅游产品各自建立适应自身特征发展的系统理论中，阐述旅游文化产品开发策略。

（一）创新型旅游文化产品的开发

创新型旅游文化产品的开发理论将结合中国传统美学、系统论、应用心理学、语意学以及设计事理学等多领域多门类学科，构建完整的设计方法体系。基于民俗文化传统对产品进行创新是创新型旅游产品所看重的，它与传统的手工艺旅游文化产品在继承传统的基础上发展、改变和创新是不同的。创新型旅游文化产品比单纯的旅游纪念品更加丰富，因为它不只有民俗文化精髓，还包含创新设计理论和旅游体验。对旅游产品进行创新设计时可将纪念的意义向游客呈现，表达出最深层次的感情交流和情感的拓展，让游客在旅行的过程中能够感受到新鲜感，让旅游文化产品的开发展现出自己独有的魅力以及对"特定物"的需求和延伸。

创新型旅游文化产品是对传统民俗文化的升华，是在现代视角下对文化的重新解读。对"产品"的特性进行强调，提升其实用功能，使其具有更强大的市场适应力与经济价值；能够实现旅游者对旅游产品更深层的情感体验，跨越了传统纪念品以造型、工艺传递的"陈述式"意义表达，完成了最佳模式，即游客、产品、文化及不同时空背景下的"交互式"甚至"引导式"意义表达。

结合系统的开发理论，完成对民俗文化的资源整合与产品的创意开发，既需要考虑到传统文化的意义与价值，又需要兼顾旅游产品能够打动人、使受众对旅游地产生情感共鸣并能体现旅游地特色等方面的旅游产品特质，体现出限定因素多而庞杂、特色鲜明、排他性强的特点。

（二）创意型旅游文化产品的开发

创意型旅游文化产品开发的核心是对文化创意理念的大胆应用以及最大化提升产品的市场价值，做到对市场需求的迅速反馈。创意型旅游文化产品开发应注重新材质运用，将矛盾和强烈视觉冲击融入作品，触动受众心灵。把文化思潮的旅游产品和创意新颖且时尚的特征结合在一起，对这一类创意型文化产品，需要注意到产品市场的适用度以及用户的使用体验和情感体验，突出最根本最真实的实用价值，其营销模式、整体的品牌经营应该具有灵活多变，市场反应灵敏的特点。这样，即使面对国内外游客的挑剔选择，也可以占得先机，创下骄人的成绩。当然，开发前提是以出色的文化创意方法为基础。

（三）传统手工艺类旅游文化产品的开发

以体现传统手工艺技术为特征的旅游文化产品，如天津的泥人张彩塑、风筝、绒花、剪纸艺术等，由于这些产品的发展历史悠久，产品本身就是一种可以代表该地区的民俗文化符号这些传统工艺不仅仅是一种民族文化符号，同时也是单独存在的一类旅游文化纪念产品，这类产品本身的发展就需要依靠开发策略的扶持。

传统手工艺品的历史传承和人们约定俗成的认识，使其处于艺术品与商品之间尴尬的位置，使这些很经典的传统形象虽然有名气，但是辨识度和商业价值很难被发掘出来。因此，对于传统形象的设计需要更加的深思熟虑，步步为营。传统手工艺品这种困难的发展情况，其开发可以从如何提高游客的认知度以及如何发展其品牌化、系列化，提高产品的品质感等一些现代化管理理念、营销理念以及衍生设计理念的运用方向上求得解答。

对于传统手工艺类旅游产品的开发，其思路主要是：

第一，通过借鉴不同类别的传统文化符号，在保留原有传统形态造型的基础上，实现向不同类别、尺寸大小的系列化横向延伸。

第二，通过对消费对象的分析，有步骤地适度将传统形态造型与现代设计风格相融合。其间注意保留传统手工技艺在新形态上的体现。两个方向的系列化创新思路的核心思想是对传统手工艺的把握（表7-1）。

表7-1　传统手工艺类旅游文化产品系列化分析

方向	侧重点	总结
横向延展	不同地区	不同地区、时间段、文化领域的文化符号需要考虑相似点和可结合度
	不同时间	
纵向延展	儿童的需求：卡通、可爱的	不同人群对传统文化符号改变的接受程度不同，传统形象的开发空间也不同
	青年的需求：时尚、个性的	
	女性的需求：线条柔美的，色彩丰富的	
	男性的需求：尊贵，有品位的	

如泥人张彩塑，不仅保持了传统模式中对人物生活状态刻画细致入微的制作特性，并且开发出国人熟知的国粹艺术作为系列化产品的横向延展，并没有在京剧人物形象上进行大幅度的革新，而是通过泥人张特有的神态表达手法将国粹艺术发扬光大。另一方面是将中国传统习俗如婚礼中经典的"掀盖头"动作等民俗文化进行系列化设计的纵向延展，将人物形象卡通化，既保留了传统习俗中的喜庆、吉祥的意味，又传达出一丝诙谐、可爱的意味。

三、以天津旅游文化产品开发策略为例

（一）天津旅游文化产品现状分析

在这里，我们利用系统性思维方式，讨论对非传统手工艺类的天津旅游文化产品的设计开发策略，准确地提炼天津民俗文化元素，并且针对旅游文化产品系统的设计需要对这些元素进行打散、重组、归纳以及整合。利用系列化思想完善设计，将民俗特点元素的秩序性、品质感、形象感、民俗传承的脉络感同时明显且清楚地表达出来。放眼于民俗文化和旅游文化产品设计开发的设计理念革新，是对其他相关旅游文化产品开发研究方面的重要补充。

21世纪的旅游业很明显已经成为全球最大的经济产业，为了参与国际财富分配，分享世界经济增长成果，国内不少城市先后吹响了旅游国际化的号角，天津也是如此。众所周知，天津是一座集历史文化底蕴及现代文明于一身的国际化大都市，近些年来，天津旅游业发展比较快，而与此相配套的旅游文化产品的发展却是比较缓慢及滞后的。主要体现为以下几方面。

1. 知名品牌较缺乏

尽管天津有诸如"泥人张""风筝魏"这些知名品牌，不过这类的老字号还是比较少的，其他旅游文化产品怎样才能做大做强是困扰天津旅游文化产品发展的问题。品牌的树立不仅有助于产品打开市场，扩大产品的影响力，而且能够大幅度提高旅游文化产品的附加价值。当别人仿制商品的时候，这些老字号可以用品牌维护自己的合法权益。

2. 有些旅游文化产品缺乏内涵

民俗旅游所带来的经济效益是比较大的，有不少旅游景区的纪念品只考虑片面的经济效益，而不注重区域特色，只是想着如何利用美观的造型来吸引旅游者，甚至有些商家只是看到其他旅游地哪种纪念品销量大，就会完全照搬别人的商品及销售模式，久而久之这类纪念品不但没有了当地特色，而且随处可见，达到泛滥的程度。片面追求经济利益，会造成民俗旅游文化产品被机械地随意庸俗化，失去了当地民俗的特色。

3. 特色不明显

民俗旅游主要依托鲜明的地区特色，带有鲜明地方特色的旅游文化产品毫无疑问是其真正价值所在。近年来，各地民俗活动渐渐地趋向同化，如果你敲锣打鼓，那么我也敲锣打鼓；如果你舞龙舞狮，那么我也舞龙舞狮。项目、风格都是雷同的，没有新意、创意，也没有吸引力，民俗旅游正逐渐失去特色。同时，天津的旅游文化产品设计也渐渐地出现吸引力不足、特色不

鲜明的现象。为此，我们需要在纪念品中真正融入天津特色，才会使旅游文化产品持续地受到旅游者的青睐。

天津一些皮具用品店，售卖用皮子制作的招财猫，虽然皮具工艺特色显著，但招财猫本属日本元素，在此基础上即使略做创新但还是有较强的日本标志，不能算是具有天津特色的产品。天津特色皮具店售卖的商品，皮质产品本身工艺独特，精致的做工和较为新颖的设计的确是创新类旅游文化产品成功的有利因素，但产品主题多见于中国西藏、云南等地，代表天津当地文化的"银鱼"或与海有关的诸多要素的精髓都未能准确提炼，天津地域性特征表达薄弱。由这些案例不难看出，天津当前的旅游文化产品市场仍处于创新相对薄弱，与之相关的产品价值挖掘不够，文化创意思路不清晰等较为滞后的发展阶段。

天津曾经提出一个发展理念，是"大旅游大产业大市场"。针对这个理念，天津着手去深入探讨开发和整合旅游资源，密切关注城市的建设及其总体的城市规划，根据已有的天然好资源，整合开发河、海、山、湖以及近代人文资源。以天津的市中心为例，外到滨海与蓟县，提出了"一带五区"以旅游为重点集合开发的区域，其中包括：海河都市旅游观光带、市中心综合旅游区、蓟县山野名胜旅游区、滨海观光度假旅游区、津西南民俗生态旅游区、津西北现代休闲娱乐区。以周围景点为发展基础，以市中心为基准点，集聚开发，综合提高，形成一个以"点、线、面"为发展优势的发展布局模式，构建一个多方面结合、统一发展的现代滨海都市旅游文化产品体系，塑造一个真正的"渤海明珠，魅力天津"的旅游新形象。天津的旅游文化产品主要特点为：对于人文景观类产品，游客更愿意去自己感兴趣的或者热门的地方游玩，相比之下，特定的参观对于他们来讲心里有局限性，大部分是被动参观不能够主动地接受；对于自然景观类产品，这一模式尚未发展成熟，缺少休闲娱乐类的、特色旅游类等旅游文化产品。现如今，旅游市场的种类繁多，形式齐全，越来越受人们的欢迎，规模形式也在不断扩大，游客对于旅游的需求也越来越复杂，趋于个性化和多样化，由于这些原因使旅游市场规模扩大，竞争力也就不断地增加。为了在旅游市场竞争中获得竞争优势，必须要设计出多样性、个性化、体验性的旅游文化产品，才能够给游客带来特殊的感受及体验。

（二）天津民俗文化旅游资源的开发策略

天津民俗文化旅游资源可分为：信仰型民俗文化资源、游艺型民俗文化资源、社会型民俗文化资源、名人故居型民俗文化资源、博物馆和纪念馆型民俗文化资源、经济型民俗文化资源（表7-2）。

表 7-2　天津民俗文化资源分类

信仰型（民间信仰和宗教信仰）民俗文化资源	唐代的独乐寺、元代的天后宫、明代的文庙、清代的大悲院和清真寺、民国的西开天主教堂等
游艺型民俗文化资源	杨柳青年画、泥人张彩塑、风筝魏的风筝、绒花、剪纸、民间艺术花会、民间刻砖艺术、戏曲、相声、书画、音乐
社会型民俗文化资源	饮食文化（天津的狗不理包子、十八街麻花、耳朵眼儿炸糕等）、语言文化、人生礼俗、商贸与生产习俗、岁时习俗
名人故居型民俗文化资源	张园（孙中山先生北上经天津时下榻的地方）、静园（清宣统皇帝溥仪退位后来津居住的地方）、资产阶级改良主义者梁启超旧居，早期话剧活动家、艺术教育家李叔同（弘一法师）故居，张学良故居，民族英雄吉鸿昌故居
博物馆、纪念馆型民俗文化资源	天津历史博物馆、吕祖堂义和团纪念馆、觉悟社纪念馆、平津战役纪念馆、周恩来邓颖超纪念馆、戏剧博物馆、民俗博物馆、自然博物馆、艺术博物馆
经济型民俗文化资源	古文化街旅游商贸区、鼓楼商业街

天津旅游文化产品开发存在特色不鲜明、纪念品文化内涵匮乏等问题，但是天津民俗文化旅游资源的类型十分丰富、特色显著，存在开发民俗风情游的绝对优势，故能够通过灵活运用丰富的天津民俗文化资源来实现旅游文化产品的设计创新。

从现在的市场经济需求角度加以考虑，天津旅游文化产品开发大致可分为三个方向：以体现传统手工艺技术为特征的旅游文化产品开发；以融入民俗文化符号与科技元素为特征的旅游文化产品开发；以将民俗文化符号与时代性、实用性、创新性进行整合为特征的旅游文化产品开发。

对非传统手工艺类旅游文化产品开发的特征需求，需要设计人员进行逐层分析，以系统性思维方式，提炼出天津民俗文化元素，分别服务于如名人故居型、社会生活型、信仰型、博物馆纪念馆型[1]等各种类别的旅游文化产品开发。把民俗文化符号和实用性、时代性、创新性以及科技元素进行整合的旅游文化产品的开发，需要兼顾各种文化习俗的特点以及一些地域的特征，以此来突出文化旅游产品的纪念性意义和特点及它的实用性，经过大规模的批量生产来降低成本，真正地实现旅游文化产品的商品化。

北京、天津地区作为京剧的发祥地，在中国京剧脸谱这个传统元素的旅游文化产品的开发方面，其时代感、实用性和纪念性上都没有什么特殊之处。与意大利水城威尼斯的面具有着十

---

[1] 缪莹莹.《新常态、新方位下旅游经济增长潜力与发展动力研究》，山东农业工程学院学报，2019 年。

分鲜明的对比。如图 7-1 所示的威尼斯面具俨然成了威尼斯的代表，此外，这种面具在承载历史传统的同时，跟随时代发展的步伐，不仅保留了原有的华丽、神秘特质，还增加了诸如海洋、音乐等多种主题，根据本地区的人文景观、特色建筑以及自然景观等元素不断创新，丰富纪念品的品种。众所周知，天津这座城市有着悠久的历史，具有多种可被利用的传统元素，但是怎样对这些元素进行系统性地开发及应用，提升旅游文化产品的档次，增加纪念品种类，是如今亟待解决的问题。

图 7-1　威尼斯面具

（三）不同类型旅游文化产品的开发策略

前面我们已对天津民俗旅游资源加以分类，很明显，不同类型的旅游资源，对应的旅游文化产品的开发策略有所区别。

1. 传统手工艺类民俗文化旅游文化产品开发

天津是中国北方城市有名的"曲艺之乡"，毫不夸张的讲，这里的人差不多个个儿能说会唱，这里吸引了大量的曲艺爱好者。曲艺源于天津，其表演艺术种类形式丰富多样，其地位在中国是非常高的。另外，天津还是中国北方文化艺术的发祥地，有许多著名的教育家、作曲家、书法家、作家、歌唱家以及民间艺术大师。"泥人张"彩塑、杨柳青年画、"风筝魏"等享誉国内外，这些旅游文化产品都是游客来天津首要考虑选择的。对于传统手工艺类旅游文化产品的开发，需要我们每时每刻掌握社会发展的方向，准确把握市场需求，适度地进行改革、发展、创新。毋庸置疑的一点是，一味地闭关自守，仅仅凭借精湛的技艺，以高高在上的工艺品自居，是难以在不依靠政府扶持等外力的作用下而独立生存下去的。例如，天津民间艺术"剪纸"等类型的传统工艺品就是由于缺乏优良的品牌策划和形式创新而渐渐地失去了作为一门传统技艺的优势。针对传统手工艺类的旅游文化产品开发需要我们具备与时俱进的精神，勇于借鉴国内其他同类民俗工艺纪念品的发展过程进行发展与创新。

2. 信仰型旅游文化产品开发

天津的城市民俗和文化的特色之一就是"杂"，这与天津人善于包容的特质是相关联的，天津能够很快地吸纳来自外地的民俗文化，并融合为具有天津特色的文化现象。其中最著名又颇具天津特色的应当是"妈祖崇拜"（妈祖就是天后娘娘），妈祖崇拜在天津传承与漕运相关。妈祖崇拜的传人不仅仅是建了几座庙宇，还带来了一种船民的文化及船民的精神。天津人强悍、开朗、活泼、好客的性格当中已融入了这种船民性格。在"妈祖崇拜"传入天津以后，"妈祖"仅仅依靠海上护航的功能已无法满足日益发展的城市生活的需要，所以人们就扩充了妈祖的功能，天津人已将妈祖崇拜改造成为一种城市文化，使其真正具备了"天津特色"，这个改造也成为天津城市文化的一个重要组成部分。但遗憾的是，如今天后宫给游客呈现的纪念品没有多少结合当地文化后的产品特色，天津本身所具有的特色并未得到充分的反映。[1]

以信仰型民俗文化资源为研究对象的纪念品开发将集中在对宗教信仰内容的展示，通过纪念品传达人们祈求生活幸福美满的愿望。由对信仰型民俗文化中特定人、物、事的把握实现通过购买纪念品达到祈福、信仰、留念等目的。

例如，天津古文化街出售的以祈福为主题的旅游文化产品——纪念币（图7-2所示），其产品本身制作精良，具有一定的收藏价值，却没有发挥出妈祖神作为"护海女神"的护佑意义。同类产品没有根据不同消费人群的需求及消费特点做定向开发，开发种类少，风格较为单一。

图 7-2　妈祖纪念币

---

[1] 钟蕾、罗斌：《天津民俗文化旅游纪念品开发与对策研究探析》，《包装工程》，2010年。

3. 名人故居型旅游文化产品开发

天津是政治、军事、文化的要地，地理位置优越，经济发达，很多人把居住在天津作为首要选择，其中包括各类名人。例如张园曾经是孙中山先生北上经天津时下榻的地方；静园是清宣统皇帝溥仪退位后来津居住的地方；张学良故居、近代梁启超故居、吉鸿昌故居等。这些故居和遗址都充分反映了天津悠久的历史，走入天津就像走入了近代历史，映入眼帘的建筑景观尤其让人们感叹。这些成了今天人们认识历史，了解历代人物的历史见证，同时还成为进行爱国主义教育的基地。这类地方的旅游文化产品可以帮助游客深刻认识和了解天津的历史及当地的名人。[1]

4. 社会生活型旅游文化产品开发

天津作为一个开放型沿海城市，其民俗文化的发展展示出了一种广泛化、多元化、包容性、平民化的特征。社会生活型民俗文化旅游文化产品的开发，会从两个大的方向展开。一方面，将天津的饮食文化、语言文化、人生礼俗、生产习俗、商贸与岁时习俗、民间禁忌等源自百姓生活的民俗文化[2]，开发成旅游产品，例如天津的狗不理包子、耳朵眼炸糕以及十八街大麻花，被人们叫作天津风味小吃中的"三绝"，不仅享誉全国受到各民族群众的喜爱，而且备受国际友人的喜爱和赞叹。我们可用这些已名声在外的具有传统文化特色的小食，针对人们喜欢的产品，抓住它的特色开发出对应的旅游文化产品，这样不仅可以让旅游者品尝到独具特色的美味的天津特色小吃，还可以让旅游者将相应的附属旅游文化产品带走收藏。[3] 另一方面，能够体现人们生活的各种日用产品均属于社会生活型的旅游文化产品开发范畴。所以，怎样把各种民俗文化合理融入所要开发的产品中，会是社会生活型旅游文化产品开发的重要课题。

5. 博物馆和纪念馆以及表演场馆型旅游文化产品开发

天津环渤海、直辖市、北临首都北京、南部与河北接壤，处于有利的地势地位，在近现代历史发展过程中，有许多民族英雄以及老一辈无产阶级革命家曾经在天津参与革命活动，所以天津有许多具有纪念意义和教育意义的博物馆与纪念馆。其中包括：天津历史博物馆、觉悟社纪念馆、周恩来邓颖超纪念馆、吕祖堂义和团纪念馆、戏剧博物馆、平津战役纪念馆、自然博物馆、艺术博物馆、民俗博物馆等。要想做好关于天津的旅游文化产品，就要了解地区文化特色，以天津周恩来邓颖超纪念馆为例，只有深入了解周恩来与邓颖超的革命精神及高风亮节，提取文化特色，结合这些特色进行创新创作，才能让人们体验、记忆更深刻。

6. 民俗文化旅游文化产品的商业价值体现

[1] 张翠娟、王力峰、王协斌：《天津民俗旅游资源开发探讨》，乐山师范学院学报，2006年。
[2] 张翠娟、王力峰、王协斌：《天津民俗旅游资源开发探讨》，乐山师范学院学报，2006年。
[3] 钟蕾、罗斌：《天津民俗文化旅游纪念品开发与对策研究探析》《包装工程》，2010年。

　　旅游文化产品的商业价值的实现，除了要求旅游文化产品自身具备丰富的内涵、特殊的造型特征以外，还要准备产品的展示空间，为游客提供购买环境。例如，在日本名古屋的西阵织和服馆，购买和服和参观和服制作工艺的旅游活动被结合在一起。通过对和服制作过程的介绍，人们认识到和服需要精细的手工及昂贵的布料、严谨的工艺才得以完成。而以参观的形式，人们的购买兴趣会更强烈。这两个方面共同提高了和服作为旅游商品的潜在价值。

　　天津古文化街旅游商贸区与鼓楼商业街是各种民俗纪念品最好的展示空间，是天津旅游文化产品市场的代表。古文化街与鼓楼建筑风格准确再现了天津民俗文化的历史风貌。但是用来陈列各色旅游文化产品的各个摊位，则仅仅展示了商品，对于各类商品的价值、属性并未从空间布置及格调上展示出来。对民俗文化旅游文化产品的展示空间设计是实现旅游产品优势开发的保障。广泛而缺少特色的产品陈列方式毫无疑问还无法最大限度地发挥旅游文化产品的商业价值，只有充分认识到旅游文化产品的展示空间设计的重要性，更好地满足消费者的审美需求，才会让旅游文化产品的商业价值最大化地体现出来。

第八章　博物馆文化创意产品的开发

第一节　博物馆文化创意产品展陈开发

一、博物馆文化创意产品开发设计的创新原则

（一）注重在文化创意产品中融入日常美学

当前，部分博物馆在运行发展过程中较为偏向复制藏品，导致文化创意产品形式过于单一并且不具备新颖性，文化创意产品的使用价值严重降低，同时，文化创意产品自身的美学也不能有效体现。消费者在购买此类型文化创意产品之后，往往将其束之高阁，不能进行有效利用，在一定程度上制约了博物馆文化创意产品的研发工作。

（二）传播独特的文化

众所周知，博物馆文化有效体现了馆藏文物的文化特征，除此之外，博物馆还应该注重传播本民族文化、地域文化、国家文化等内容。在此过程中，博物馆可以通过开发设计文化创意产品的方式，体现博物馆的文化内涵，使人们能够充分感受博物馆的文化价值。

（三）塑造品牌个性

在众多文化创意产品中，由于博物馆文化创意产品的特殊性，设计人员在开展设计工作时不仅要充分结合当前市场状况，还需有效结合本地特色，最终塑造出符合博物馆特色的全新品牌，为文化创意产品的后续发展与推广打下基础。在此过程中需要注意的是，当博物馆借助文化创意产品走向市场时，需要对市场品牌理念进行全面了解与学习，以便能够制定出符合自身发展的品牌推广策略，使博物馆文创产品品牌得到个性化发展。

二、博物馆文化创意产品开发设计的创新策略

博物馆文化创意产品作为我国新时代的文化传播方式，拉近了受众与博物馆之间的距离，以新形式履行了博物馆自身的公共教育的职能，使受众充分体会博物馆独特的文化魅力。在当前我国越发严峻的经济市场中，博物馆文化创意产品想要长久健康地发展，需要对产品设计不断创新。

（一）更新文化创意产品的开发理念，创新文化产品的管理模式

相关设计人员在开发设计博物馆文化创意产品时，需要不断引进新理念与新技术，积极参

考国外众多先进国家的管理模式，利用博物馆自身多元化的优质资源，提高文化创意产品的价值。除此之外，相关管理部门应该不断完善管理模式，以实现社会效益和经济效益为原则，使博物馆文化创意产品在发展过程中能够不断获得活力。同时，要学会借助社会力量，解决文化创意产品开发设计过程中资金短缺的问题，以推动产品设计工作有效持续开展。[1]

（二）重视政策引导，完善相关法律法规

众所周知，良好的经济政策能够有效促进文化创意产品不断发展，基于此，博物馆在运行发展过程中想要推动文化创意产品稳步向前，需要制定完善的发展策略。首先，相关政府部门结合当前市场情况，以及博物馆文化创意产品的发展情况，完善相关法律法规，为文化创意产品的设计开发以及市场发展提供保障。其次，博物馆在运行发展过程中应该重视文化创意产品的设计开发工作，针对产品开发设计工作建立完善的考核机制，激发设计人员的工作积极性，为文化创意产品的开发设计工作提供良好的工作氛围。

（三）博物馆文化创意产品形式的创新

针对产品而言，它是具有一定功能性的实体，是通过人开创造物，结合当前我国产品的主要生产方式来看，主要分为工业设计与手工设计两种。博物馆想在当前产品类型众多的经济市场占有一席之地，需要充分考虑消费者的购物体验，以消费者为主体，在生活美学的视域下，对博物馆文化创意产品进行开发，促使博物馆文化创意产品能够走入人民群众的生活当中。当前我国博物馆文化创意产品类型众多，涉及创意生活类、体验类以及馆藏复制品等类型，在众多类型中想要对博物馆文化创意产品进行创新，可以采用"人人参与"的方式，使博物馆文化创意产品不再拘泥于一种固定模式，帮助人们通过消费文化创意产品来"自我实现"。例如，博物馆可以开发文化体验型的文化创意产品，使人们能够亲身体验产品的创意设计工作，并且能够将自身设计转换为实际文化创意产品，提高人们对文化创意产品的热情，为推动博物馆文化创意产品不断发展打下基础。

（四）加强人才建设

结合当前我国博物馆开展文化创意产品设计工作的实际情况来看，普遍存在缺乏人才的情况，这导致博物馆文化产品的创新设计工作受到严重的制约。基于此，博物馆应该积极引进专业人才，建立完善人才引进机制；与此同时，还要注重对自身文化创意产品设计队伍开展定期培训工作，提高设计人员的创新能力与专业水平。博物馆还可以充分利用自身资源，跨领域、跨部门对文化创意产品进行开发设计工作，为开发设计工作注入源源不断的活力，促使文化创意产品能够创新发展。

综上所述，在我国旅游文化业高速发展的今天，相关设计人员在开展博物馆文化创意产品的设计工作时，需要不断引进新理念，对产品设计不断创新，以便能够使博物馆文化创意产品

---

[1]　阴鑫：《中国博物馆文化创意产品开发研究——以北京故宫博物院为例》，开封：河南大学，2016年。

在当前形势越发严峻的经济市场长久发展，充分发挥博物馆的公共教育职能，使人民群众能够充分领略我国文化的魅力。

第二节　遗址类与非国有类博物馆文化创意产品的开发

一、遗址类博物馆文化创意产品的开发设计

（一）开发设计的意义

遗址类博物馆是对文化的一种保存，随着时代的发展变化和社会教育发展的需要，博物馆从原来的主要陈列藏品的宝库变成现在对公众开放的观赏学习型博物馆。博物馆的研究功能和藏品展示作为博物馆的主要功能，本身带有很强的历史性。我国是一个历史悠久的国家，博物馆对历史长河中的一些文化可以加以保存和传递，特别是遗址类博物馆，一般都建立在遗址的旁边，人们站在博物馆的门口，就有一种穿越时空回到过去的感觉。博物馆文化创意产品是蕴含丰富博物馆精神内容积淀的文化商品，是博物馆利用自身资源，通过开发和营销推广博物馆文化、增强自身收入的重要载体，是实现文化事业与文化产业融通，社会效益与经济效益双赢的关键一环。

第一，有利于推广博物馆文化。我国拥有很多著名的博物馆，但是要认知某一类博物馆的特点是什么，要怎么记住这个博物馆，就需要博物馆建立一个标签，也就是要树立一个品牌。比如，人们一提起兵马俑就能想到西安秦始皇兵马俑博物馆，这就是品牌的力量。博物馆文化创意产品能够将博物馆的文化特色融入文化创意产品之中，增强游客对博物馆文化的感知，让游客对博物馆的文化有更深入的认识。还可以将所有的文化创意产品作为一种标签保留在博物馆内，见证博物馆与不同时代的碰撞。第二，有利于增加博物馆自身收入，实现经济效益与社会效益双赢。博物馆是一个非营利性的机构，资金主要依靠政府扶持和社会支持，博物馆内的日常开支、文物维护、保护设施维修、展览规划的费用不足都限制了博物馆的发展。收费型博物馆的压力相对较小，免费开放的博物馆的压力就比较大[1]。经营文化创意产品能够帮助博物馆减轻一些经济上的压力，提供一个收入渠道，而且有利于博物馆文化的传播，可以说是经济效益和文化效益的完美统一。第三，有利于促进文化的传播和发展。参观博物馆就是一个让广大人民学习、吸收优秀文化的过程，博物馆内的很多藏品具有极高的文化研究价值。人类没有时光机，也没有穿梭时空的能力，想要了解历史文化，只能通过对历史遗址的观察和研究，这是一个传承优秀文化的过程。博物馆文化创意产品富含博物馆的文化特色和地域文化特色，也是对文化传承的方式。

---

[1] 包富华、王志艳、程学宁：《旅游纪念品消费特征及其满意度分析》，河南科学，2017年，35（3）期第494-500页。

（二）遗址类博物馆文化创意产品开发设计的问题

1. 文化符号不足、创意不足，产品同质化现象严重

遗址类博物馆是一个文化意味非常丰富的机构，遗址类博物馆文化创意产品应该富有遗址类博物馆的特色或者地域特色，需要带有很强的特点，与其他的遗址类博物馆有本质的区别，有独特的文化符号。遗址类博物馆文化创意产品不只是商品，还是文化品牌。21世纪是一个重视个性的时代，特别是现在成为主要消费群体的"90后"，张扬个性几乎成为他们的标签，所以他们更喜欢带有个性特点和文化创意的小品牌，这就需要对馆内藏品文化深度剖析，挖掘文化特色，精心设计。遗址类博物馆文化创意产品除了要体现博物馆的特色，还要注意对遗址类博物馆文化的继承，要有时代特点，若干年后遗址类博物馆文化创意产品或许就是另外一种对遗址类博物馆历史的纪念。要最大限度地挖掘文化价值，避免出现同质化现象而导致文化创意产品的价值降低。

2. 市场定位模糊、实用性低

遗址类博物馆文化创意产品是针对市场进行的文化产品开发，需要一个清晰的市场定位，要遵循市场发展规律，最好做一个市场调查。商品是需要受众的，需要能够把握住消费者的心理。在文化创意产品设计研发的过程中要做好市场调查，进行一个明确的市场定位，对于消费能力低的游客，有专门的销售渠道，对消费能力高的游客也有专门的展览区。要注意把握价格的定位，有针对性地面向消费群体，如喜欢买纪念品的游客和爱好小清新制作的文艺青年等等。文化创意产品的另外一个方面就是产品的实用性较低，并不能激发消费者进行消费的欲望。遗址类博物馆也属于旅游景区，我国旅游景区有一个普遍又严肃的问题就是旅游景区内所有商品的价格都偏高，而且基本上没有什么实用价值，这给游客们留下一个特别不好的印象。因此在遗址类博物馆文化创意产品的设计方面可以着重加强文化创意产品的实用性，赢得消费者的偏爱。

3. 缺乏知识产权保护

遗址类博物馆文化创意产品同质化严重的一个重要原因就是没有注重对文化创意产品的知识产权保护。目前，建立文化创意产品知识产权保护的遗址类博物馆少之又少，遗址类博物馆文化创意产品之间争商标权、专利权的案件屡见不鲜。精神经济时代下，遗址类博物馆自身必须承担起管理自主知识产权的责任，聘请法律顾问，将知识产权的管理职能外包出去或者设立专门的知识产权管理部门。文化侵权现象时有发生，这不仅仅使遗址类博物馆文化创意产品同质化情况加重，更严重的是这背后对文化创新的抛弃，习惯性抄袭使他们丧失了自主创新的能力，这是一个特别可悲的事实。对遗址类博物馆来说，在打击侵权盗版的同时，文化创意产品开发的脚步也绝不能停，提升作品品质，增加他人侵权的成本费用，是防止他人侵权的一个有效途径。

4. 经营管理不足，缺乏社会影响力

产品的销售除了考虑市场还需要考虑经营管理，也就是宣传、营销、售卖和售后服务。目前的经营管理上面存在着文化创意产品展列位置不佳；文化创意产品宣传力度不到位、宣传方式单一；馆内文化创意产品卖场的陈列布局呆板，展柜设计无创意，商品摆放杂乱无章，无法刺激观众停留购买的欲望；服务态度冷漠等问题。遗址类博物馆是一个文化底蕴丰厚的机构，售卖文化创意产品是文化效益与经济效益的结合，所以在宣传的过程中要注意不要打扰遗址类博物馆的正常开发，可以选择富有遗址类博物馆特色的方式进行宣传，也可以利用互联网进行营销宣传，范围更广，受众面积更大；售卖和售后阶段一定要注意服务态度，要强化工作人员的服务意识，真诚微笑服务。

（三）遗址类博物馆文化创意产品创新设计的策略

1. 优化产品设计

博物馆文化创意产品的开发最重要的环节就是设计。良好的设计不仅能为商品带来美观的外形，更能将博物馆的文化与商品融为一体。而优化产品设计的重点在于创新，这就需要博物馆加强对设计人才的培养和保护。现在是注重文化竞争的时代，人才是第一生产力，专业的设计人才能够做出精美\富有创意的设计。文化创意产品的创新主要依靠人才的力量。目前，博物馆文化产品开发设计面临的一个最尴尬的问题是博物馆内熟悉文物的工作人员并不精通设计，甚至不知道如何进行设计，博物馆内缺少专门的产品设计师。但是如果将产品设计的任务交给专门的团队负责，又需要支付一笔相当高昂的设计费用。所以，博物馆要注重对文化创意产品设计人员的培养，加大奖励力度和提高待遇，吸引设计人员来博物馆任职；还可以充分利用各大高等院校、职业学校各类设计、艺术、美术生的创意智慧，每年开展全市范围内的文创征集比赛，发现优秀文创设计人才，提升文创设计开发水平，不断创新创意文化产品设计。

文化创意产品应具有纪念价值和使用价值。博物馆文化创意产品的宣传词是"把博物馆带回家"，这就意味着文化创意产品富有极强的纪念价值，它有丰富的文化内涵，与博物馆的文化紧密相。但是在产品设计的时候有很多博物馆只是简单地将博物馆建筑或馆内陈列藏品简单缩印就作为文化创意产品，在消费者看来这是一种敷衍，未能对文化符号的内涵及运用进行有效延伸，造成元素资源的浪费。更有个别博物馆对自身馆藏价值缺乏深入研究，只是一味模仿，缺少让人眼前一亮的特色。另外，目前博物馆文化创意产品的实用性极低，一般是一些明信片、书签、打火机、扇子之类的，难以被广大消费者喜爱。除了挖掘有文化含金量的资源，更要注重挖掘能和人的现实生活发生关系的文化资源。要将文化创意产品融入生活，在注重文化内涵的同时强调实用性、趣味性，让原本遥不可及之物变得可用，让传统文化变得鲜活生动。比如，对消费者要分层，针对文艺青年、普通游客、博物馆研究人员、学生、收藏爱好者都有针对性地设计不同的文化创意产品，富有个性特色，满足不同群体的需求，必要的时候还可以提供私人定制服务。

2. 艺术授权，注重对知识产权的保护

博物馆艺术授权综合了艺术授权与品牌授权，具体内容包括藏品与主体建筑的数字图像资源、博物馆品牌等，具体方式包括图像授权、品牌授权、出版授权与合作开发。随着社会的不断发展，人们的生活水平不断提高，更多地开始追求对艺术文化等方面的精神需求。文化竞争压力越来越大，对知识产权的保护也越来越重要。博物馆文化创意产品是一种极富文化特色的商品，需要加强对知识产权的重视，在不断完善知识产权、保护合法权益的基础上激发博物馆艺术授权的顺利进展。艺术授权时代，文化创意产品的开发设计更合法，为文化创意产品的发展扫除了障碍，有利于博物馆文化生产价值的提高，有利于实现博物馆文化传播的重要职能。

3. 依托互联网的营销平台

产品销售的一个重点在于营销，广泛的宣传有利于让更多人了解知道产品，有了最基本的了解才会有购买的欲望。就博物馆文化创意产品而言，首先需要打开市场，也就是让更多的人知道博物馆内的文化创意产品，了解产品背后的故事，吸引消费者的注意力。营销宣传的渠道有很多，但是效果不同，现在是智能互联网时代，网民规模整体保持平稳增长态势。所以在进行市场营销宣传的过程中可以依托互联网平台，充分利用互联网宣传具有受众面积广、宣传范围大等特点。利用互联网进行宣传，还可以将产品的设计和制作过程拍成短片在博物馆内部电视上展示，让消费者进一步了解文化创意产品背后的故事，吸引他们的注意力。

4. 加强经营管理

从管理体制上说，一个完善的体制能够保证工作的顺利进展，目前无论是产品的设计研发、创新开发，还是营销服务，都在管理的大体制框架内。文化创意产品是文化价值与经济价值的统一体，博物馆内部对商品的管理经验是比较薄弱的，因为博物馆一直以来都是一个非营利性机构，缺少对商业化产品的管理经验，需要对此进行加强。从经营方面来说，主要是产品的营销手段和售后服务。在网络极为发达的今天，营销渠道多种多样，无论是广播、电视还是报纸、网页，都有它特别的营销之处，依托互联网平台进行营销是一个方便快捷又富有成效的营销方式。营销管理还可以通过建立会员制的大数据分析法来分层推广，针对不同的群体制订不同的营销方案：文艺青年们更偏爱产品的文化底蕴，普通游客可能更在乎商品的纪念意义，年龄偏大的游客更在乎产品的实用价值，孩童们更在乎产品的趣味性，等等。可以根据市场调查对每一个群体进行研究，有针对性地进行产品设计，进行宣传，而且宣传的时候要注意针对有效受众群体，达到一个高质量的宣传效果。售后服务更多的是对服务态度的强调，博物馆是一个文化底蕴丰厚的机构，面向社会上的所有人开放，但不是所有人都有足够的资金去购买自己喜欢的商品，这就需要服务人员在销售和售后的服务中一定要注意态度，要平等、微笑、热情地对待每一位顾客。

综上所述，当代博物馆文化创意产品的发展仍处于一个成长状态，在很多方面存在不足，需要进一步完善、调整。本节从遗址类博物馆文化创意产品的开发创新的角度分析了博物馆文

化创意产品的发展现状，并有针对性地提出了发展建议。而博物馆文创产品的开发和创新有利于博物馆文化的传播，有利于知识产权的保护，有利于文化创新与发展，还有利于博物馆文创产业的发展，所以应对文创产品的设计、营销予以高度重视。现在是文化竞争的时代，对博物馆文化创意产品的开发创新，不仅有利于实现博物馆经济效益和文化效益的统一，还有利于增强文化自信，弘扬中华优秀传统文化，继承发展优秀文化，推动社会经济文化协调发展。

二、非国有博物馆文化创意产品的开发设计

非国有博物馆作为博物馆的重要补充，也是民间典藏和展示文物的场所，连接着人类的过去、现在和未来，是透视人类文明发展的窗口。随着现代社会的不断发展与变革，非国有博物馆的数量不断增多，它们和国有博物馆一样承载着收藏、研究、展示、教育等功能，同时也满足了社会大众对精神文化产品的购买需求。当前，博物馆文化产品开发及创新日益成为非国有博物馆发展的重要议题。文化创意产品的开发在博物馆的运营中得到更好的发展，需要面对困难，勇于进行创新。

（一）目前我国非国有博物馆文化创意产品的开发与创新面临的问题

目前许多博物馆有意开发文化创意产品，但据调查，除北京和台北等几家知名博物馆的文化创意产品成为网红之外，大多数博物馆的文化创意产品不尽如人意，有馆内柜台曾一度停止运营。一些社会经济较好的省级博物馆也是不温不火，可想其他地市级场馆整体情况更不理想。

首先，部分项目开发早期投入较高，但市场回报存在不确定性，各博物馆因此在投入上较为谨慎。有些项目投入开发经费不少，但是销售情况不明朗。其次，文化创意产品内容不丰富，产品相似程度较高，在博物馆可以买到的产品往往旅游商店或其他销售商店也可以买到。基于此，不能只顾开发，忽略创新。

非国有博物馆文化创意产品主要以旅游纪念为主，这种产品开发没有和市场紧密结合，没有以市场为本位，只注重"新颖"，不注重市场。开发的产品被专家认为有创新度，但市场的消费者并不买账。此外，产品开发还遇到利润分配影响开发者积极性、产品销售渠道单一等问题。针对以上情况，特别是在销售内容上，可以扩大合作产业的涵盖范围，没有纳入考虑范围的行业可以重新思考可行性。

（二）学习"杭州手信"的艺术授权形式，推动非国有博物馆文化创意产品设计

"杭州手信"品牌经过精心的运作和发展，已经取得了一定效益，正在逐步成为杭州博物馆继展览陈列等传统特色外的又一大亮点。综观"杭州手信"的发展扩大，充分的产品艺术授权与营销手段是其快速发展的原因。主要体现在以下几个方面：

1．利用馆藏文物线描图开发文化创意产品

博物馆文化创意产品的艺术授权不仅牵涉到知识产权保护问题，如果是基于馆藏文物的开发与利用，最重要的还是如何保证文物这种不可再生资源的安全问题。无论何种形式的开发均有对文物造成损伤的危险，但如果仅凭器物照片进行仿制又难免存在比例失调、形象失真等问

题。"杭州手信"文化创意产品在产品开发过程中充分利用馆内资源，组织专业人员对藏品进行考古线图描绘，对照线图进行产品开发，不仅有效降低了风险，由于考古线图对器物描绘较为精准，解决了在开发过程中产生的误差，更利于保证开发出的产品能够尽可能保留其所蕴含的艺术性。[1]

2. 举办手信文化节活动

充分利用社会资源，为非国有博物馆文化创意产品创立自己的品牌，建立馆企合作、馆馆合作。以"手信"为切入点，深入推进杭州博物馆文化创意产品的研发。杭州博物馆举办了各地博物馆手信文化节，并将首批原创文化创意产品与馆外文化创意产品销售商的产品一同发售，以文化创意产品集市的形式"让文物更亲民"，搭建多元化平台，让游客在参观博物馆感受文化气息过程中还可挑选购买众多文化创意产品。这不仅让"杭州手信"的品牌与设计理念深入人心，也为其他博物馆及企业搭建了平台，收到了良好的效果。

3. 引入新技术

非国有博物馆文化创意产品的开发创新除了依赖传统手段外，还引入了新技术，3D打印技术的应用为博物馆的文化创意产品注入了新的活力。利用3D打印技术可在原有利用考古线图开发文化创意产品的基础上更加省时省力，并进一步确保文物安全。只需几张照片便可在完全不接触文物的情况下开发出产品图。将3D打印技术引入博物馆文化创意产品的开发中，不但节省时间成本，而且更加绿色环保。但此种技术的引进也有其局限性，一次性投资较大，因此需要根据博物馆实际情况进行操作。

（三）非国有博物馆文化创意产品的开发和创新设计的有效措施

1. 建立专业的创意人才及创意团队

博物馆要以满足广大消费者的文化需求为中心，一切工作以消费者的利益为出发点；要有目的、有计划地开发文化创意产品；组建一支富有创新精神和创新能力的创意团队。博物馆的创意团队将藏品的特色与艺术融合来助推文化创意产品的开发。利用社会公众需求研究人们日常生活的需要，设计实用性强的产品。例如，设计有特色纹饰的小钱包、抱枕、鞋子等文化创意产品，可以给观众带来耳目一新的感觉。同时，以产品研究成果为基础，所有文物藏品都包含历史信息，都是过去时代工匠精神的体现，可以通过对这些藏品的分析，挖掘出很多图案。以文化创意研发为支撑，把创意融进文化创意产品，而不仅仅是复制。

2. 提高文化创意产品自身档次

博物馆紧密结合文化活动，突出本馆特色，举办展览。举办展览前期要研发一些跟展览主

---

[1] 杨咏、王子朝：《浅析非遗博物馆文化创意产品的开发策略》，《艺术与设计（理论）》，2018年，2（3）期第93-95页。

题吻合的文化创意产品。以观众需求为出发点，采取合作、独立研发等方式开发文化创意产品，创造良好的经济效益和社会效益。通过举办与博物馆馆藏相关的工艺品设计制作大赛，让更多的人有参与感，为文化创意产品带来生命与活力。文化创意产品的大量生产，一定要特别关注质量，因为文化产品不是一般的商品，是要带着博物馆的形象进入市场，所以要特别注重质量。

3．与企业合作

创造大规模生产文化创意产品的条件，与企业合作，建立完整的产业链，遵循共赢共荣的原则。

4．改善购物环境

目前大部分博物馆的文创商店给顾客的体验感较差，影响了经营效益。考虑到参观体验的整体性，除了部分特殊情况，文创商店是在参观的末端。但是到了这里，观众往往受到出口倾斜效应的影响，身心俱疲地只想着尽快离开去休息。而很多博物馆商店在设计、商品摆放等方面做得不够好，观众甚至没兴趣多看一眼。因此改变文创商店的位置，有利于调动消费者的消费欲望。据调查，有些商店还会有很多外包的商品，同本馆关联度低，而且看起来缺乏"档次"，给人一种"杂货铺"的感觉，令观众提不起购物的兴致。这些做法应及时调整。

博物馆作为典藏和展示文物的场所，连接着人类的过去、现在和未来，是透视人类文明发展的窗口。当前，博物馆文化产品开发及相关文化创意产业的发展，正日益成为当代博物馆最时尚的议题，文化创意产品的开发在博物馆的运营中越来越受到关注和重视。做好博物馆文化创意产品的开发，是延伸教育功能、巩固服务效果的重要载体。发现非国有博物馆文化创意产品在开发和创新设计中的共性问题，将其避免或努力克服是新时代下的经营策略。要学习故宫博物院、台北故宫博物院以及杭州博物馆的成功之处，结合自己地域性和馆藏的特色，开发出适合自身发展的文化创意产品，才是给非国有博物馆经营与发展注入新鲜血液的关键。

第三节　"互联网 +"与博物馆文化创意产品开发

一、"互联网 +"背景下博物馆文创设计趋势

自制定"互联网 +"行动计划以来，"互联网 +"以其迅猛发展的态势广泛渗透了各行各业。对博物馆来说，"互联网 +"与文创设计的融合，可以更好地推动文化创意产品的创新设计与开发。对大众来说，借助新媒介可以更加快速便捷地了解博物馆信息，通过文化创意产品互动体验能更直观地感受博物馆的珍贵历史文化。博物馆文化创意产品的设计呈现以下趋势。

（一）互动分享

2019 年年初，腾讯视频携手三星堆博物馆和金沙遗址博物馆推出了主题为"修复文明遇见文明"的"H5"，在微博、微信等移动端媒介上得到了广泛的传播分享。此"H5"以线上互动方式再现了文物修复过程，通过 3D 建模等技术逼真地还原了三星堆金面罩青铜人头像、陶三足炊器和金沙遗址太阳神鸟金饰三件文物。整个交互形式是让用户选择需要修复的文物，通过指引滑动屏幕，配合 3D 动画模拟文物修复的全过程。值得注意的是，用户在体验过程中会有当前修复用时与实际修复用时的对比，通过这个时间对比，可以直观地感受文物修复者们的艰辛，从而唤起人们对文物修复的关注，增强对文物保护的认知。在互动完成后，用户还可获得限量博物馆门票，让人们真切感受文物跨越千年的历史文化底蕴。此文化创意产品能够如此大范围地传播，受众面如此之广的首要因素，便是得益于数字媒介与文化创意产品的创新融合。

（二）平台联合

近几年故宫文创发展迅猛。其中以故宫出版社联合"奥秘之家"推出的《迷宫如意琳琅图籍》（以下简称《迷宫》）最引人关注，《迷宫》是故宫推出的首本创意解密互动类书籍，通过摩点文创众筹平台进行独家发售。《迷宫》是将实体书、解锁道具和 App 三者相结合，从而打造全方位的互动阅读体验方式。通过此书，人们不仅可以享受解密的乐趣，还可以从中获得故宫的历史知识。虽然书中的故事是虚构的，但是所有涉及的人物、建筑、文物等都是真实存在的，传递给读者的历史文化知识都是有据可循的。在完成线上任务后读者可亲身来到故宫，实地探访、解锁线下隐藏任务，从虚构世界转换到现实生活中，让读者身临其境、触摸历史。故宫此次的创新尝试，开辟了文化创意产品的新方向。

（三）品牌助力

如今跨界联名成为品牌推广及销售最有效的方式之一，各大博物馆可谓在跨界联名上下足了功夫。在 2018 年春节，国家博物馆联合肯德基在全国 18 个城市推出了不同主题的"线下博

物馆"活动，将17件国宝级藏品融入各个主题餐厅的设计中，从视觉到内容，无不体现国宝背后深刻的文化底蕴，并通过新型科技手段让消费者与国宝在线互动，零距离对话国宝。而在2019年"天猫超级品牌日"，故宫联合"奥利奥"，推出了融汇中西的"宫廷御点中华六味"限定礼盒，所有海报乃至包装插画，都遵循故宫建筑特色以及著名的馆藏文物。[1] 中国风的插画配以皇帝口吻的文案，再到充满古典韵味的品名介绍都展现出了浓浓的宫廷风。这些合作跨界，充分说明当前文创正从传统走向创新，通过生动有趣的创意表现形式，让更多人了解中国传统文化，从而向世界传播中华文化。

二、"互联网＋"背景下博物馆文创设计创新突破

（一）利用新媒介，进行资源整合

"互联网＋"的到来拓宽了博物馆文化创意产品的发展道路，为文化创意产品的设计提供了更多机遇和挑战。如何利用好"互联网＋"为文创产业增效赋能，是当前文化创意产品设计所面临的问题。

单靠博物馆的一己之力很难满足多样化的消费需求。为了打破文化创意产品设计的局限性，博物馆需广泛谋求合作，利用新媒介，开拓新视野，从而促进文创产业跨界合作和深度融合，形成适应互联网发展要求的开发合力。如今移动互联网已渗透各个领域，手机移动端以其方便、快捷、高效，成为传播博物馆文化信息最有效的途径之一。无论是App还是"H5"都以其多样的互动形式深受用户青睐，更因其传播性强、普及度高而受众很广。将文化资源同移动媒介相结合，对资源进行优化配置，使其发挥一加一大于二的效果，让用户在接收与分享中，主动参与互动交流，促进博物馆文化知识的传播，从而区别于传统文创以新的情感体验。

（二）融入新科技，丰富产品内容

在数字技术快速发展的今天，传统文化创意产品虽具备了美观性和文化性，但其内容的表现上缺乏创新性。绝大部分文化创意产品还是以其商业性为目的，实用性对于产品固然重要，但内容也是文化创意产品至关重要的一部分，是最能体现文化附加值的重要一环。因此，要想改变现状就需将馆藏文物的人文色彩和故事内涵，通过新科技以全新的方式注入文化创意产品中，在具备形式美感的条件下对其功用进行再创造、再开发。可以利用3D或VR等技术，配合移动端设备，实现文化创意产品从二维向三维的转化。例如，平面类的文化创意产品，可以通过移动端结合虚拟图像技术，丰富其设计形式和产品内容，使其摆脱单一样式的束缚，让文化创意产品"活"起来，不仅增添了趣味互动性，而且提高了产品的利用率，赋予文化创意产品新的生命力。

---

[1] 周坤：《浅谈博物馆文化创意产品开发设计发展思路》，《教育观察》，2017年，3（10）期第123-125页。

（三）引进新人才，凝聚多方创意

如今在日益增长的多元化消费需求下，文创设计者的压力陡然剧增。面对千篇一律的文化创意产品，公众已产生审美疲劳。而实用性差、趣味感弱和缺乏互动，这些"瓶颈"的存在阻碍着文创设计的发展。因此需转变观念，广泛引进人才，凝聚多方力量，特别是激发社会大众的创意思维，让大家共同参与到博物馆文创的产品设计中。可以利用互联网平台，进行文创设计甄选活动，借助社交平台如微博、微信或官方网站发布征集消息，通过大众间的分享和互动，促进信息的交流与传播，不仅能征集到优秀创意，还能了解大众的消费需求，从而拓宽文化创意产品的创新设计之路。

在"互联网+"背景下，文化创意产品设计摆脱了传统设计的束缚，开辟了新的设计形式，不仅拓宽了传播方式，还极大地丰富产品内容，并且通过多种跨界融合全方位地满足当下的消费市场。在新的发展时期，博物馆文创设计要充分利用"互联网+"优势，有效地实现大众与博物馆的互联互通，开发富含历史文化知识和寓教于乐的互动性文化创意产品，从而推动博物馆文创事业创新发展。

三、"互联网+"背景下文化创意产品设计方向

（一）注入文化内涵，转变设计形式

文化创意产品的独特之处在于产品的情感化设计，消费者在购买文化创意产品时得到的不仅仅是商品，还有商品背后的历史意义与独特的情怀。博物馆藏品历史悠久，底蕴深厚，我们要充分挖掘文物中的文化内涵,让文化创意产品成为集物质需求与精神需求为一体的文化载体，使其代表一种文化，表明一种态度。在互联网的支持下，文化创意产品在出版型产品和复制型产品的基础上开发了游戏、历史人物卡通形象等电子产品，以及 App 等软件系统。

例如，北京故宫博物院充分利用互联网技术，开设"故宫淘宝"网站，突破了文物的简单仿制形式，将贴近生活的产品，如手机壳、便笺纸、帆布包等日常用品进行创意设计，既方便实用，又富有内涵。而受众广且形式轻松愉快的网络游戏也是文化创意产品的一种有效的表现形式。例如，英国大英博物馆在网站设置的"游戏"栏目，以轻松有趣的形式激发人们对馆藏资源的兴趣，并且通过游戏形式，使人们对博物馆文物背后的历史知识有更进一步的了解。

（二）跨领域合作，实现共同发展

文化创意产品设计开发应呈开放性的思维，积极进行与其他行业的融合，为文化创意产品的发展带来更多的机遇与灵感。

浦发银行推出的《富春山居图》系列信用卡，画面精美，景色别致，不仅呈现了富春江两岸的秀美景色，还通过 AR 科技使用户身临其境地体验了富春江的优美景致。浦发银行传统文化主题信用卡不仅在设计中体现了我国传统文化，还运用了 AR 的高科技技术，是文化创意产品中互联网与传统文化成功结合的例子。可以说"互联网+"使世界变成一个连接的整体，不同的品牌、不同的领域可以相互结合，使文化创意产品的设计充满了可能性。

（三）注重用户体验，实现多元设计

体验式文创就是用恰当的方式建立产品与消费者之间的桥梁，让消费者了解文化创意产品背后的设计理念，并且通过交互设计让用户参与到产品中。换言之，使人与产品进行有效交流是体验式文化创意产品设计的核心。

1. 建立多元的文化体验

与静态的文化展示不同，文化体验是需要从感官、行为中摄取的。文化创意产品的设计应结合视觉、听觉、嗅觉等多方面的感官体验，不仅有外观的设计，还可以通过造型、色彩、功能等多方面的设计来传达产品的设计理念，使文化创意产品从单一的平面化传播变为多元化、多感官的传播。

2. 建立互动式文化体验

互动式文化体验就是让消费者参与到文化创意产品的创造过程中，让消费者在体验过程中表达自己的情感并且得到自我满足。在现代文化创意产品的设计过程中，消费者已经不再是一个被动的接受者，人们更倾向于主动地将自己的情感融入文化创意产品当中，参与创造具有独特性的文化创意产品。在产品制作的过程中，消费者逐渐建立了与文化创意产品的互动关系，对其进行感知、接受并且交流，最终理解藏品的文化内涵。

四、"互联网＋"环境下文化创意产品的推广方式

（一）营销方式从线下到线上

移动互联网不仅成为推广文化创意产品的一种载体，而且实现了不受地域限制的信息流动。通过互联网，各个地区的消费者都实现了一体化，消费者可以通过手机或电脑自由选择自己喜爱的文化创意产品，并且通过在线支付进行购买。文化创意产品也可以通过创建线上运营平台，并且通过引入流量的方式实现产品的精准营销和推广。

线上营销可以打造博物馆文化创意产品用户社区，以消费者的视角进行文化创意产品的营销，使文化创意产品的营销更加具有影响力、接受力和传播力。可以借助微博、微信、App 等网络社交平台，根据博物馆及其文化创意产品制造话题并引发广泛传播与讨论。

在线下，可以积极承办实体文化创意体验馆和展览活动，以及文物及创意产品的巡回展出和交流活动，在线上营销的基础上增加消费者与产品在现实中接触的机会，使消费者亲身感受到文化创意产品的多元功能以及藏品蕴含的文化底蕴。

（二）从单一产品到形成产业链

在"互联网＋"的环境下，文化创意产品的开发不再是设计师一个人可以完成的工作，而是由多方合作形成的产业链。文化创意产品也成为由微博、微信以及各类 App 等多元文化娱乐业融合的产物。在网络互联互通的今天，文化创意产品已经完成了创意设计、资源提供、政策对接、品牌推广、市场营销等多方的共同合作，并形成以产品设计、开发与销售为一体的文创

产业链。

（三）用宏观视角把握发展方向

要用宏观的视角把握"互联网+"背景下文化创意产品的发展方向，对消费者从体验感受、设计形态、服务态度等方面全方位地进行大量市场调查，掌握消费者的购买心理，从消费者的体验感受出发，进行多元化的文创开发和推广。

"互联网+"计划使文化创意产品的推广方式产生了创新性的变化，博物馆藏品的传播方式也走向了多元化、系统化。设计师将藏品的文化内涵融入文化创意产品，通过线上和线下相结合的方式，向大众进行全面的推广，最终实现博物馆文化的传播与发展。

第四节 设计事理学与消费者需求下的

博物馆文化创意产品开发

一、设计事理学角度的博物馆文化创意产品开发设计

随着文化消费不断升级，市场需求不断增大，文化创意产业发展也因此进入发展快车道，逐渐成为国家支柱产业、战略新型产业。博物馆因其馆藏文物资源丰富，蕴藏大量适宜进行文化创意产品开发的文化资源，所以，近几年博物馆文创产业发展也较为迅速。2015 年国家颁布的《博物馆条例》明确指出，国家鼓励博物馆积极挖掘馆内藏品的文化内涵，积极进行文化创意产品开发和衍生品开发，从而拉开了博物馆文创产业发展的大幕。不论是国家级博物馆，还是地方中小型博物馆，都日益重视文化创意产品开发设计。

在博物馆文创产业快速发展的同时，也暴露出一些亟待解决的问题。实力比较雄厚的故宫博物院、南京博物院等一批国家级博物馆，其馆藏文物资源比较丰富，文化创意产品研发设计能力较强，博物馆品牌的市场影响力也比较大，因此在博物馆文化创意产品开发与市场销售方面始终走在国内博物馆的前面，已取得显著的经济效益和社会效益。然而，中国 80% 以上的博物馆在文化创意产品开发设计方面步履蹒跚，总体上还处在起步阶段，绩效相对较差。究其原因是许多博物馆的文化创意产品开发设计意识不强，设计能力较弱，没有掌握正确的设计思维与设计方法，很多博物馆的文化创意产品开发还停留在简单的"贴标签"式的"复制粘贴"设计层面，产品不仅缺乏应有的文化内涵，产品形态也缺乏创意创新，类似"无性繁殖"。

设计事理学是由著名工业设计教育家、清华大学美术学院教授柳冠中先生结合早年留学德国的经历与多年的实践教学经验提出的有关设计思维与方法的理论。这一理论从设计的历史以及中国传统造物设计的脉络进行梳理研究，结合现代设计发展，提出了方法论层次的理论思考，其核心观点是以"事"作为设计思考和研究的起点，观察归纳后从而设计出"物"，是一种被广泛认可的设计思维。

（一）设计事理学：从设计"物"转为设计"事"

设计事理学是研究设计的方法论，强调对事物外部环境因素的研究，认为设计应该从"事"而非"物"的角度去理解与剖析。设计活动的主体是人与物，"物"是设计生产的作品，而"事"是人与物之间的中介关系，"事"是设计活动中的故事情境，是一个关系场。柳冠中教授拿杯子来举例：我们设计杯子，是为了喝水这件事，而怎么喝水，在什么时空下喝水，喝水的人是谁，

喝水的目的是什么等，都是属于喝水这个"事"的关系要素。离开喝水这个"事"的前提，杯子就没有存在的意义了[1]。因此，认识与解析"事"是设计"物"的前提。而设计一旦只关注"物"的本身的话，物的具象概念就会束缚住设计师的创造性，成为千篇一律的产品。一些设计之所以僵化，就是因为把设计当成了一种单纯的造物行为，设计思维比较狭隘，设计思路没有打开。

在当今更注重体验消费的时代，更多的设计是在创造"事"，而不是只创造"物"。比如，"打卡胜地"星巴克，通过古朴的意大利装饰风格、舒适简约的家具、咖啡机的声音、服务员的笑脸，创造出一个享受咖啡的外部环境，让消费者感觉到不单纯在消费咖啡，而是在体验消费的情景与内心的放松、心情的愉悦。

设计事理学提出设计思维的重点是设计活动不再单纯从设计"物"入手，而是在创造产品使用的情境，了解其关系要素，在归纳总结后再设计产品。

（二）博物馆文化创意产品设计：以设计"事"的思维创意设计

将设计事理学的这种从设计"物"转换为设计"事"的思维方式，运用到博物馆文化创意产品开发设计中就是将文化创意产品放在特定的外部环境去考察，从"事"的思维方式解读，即要假设博物馆文化创意产品的消费情境：是谁，在什么时间，什么空间，做什么，会怎么做，为什么要做，会有什么感受等。柳冠中教授总结出"事"的结构要素为时间、空间、人、物、行为、信息与意义，这些要素恰好可以为博物馆文创设计提供一种新的设计思维模式和开发设计的方向。

1. 事的背景——时间与空间

在柳冠中教授看来，时间和空间是"事"的背景，是设计环境的两个维度。博物馆因其特殊性，具有时间与空间的叠成效果，从这两个方向思考，更能引导其后期的设计。

时间的概念并不是一个点，而是一个阶段，是"时间流"。在时间流中，设计的本质是"发现过去，塑造未来"。博物馆因其自身的特殊展馆属性，拥有众多藏品，这些藏品内涵丰富、精美绝妙，有着特殊的时代记忆与历史背景，这些藏品也是博物馆文化创意产品创意设计的重要依托。

但是，面对这些具有时间特性的藏品文物，许多博物馆却不能很好地利用。一方面，我国众多博物馆缺少专业的设计师，有些博物馆工作者的创意设计能力明显不足，设计视野比较狭窄，往往将设计活动禁锢在馆藏文物的时代背景下，设计出的文化创意产品过分强调历史性，产品符号虽具有一定的历史文化内涵，但是产品形态往往缺乏创意，太过于雷同，产品的形式属性及附加价值属性与消费者的艺术审美和精神文化需求相脱节。另一方面，也有一些博物馆，将开发设计的重点放在现代社会的"时尚""酷炫""科技"上，设计出的文化创意产品抛弃

---

[1] 陈康：《浅谈自然科学类博物馆文化创意产品开发策略》，自然科学博物馆研究，2017 年 3（12）期第 66-67 页。

了文物固有的历史文化符号，使博物馆文化创意产品丧失了文化传承与创新的价值。在博物馆文化创意产品设计过程中，应具有时间思维，应该将过去、现在和未来相统一并在产品创意设计上都有所体现，不能顾此失彼。要在历史积淀与文化传承的基础上，结合当代背景下的新潮事物，设计出畅销的博物馆文化创意产品。

空间是指物理上的空间，也指文化传播所处的一个场域。中国地大物博，区域差异性明显，博物馆数量众多，大大小小分布在全国各地。不同的博物馆即不同的空间，拥有地方特色的藏品与丰富多彩的文化内涵。地区的差异性代表着不同的文化传承，因此博物馆文化创意产品开发设计不能依靠模仿、复制、粘贴来进行，应该充分考虑到地区文化差异，充分认识到地区空间的独特性，尽可能在文化创意产品设计中立足于地方文化特色，努力打造具有独特性的文化创意产品，使文物的空间性特征在产品上有所体现。另外，在博物馆文化创意产品的营销推广过程中，传播的产品信息也要体现一定的区域性文化特征。比如，故宫博物院所处空间为明清两代皇帝办公居住的场所，设计师抓住这一空间特性，将皇帝、娘娘、格格等 IP 形象巧妙运用到文化创意产品设计与营销传播过程中，不仅彰显产品的历史文化内涵，而且传达了产品独有的时空特性。这也是其他地方博物馆不能简单模仿故宫博物院文化创意产品的原因。

总体来说，博物馆文化创意产品设计应考虑时间和空间两个维度，适当考虑过去、现在与未来；充分考虑文物所处空间的独特性，在时空层面为文化创意产品设计特有的文化符号，赋予产品更多的地方性、历史性的文化内涵。

2. 事的主体——人与物

人与物是"事"的主体，是设计活动的主语与宾语，主动与被动。对博物馆文化创意产品设计而言，事的主体为消费者与文化创意产品，是产品设计的故事情境中最重要的部分。

消费者是"事"的设计的核心，如果没有消费者，文化创意产品设计情境就会不完整。在进行博物馆文化创意产品创意设计时，人应该是具体的，是有明确具体属性的——性别、年龄、职业、文化程度、经济状况、身份地位等。通过这些属性的确认，才能进一步了解消费者特征，准确把握其需求。当然这种需求也是多层次的。所以，在设计博物馆文化创意产品前，必须首先明确产品的目标消费者是谁，其人口特征、消费心理与行为特征如何，尤其要研究目标消费者的消费需求与购买决策心理，然后再设计产品。比如，目标消费者是青少年，产品一般选用比较鲜艳的色彩与夸张的表现形式。

博物馆文物都是有故事的，而故事是有情景的，是和一定的历史人物、历史场景相联系的。设计事理学中理解的物，不仅具有有形的功能属性，也需要具有无形的精神属性。博物馆文化创意产品设计重点要考虑的是目标消费者精神文化层面的需求满足、心理层面的互动沟通。博物馆文化创意产品有得天独厚的历史文化内涵，因为每一个文物背后都有生动的故事，设计师要充分挖掘文物背后的历史文化故事，赋予文化创意产品更多的历史文化符号价值，讲好博物馆文化创意产品的故事，用鲜活的历史文化及生动的故事吸引消费者，打动消费者，强化产品的消费体验，使产品具有故事和灵魂。故宫博物院的"皇帝卖萌"系列文化创意产品，在设计上打破了古代皇帝古板威严的固有形象，对其形象做了一些现代网红式的"卖萌"设计，用皇帝的一些卖萌行为来亲近消费者，利用这种反差萌，让皇帝们成为新时代的"网红"，深受消费者追捧。

3. 事的过程——行为与信息

行为与信息是联结人与物之间的纽带，是"事"的过程，是一个循环系统。

设计"事"不仅仅是产品设计前的事情，在博物馆文化创意产品设计完成并开始售卖后，消费者的行为也是构建整个"事"的重要过程。这个过程中，行为与信息是密不可分的。产品所传达的信息，影响消费者决策与行为，而消费者的行为又能反馈出有效信息。这是信息交换与行为互动的过程。在这个过程，产品能否有效传达信息，促进购买行为，能否通过行为得到有效反馈信息，从而再进一步改进文化创意产品设计，是我们思考的重点。

博物馆文化创意产品的宣传能否有效传达产品所蕴含的文化信息、创意信息，是产品营销过程中必须要解决的重要问题。在走访调查多个地方博物馆后，我们发现各地博物馆文化创意产品的传播能力呈现两极分化现象。较少一部分博物馆走在时代前沿，开通了多个自媒体平台，包括博物馆官网、微信订阅号或公众号、官方微博，以及设计师、销售人员等的微信、微博、微信社群等，并且用心建设经营，不仅粉丝数量达到几万、几十万，甚至数百万，而且用户黏性比较高，忠诚粉丝数量还比较多，对产品销售产生非常大的促进作用。但是，大多数博物馆还是主要依靠线下店铺进行销售推广，营销力较弱。如今，信息传播已进入互联网时代，尤其是移动互联网的快速发展，为博物馆文化创意产品的传播推广提供了极大的便利条件，网络传播手段的多样性与互动性也极大地增强了信息传播的精准性与有效性。在这方面，故宫博物院无疑又走在了众多博物馆的前列。从2015年起，故宫博物院在推出系列文化创意产品的同时，还开发设计了多个App、网站小游戏、线上店铺、微信小程序等，积极运用网络媒体、大数据、人工智能、云计算等新技术锁定目标消费者，准确把握其消费心理与媒体接触行为，积极开展智能营销，使推向市场的系列文化创意产品销售非常火爆。另外，消费者对博物馆文化创意产品的消费行为与评价信息也会不断通过网络反馈给设计师，设计师再将这些信息进行消化吸收，运用到产品的改进设计或下一个产品的再开发设计中，从而进入下一个循环。

总之，以上"事"的结构要素分析，都是基于要设计的"物"。"事"与"物"相互联系、相互影响，不能脱离要设计的产品分析其应该创造的故事情境，同样，也不能脱离"事"去塑造"物"。

从设计事理学的角度探析博物馆文化创意产品设计，使博物馆文化创意产品设计从以往对"物"的设计技法层面提升到对"事"的设计方法论层面，从单纯的设计行为延伸到设计思维模式，从而使博物馆文化创意产品设计研究进入一个更加开阔的新境界。从设计"物"转变到设计"事"，打破了当下博物馆文化创意产品设计思维相对僵化的局面，使设计师在设计过程中，不仅思考"事"的背景——时间与空间，而且要思考"事"的主体——人和物，更要把握"事"的过程——行为与信息，从而拒绝设计中的"复制粘贴"现象。从"事"的结构要素及其关系中思考，赋予产品独特的时空特性、突出的文化符号特征及艺术审美价值，讲好产品背后的文化故事，就能创意设计出深受目标消费者欢迎的文化创意产品。

二、消费者需求角度的博物馆文化创意产品开发设计

博物馆拥有丰富的文化资源，具备文化传承、知识教育、价值观引导等多重公共职能，在社会生活和文化传播中扮演着重要的角色。博物馆开发文化创意产品，既能够很好地宣传博物馆文化，又能提升经济效益，从而解决博物馆发展中资金不足的问题。同时，还可以完善博物馆的造血功能，实现持续稳定的发展。所以博物馆要采取有效措施，解决当前文化创意产品开发中存在的问题，推动博物馆文化创意产品的开发工作。

（一）以效用理论对消费者需求进行分析

效用理论认为，消费者从某种商品或服务中获得的满足程度可以用"效用"进行衡量，这种满足程度取决于消费者的主观性评价。效用理论更多是针对物质商品，随着消费者对物质商品消费量的增加，消费者从每一单位商品消费中获得的效用是递减的，即遵循所谓的"边际效用递减"规律。但有学者发现，有些商品的消费并不遵循这一规律，如音乐、艺术品等商品存在消费上瘾效应，即随着消费者对这种商品消费量的增加，消费者更加倾向于消费这种商品。斯蒂格勒等学者对这一现象进行了解释，他们认为这种边际效用不减反增是缘于消费者欣赏这类商品的能力提高了，这种能力的提高反过来会促进消费。事实上根据观察可以发现，那些具有消费上瘾效应的商品绝大多数是具有一定文化内涵的商品，即创意产品。消费者消费的并不是纯粹的商品，更多是消费其中的文化，从而得到精神上的极大满足。进一步说，对消费者而言，随着对这种创意产品消费量的增加，消费者对创意产品所蕴含的文化了解越加深入，对这种商品所具有的文化解读也越加透彻，进而反过来激发消费者更大的兴趣，强化对这种商品的消费偏好。由消费者消费文化而获得的满足程度，同样可以用效用衡量，而这种效用不同于传统意义上的效用，其边际效用是递增的。为了与传统意义上的效用做区别，故将它称为"文化效用"。1943年，美国著名心理学家、人本主义心理学的发起者亚伯拉罕·马斯洛曾在《人类动机理论》一书中把人类的需求从低到高依次划分为生理需求、安全需求、社交需求、尊重需求和自我实现需求五个层次。他认为人们在满足了较低层次的需求之后，高层次的需求将会逐渐显现出来，由物质层需求为主逐渐转为精神层。创意产品是满足消费者精神需求的一种商品，因此消费者对创意产品的需求必将日益增加，消费者"文化效用"将日益显现。由于消费者文化背景、文化价值观的不同，使消费者产生不同的文化偏好。在消费者愈加重视文化效用的情况下，这种文化偏好必然会使消费者主动介入创意产品的开发过程中，或者创意企业在开发创意产品时，主动寻求与消费者合作，即创意企业与消费者共同创造价值。

通过"效用理论"进行分析，可以更加肯定消费者对文化创意产品的需求，很大的原因在于文化创意产品所蕴含的文化资源。文化资源是创意产品生成之源，所以创意人员对这种文化资源的解读和重新编码而形成的文化意义，正是创意产品显著区别于一般产品的所在。创意产品品质和价值主要由文化价值决定，而与文化价值密切相关的是创意产品的创作素材，即文化

资源。所以要设计出让消费者认可的文化创意产品，就必须利用好博物馆丰富的文化资源，只有将文化这一概念完全嵌入产品中，才能将文化创意产品从普通商品中脱离出来，从而发挥其最大的价值。

（二）从消费者需求角度出发的博物馆文化创意产品设计策略

1. 不盲从，找准市场定位

一款文化创意产品从设计思路的提出、文化资源的提取，到产品的定位，都需要进行全面缜密的调查研究，从而制定出文化创意产品的开发任务，设计出合理的产品开发计划，以提高开发的成功率，从而避免产品在开发过程中由于各种因素而不能投入生产的情况出现，或产品开发出来却不被市场认可。此外，还要认真做好消费者调研工作，充分了解并掌握消费者的不同需求与习惯，通过精准定位，细分市场，确保开发与设计的文化创意产品满足消费者的需求。多从消费者的角度做出综合分析，以生活美学为视角，让博物馆文化创意产品真正融入消费者的生活中。文化创意产品的开发不能盲从，不能急于求成，要找准市场定位，从消费者的需求出发，设计出市场要求的、美观的、功能性兼具的文化创意产品。

2. 巧妙构思，注重个性化生产

博物馆文化创意产品区别于一般商品在于它承载着历史和文化价值，这种独特性是吸引消费者购买的主要因素。当今社会急速发展，人们的消费观念开始倾向于个性化，精神追求也不再满足于千篇一律的工业化产品。博物馆的文化创意产品嵌入了历史、文化等元素，能快速地吸引消费者的眼球。博物馆在文化创意产品的研发过程中，应运用独特的设计风格，巧妙融入博物馆的文物特色或是当地文化特色，让文化创意产品成为博物馆或者是其所在城市的缩影，满足观众"把文物带回家"的美好愿望。

3. 深度发掘，加强对文化资源的利用

博物馆内收藏的各种文化资源既具有文化的内涵，又具有资产的属性。利用博物馆藏品的文化内涵制造商品并使其产业化，可以创造经济效益，在一定程度上解决博物馆的资金短缺问题。作为文化创意产品开发设计人员一定要对馆藏文物进行深入研究，只有在了解其文化内涵的基础上，才能在设计过程中更好地将产品与馆藏文化相结合。要选择博物馆具有代表性的文化资源作为开发设计的灵感来源和价值载体，但同时也要避免使博物馆进入纯粹商业化、形式化泥潭，要在保留博物馆原有价值的基础上，对资源进行再创造。在挖掘消费者喜爱的、容易接受的文化资源时，也要注意文化资源自身蕴含的文化内容深度和文化价值高度。选择的文化资源要有针对性，要从消费者的角度出发，根据不同文化层次、知识背景的消费群体，开发符合大众消费心理、美观实用、有内涵的博物馆文化创意产品。

文化创意产品商店被称为博物馆的"最后一个展厅"，文化创意产品被看作一种具备文化理念的符号，它有利于更多的人了解博物馆。通过文化创意产品消费这种文化的传递，能顺利地将博物馆文化普及到社会的每一个角落，使人们的文化素质在潜移默化中得到提升，有利于博物馆文化的传承和发扬。

第九章　乡村旅游文化创意产品的开发探索

第一节　乡村旅游文化的重构

一、乡村旅游文化概述

（一）旅游文化与乡村旅游文化内涵

1. 旅游文化内涵

关于旅游文化的界定一直是学界高度关注且倍感头痛的问题。借鉴国内外旅游文化界定诸说之长，结合多年旅游研究的实践，认为："旅游文化是人们的旅游活动体验与介入过程及其精神产品的总和。"这个定义主要包含以下四层含义 [1]。

第一，旅游文化既包括其创造过程——"旅游活动体验与介入"，也包括这个过程的结果——"精神产品"。旅游体验即旅游者特有的旅游认识与经历；旅游介入即非旅游者对旅游活动的有目的的直接干预；精神产品则是以观念形态为主的产品。文化是主体与客体在人类社会实践中的对立统一物，有过程，有结果，旅游文化也是如此。

第二，旅游文化是一种精神现象。定义中的"体验"与"介入"固然包含行为因素，但按精神物质两分法，行为仍属精神范畴；"体验"与"介入"的结果固然也会产生物质产品，但这些产品大多是以观念为核心、物质为载体的精神文化，主要是一种文化的介入。旅游体验来自旅游活动中，旅游介入来自旅游活动之外，由此形成的精神文化构成旅游文化的主要部分，这是旅游文化与非旅游文化的重要区别之一。

第三，旅游文化的主体——"人"，除旅游者外，还包括旅游从业人员、旅游地居民、旅游研究者等。凡参与旅游文化创造的人，都是旅游文化的主体。这是旅游文化与非旅游文化的又一重要区别。

第四，旅游文化的客体——"旅游本体"，既包括旅游诸要素，也包括旅游对象。旅游体验是旅游者对旅游活动的体验，旅游介入是旅游介入者对旅游的介入。没有"旅游"这个体验对象，人们不可能创造出旅游体验文化；没有"旅游本体"这个介入对象，自然也无所谓旅游

---

[1] 朱伟：《旅游文化学》，武汉：华中科技大学出版社，2011 年 09 月。

介入文化；人们对旅游要素（如旅游景观）的体验或介入，形成单项性旅游文化，如旅游景观体验文化、旅游景观开发文化；人们对旅游整体的体验或介入，形成综合性旅游文化，如旅游体验文化和旅游介入文化。

2. 乡村旅游文化内涵

综合相关研究成果，结合乡村旅游乡村性特征的要求，融合国内外乡村旅游文化内涵认为，乡村旅游文化是以乡民传统生产和乡土生活文化为吸引核心，以乡村自然生态背景、乡村生态聚落、传统农业劳作、乡村地域特色经济、传统农耕与民俗文化、乡村民居建筑与家具陈设等整体系统性的"乡村性"文化形态为内涵的乡村旅游地的乡土文化。乡村旅游地的地域空间是乡村旅游文化的核心处所，系统性的乡村性景观文化是乡村旅游文化的内涵，不同时具备乡村性空间特征与内涵特征的乡村文化均不属于乡村旅游文化。这里需要特别强调二者的统一性和乡村旅游文化的整体系统性，个别具有乡村性特征的要素被拉出来放置在城市空间或在乡村空间产生的异质性文化要素都不属于乡村旅游文化的范畴。因此，乡村旅游文化的内涵需要从地域空间范畴和乡村性文化景观两个方面来认知和把握。

（1）乡村旅游文化的地域空间范畴

乡村旅游文化是位于乡村这个特定地域范围内的一切"乡村性"文化资源。从产业构成来看，乡村是主要从事农、林、牧、渔、农副业的基本生产单元。从人口分布的空间特征看，单个乡村聚落人口少，结构成分单一，所谓"一村唯两姓"是也；聚落与聚落之间则是敞开的农业耕作区域。从地域角度看，乡村指的是远离城市、接近荒野山地的空间地域系统。从土地利用类型看，土地主要用于农、林、牧、渔的粗放型基础性生产。从生态构成上看，乡村主要处于原生态自然生产区域，不但人口分散稀少，而且与城市等人口多的地方来往较少，受城市影响较小。总之，乡村是相对于"城市"概念而言的，具有粗放的土地利用、敞开的农业生产地带、小规模斑点状分布的聚落、社会结构成分单一、人口密度较低等特征。

随着工业化、城市化和现代化进程的加速，大量非乡村性或现代性因素不断向传统乡村渗透浸润，乡村性的传统内涵被扭曲，工业化与现代性颠覆了乡村传统生活的基础，乡村旅游的开发、逆城市化移民潮流、新农村建设等因素加剧了乡村传统社会的变迁，全球化及新闻媒体和互联网的现代信息传播与意识扩张对乡村社会的变迁也产生了越来越深刻的影响。随着统筹城乡发展政策、土地流转政策的实施和制度机会主义的泛滥，大量乡村人口为寻求发展捷径源源不断涌入城市，他们中的大多数构成了城市社会的底层景观；与此同时，一些基于权利或资本优势的城市居民出于各种不同的动机入驻乡村，构成乡村社会的上层景观。乡村的产业结构、社会人口结构、聚落层次结构和劳动关系结构发生了一系列变化，促成了现代城乡关系的结构性演变。在传统时代城乡隔绝发展的模式中，乡村的社会结构、劳动关系和文化特征与地理区域特征紧密联系，而在当下城乡结构关系急剧演变的过程中，涌入城市的乡民和乡村度假村的建设构成"城市里的乡村"景观，移居乡村的制度机会主义者的新建设则构成了"乡村里的城市"图景，这也许就是所谓城市与乡村未来的理想蓝图。城市里孕育和吸纳了诸多乡村性要素，乡村里也被拼贴了诸多城市性景观。因此，我国在把握乡村旅游的区域空间范畴时，要考虑大尺度背景乡村性质的强弱和小尺度要素的乡村性特征。

（2）乡村性景观文化的内涵

在乡村旅游视野中，乡村性景观文化的内涵需要从文化的乡村性和旅游性两个方面来理解和把握。

乡村旅游文化的乡村性是指乡村传统产业生产性、传统乡村生活性、整体系统结构的原生态性文化、要素及载体。从目前来看，乡村的产业主要还是传统的农、林、牧、渔和农副业，乡民的生活，包括聚落、邻里、建筑、公共设施、娱乐等，基本上保持了传统乡村特征，从土地利用、生产方式到生活环境和方式保持整体性统一的乡村原始生态系统性，也就是说这些要素是在保持原有生态性的基础上以传统乡村生产生活功能为目标结构和组织起来的统一的整体系统。如果这个地方已经工业化或商业化了，或者其中的某一部分，如产业或生活方式等已经突出呈现出不同于传统乡村的特征，或者在乡村的基础上已经发展成为城市性较强的小镇，那么它就不再具有乡村性，其要素的乡村性也会嬗变生成适应新组织的新属性。

乡村旅游文化的旅游性是指在旅游开发的过程中，乡村资源要素的审美与参与体验功能被逐渐开发出来，使其逐渐兼具适宜旅游活动开展的属性。但应当注意，乡村旅游地不同于其他传统旅游景区的特征在于，任何时候，乡村的主要功能是作为乡村式生产生活性空间而存在，而不能成为以审美和消费功能为主的旅游化空间。因此，乡村旅游开发中，必须把握好乡村文化乡村性保持与旅游性开发的度。

（二）乡村旅游文化的核心

文化是人们对自然和社会实践及其认知规律历史总结的成果，也是将这一成果世代传承下去的途径和工具。所以《易经》中说："观乎人文，以化成天下。"文化既以有形的符号载体通过物质实体予以展示，又以无形的知识体系、价值取向、思想意识渗透于人们日常的社会实践、生活方式、行为言语中，从而形成一个人类群体共同的生存和发展框架，并规范和化育着成长在这一文化氛围中的人，最终体现为群体的文化认同感和个人的人格。文化既以文饰人，又以"文"所代表的意识形态塑造人、改造人、造化人，从精神意识上"内化"人，这就是文化或文化场域的化育功能和建构意义。在乡村地域空间长期的农事生产生活实践中积淀和传承下来的乡村文化传统，对生活于其间的乡民有着引导与化育的作用，也有着规范与约束的作用；同时，作为文化实体，它对前来的游客同样有化育引导和规范建构的作用。

1. 乡村是我国传统文明的载体

中国五千多年的文明是农耕社会的文明，不但延续着90%以上主体的乡村文明，而且支撑着以农耕文明为根基的城市文明（这是中国历代重农传统的根本原因，也是历经改朝换代甚至异族统治下的城市覆灭，中国文明都不曾中断的原因）。从历史到当下，认知乡村对于中国的价值都是我国最重要的财富。首先，乡村是农业生产即生命食粮生产的主要空间和载体，农业是与生命打交道的产业，是人类生存和发展的基础，农产品生产的安全关乎人类存续的命运。其次，乡村生活模式是贴近自然、衔接地气、安抚心灵、生机蓬勃的生态性高质量生活模式。享受过所谓现代生活的城市居民的逆城市化心理告诉我们城市并没有让生活更美好，不能回乡村那就到市郊的乡村性游憩地也成为市民奢侈的渴望，在乡村才能真正体味人类生活的原真乐趣与永恒意义，真正体验生命的来源与归宿。最后，乡村是中国五千多年传统文明的载体。乡村是原生的、是家园，而走向城市就好比孩子长大了到外面探险，到外面寻找新的发展与生活方式。城市是在农业文明的土壤中孕育生长出来的，城市只是乡村延伸出去的手臂，是乡村放飞的风筝。到外面闯荡的游子携带着人们世世代代在乡村生产生活中积累、承传和发展起来的地域性乡土文化和农耕文明，携带着中华文明演化的秘密和基因，希望新的城市能给人们带来新的机遇和好的生活。但叶落归根是中国人特有的情怀和传统，不论走多远，生命的归宿在乡村家园，因为乡村故园给了我们生命的自然感和归属感，中国人心底对乡村家园有着根性的文化心理认知。况且当今社会城市这一权力、金融和时尚的战场令人恐惧，城市病、工业病的蔓延更让人渴望回归乡里故土。

植根于农耕或游牧生产方式和血缘地缘关系的乡村文化，孕育了天人关系认知理念与禁忌文化，包含了人际礼仪与和谐行为的乡规民俗文化，盛放着彰显村民智慧和情感审美的乡土艺术文化，可以说它也是诞育和承传作为中国传统文化代表的道家、儒家文化的土壤与载体。乡村文明传统与习俗是几千年洗练、沉淀、传承下来的，这些传统与习俗维系着乡村社会与民族人心的和谐与稳定。乡村传统文明是华夏民族文化之根，是确立中华民族主体性和自信的根基。当下中国乡村危机的实质是民族主体迷失和自信不足的危机。一个没有乡村历史的民族是没有根的民族，一个丢掉了传统的民族是没有未来的民族。

2. 乡村旅游文化的核心功能是文化传承

生命的本质是追求心灵自由与人性健全发展，而不是追逐奢华的物质享受。作为城市现代病之一的消费主义正在向乡村主体渗透，国家的发展主义与生产主义政策也在诱导着乡村走向经济功利与消费时代，吞噬着乡村勤俭节约、诚信敦厚的优良传统。实质上，摆脱贫困窘境的乡民甚至是生活在贫困线上的乡民，他们最需要的是文化素养的提升、心灵的强大、社会公平与人权尊严，而不是 GDP 的数字和物质的奢靡，孔子所谓"有国有家者，不患贫而患不均，不患寡而患不安"（《论语·季氏》，按语义"贫"与"寡"互换了位置。）是也。我国在发展理念上出了偏差。

将解决"三农"问题的思路重点放在发展非农产业、转移农村劳动力、进行小城镇建设也许并不完全符合中国乡村发展实际，中国没有向外转嫁城市化问题的条件，也不可能通过圈地运动实现规模化经营。"三农"问题解决思路必须从"消灭农村"转向"建设农村"，必须从"非农产业"回归"农业重建"，只有提升乡村财富生产力才能获得真正的发展。就乡村旅游发展来说，乡村游客最本真的取向不是乡村的舒适、便利、远离现代化喧嚣，他们需要的是乡村的简单、质朴、宁静、恬淡、绿色，是通过辽阔绵厚的大地、挥洒汗水播种希望的耕耘、养育生命绵延文明的嘉禾、高远蓝净的天空、简明恬淡的生活、质朴祥和的民风、怡神康体的娱乐来涤荡自己的灵魂，重铸民族与传统的信仰。这些要素都是乡村旅游特有的文化底蕴，是华夏文化孕育发展不竭的源泉，也是保证乡村健康可持续发展的基础，它对人性具有巨大的精神化育作用。也就是说，农民拥有的真正财富具有养育生命、化育人性的力量。而乡村旅游文化发展的源泉正在于此。时值全球文化冲突、世界信仰危机之际，复兴国家民族文化，重建以自己本土价值观和意识形态为核心的文化体系，并最终影响世界文化和政治格局，是中国获得新的发展机遇的战略选择。而以中国本土价值观和意识形态为核心的传统文明主要的载体正是乡村，借助乡村旅游文化的化育之力，实施乡村旅游文化传承战略，应当成为发展乡村旅游的核心目标。因此，以沐浴淳厚乡风回溯乡村文明为旨归的乡村旅游文化应当秉持生产能力理念、文化化育理念、生态理念与人性解放与发展理念，为传统文化的现代传承尽力尽责。

3. 乡村旅游文化的核心要素是乡民与传统

从文化属性角度而言，乡村是孕育生命、滋养文化传统的土壤和家园，而乡民与传统犹如乡村这片土壤里流动活跃的空气和水，使乡村充满生机和活力。没有乡村，乡民的生命和生活将无所依托，人类的生命将无所依托，并将失去精神的家园，人将成为无根的浮萍。乡民是乡村的建造者，是创造乡村史的主体。没有乡民，乡村失去了它的主人，或者换了新的非乡村性（不以传统农、林、牧、渔业为生）主人，乡村也就失去了它原有的属性，不再是乡村，即黄成林所谓的没有了"三农"要素的地域空间，即使不是旷野，也不再是乡村。同时，乡村是文化传统孕育的土壤，乡民是文化传统的创造者和传承者；反之，特定文化传统又是特定地域乡村社会的特征和标志，是特定地域乡民的身份表征与形象内涵。丧失了文化传统的乡民就丧失了乡民的身份，褪去了特定文化传统的乡村其属性与结构也必定要改变。乡民是乡村的主人，传统是乡村的灵魂。

从文化旅游角度而言，游客的到访主要是通过与乡民的文化交流、参与乡民的劳作生产与生活娱乐来深入体验乡村的传统文化底蕴与生命本真状态。如果仅有较优越的自然环境、时尚游憩娱乐设施或者绿色餐饮，那就不用跑到乡村，直接到优美的自然风景区、城市及附近高档娱乐度假俱乐部就可以了，游客要的是以乡民生产生活与传统文化及民俗为基底的乡村性体验与氛围。所以说，乡村性是乡村旅游文化的核心属性，传统文化是乡村的灵魂，是乡村性的标志，是乡村性的根；而乡民就是这灵魂、这标志、这根的创造者、培育者、传承者。少了真正的乡民参与，丧失了乡村生产生活文化传统的游憩地，这样的旅游也就丧失了乡村旅游文化的内核。因此，乡民与传统是乡村旅游文化的核心要素。

（三）乡村旅游文化的特征

旅游是个人前往异地寻求体验愉悦时光的一段短暂的休闲性生活经历，是个人的事情。旅游发生的前提条件之一是人类审美意识的生成，而审美意识又是随着社会物质条件的提升和人类思维活动的发展逐渐产生的。因此，旅游是在人类审美思维得到一定发展，并且具备物质和时间剩余时才能够实现的一种精神文化活动现象。同时，一个时代人们的旅游需求和特征与所处时代的经济、文化、政治、科技等各种社会环境条件密切联系。从时间上看，旅游现象最初大约发生在某些社会统治阶层具备了审美、物质、闲暇条件的奴隶社会早期，它不是市场经济时代的产物。但旅游流则是近代社会市场经济的产物，是在近代经济社会为旅游培育了大量有条件出游的旅游者之后，火车、轮船的发明推动人们从商务旅行的时代步入休闲旅游的时代。旅游的发展既是一种文化消费，同时也创造了一种具有时代气息的新型文化，即所谓的"旅游也是一种文化创造的过程"。

1. 乡村旅游文化的生产性与根性特征

乡村的主要矛盾和本质是大农业生产（包括农、牧、渔、林业），作为人类自身再生产的基础，这一矛盾决定了乡村的一切资源要素都要围绕农业生产和人类生产来构建，因此它是一种生产性的结构，与"城市"的经济性结构相比较而存在。这一生产奠定了人类生命存在的基础，任何时代，人类的生命都要依靠农业生产而延续，并在此基础上衍生了相应的乡土文化。这是一种建立在人类生存、延续与发展基础上的生产与文化，是关于生命哲学的根性生产与文化，这一"根性"就决定并形成了人们对于乡村"根性"的认同，从而乡村又成长为一种根性结构。

因此，乡村旅游文化所要求的旅游性功能任何时候不能超越或掩盖乡村的生产性和根性，大农业是乡村的经济支柱和发展根基，任何服务业包括旅游业都不可能取代农业作为生命存在和延续根基的地位。当下农业问题从长远意义上来，讲重中之重是如何保证农产品的绿色生产，它是农民财富生产力的核心体现与决定因素，并且关系着人类生存安全，维系着乡土文化传统，同时也决定着人类文化与文明传统的未来走向。就旅游角度而言，游客到这里不但能够体会原生态生产的伦理价值，参与体验生产劳作的成就感与自我生产能力的自信，而且能够感受根性回归的心灵启迪。乡村旅游文化的魅力也正在于此，生产性和根性是乡村旅游文化的自然历史属性，也是其独具吸引力的核心价值所在，它促成了乡村游客的根性文化诉求。

2. 乡村旅游文化的生命性与生活性特征

从乡村自然环境与生产环境来看，更多的要素是植物和动物，以生机勃勃的生命为基底和本色，村落房舍、道路地貌都为生命的葱茏郁茂所遮蔽，在乡村，人们感受最深的是生命的成长与活力。从农业生产的目的来看，人们为养育生命、延续种族而勤奋劳作，这是一种与生命打交道的产业，农业是人类生命延续和发展的根基，农产品的安全生产问题关系着国家民族能否安定兴旺，关系着人类生命安危存亡。从乡村生活本质来看，这是一种追求更高质量的生命再生产和发展的生存模式，所有相关的产业和文化与传统都围绕这一终极目的而衍生和承传，人们为了最本真的生存与发展需要而劳作和歌唱、欢欣与悲悯，人们在乡村能够深刻体会与享受这种人类最本质简朴的生命状态。

乡村旅游文化的一个明显特征是它的生活性，即乡村文化有它的自在自足性，它是乡民的生产生活空间；而游客正是由于欣赏和渴慕它自在、舒缓、忙闲有致、淳朴简单、热情真实、符合生命节律的生活节奏与状态而前往。乡村旅游文化必须建立在保护乡村传统生活的基础上，保证乡民正常的生活秩序和氛围不能被打乱或受较大影响。当然这不仅仅是旅游业的社会职责，居民的生活除了受旅游开发影响外，全球化市场经济、多元文化冲突、中国的城市化现代化运动、统筹城乡政策、新农村建设与村镇规划、城乡土地流转政策等都在颠覆乡村现有的生活秩序、发展理念与生存状态。但目前来说，乡村旅游几乎所有的工作均围绕旅游发展这一中心来展开，此时，旅游设计的责任就显得尤其突出。政府、企业、旅游设计师们必须杜绝以屈尊俯就的态度假冒对乡民关心而实为欺骗式掠夺的行为，学会严肃地对待乡村那原始单纯的生存意识和传统生活模式，谨记对自然和大地、对精神与信仰的敬畏，对乡村旅游进行生活化设计，保护人类最后的精神家园与心灵净土。

3. 乡村旅游文化的生态性与系统性特征

乡村作为与农业生产方式相适应的农业文明的产物，对土地、水源、气候、植被等自然因素具有高度的依赖性，人类的智慧与生产力必须顺应自然界的运行规律，因此养成了与自然和谐相处、天人合一的天人关系意识。生态是指一切生物在整体生命系统链条中的生存状态及其与周围环境之间环环相扣的天然关系，在文化人类学的角度，生态主要关注人类与自然之间的相互关系。就人类的生存而言，大地万物是给予人类生命汁液滋养的慈母，上天则是规范人类行为动向的严父，由此诞生了人类对自然的崇拜、热爱与敬畏意识。原始社会的人类或栖于洞穴，或逐于水草。到了新石器时代，农业生产能力获得提高，并展开了畜牧业和简单手工业生产，人类开始建造自己的住所，村落由此诞生。乡村的生产源于生命又用于生命的滋育，悠远的乡村构筑和发展基本上遵从顺应自然、融于自然的原则，从不曾对自然的生态平衡造成破坏。依山傍水的房屋、葱茏婆娑的庭院、硕果累累的蔬果、生机勃勃的庄稼，反而为自然增添了多彩多姿的旖旎景观。在农耕文明时代，作为社会群落主体的乡村是人们心目中"采菊东篱下，悠然见南山""枯藤、老树、昏鸦，小桥、流水、人家"等充满诗情画意的桃源世界。"直到近250年，人类人口与生物圈间的基本平衡才被打破"，近代工业文明的掠夺式开发才是生态危机的元凶。"人世间的大城市……已经变成了……充斥着淫荡和贪婪、令人厌恶的中心。如同索多玛的熊熊烈焰，它们罪恶的烟雾升腾到天堂前，所散发出的污秽腐蚀着大城市周围农民的骨骼和灵魂。似乎每一个大城市都是一座火山，它们喷发的尘灰成股地溅射到生灵万物上。"

乡村旅游文化的生态性要求乡村旅游遵循生态旅游的原则，游客与乡民一样融入乡村的生产生活与环境，把自己看作乡村景观的构成要素，将自己的行为融入生态平衡的运行，与乡村、乡民、文化、自然等各种要素密切互动，与乡村世界建立起一种全身心的交流关系，从而达致心灵的自由与生命的和谐状态。但是，在工业化与城市化的征途中，乡村生态正在遭受极大的破坏，在乡村肥沃的土地矗立起排放着污水的工厂、冒着滚滚浓烟的烟囱、与自然形成巨大反差的高级度假酒店和别墅或标准化清一色的城市型高楼小区。在当下的乡村游客眼里，乡村只是供人们赏玩的风景、疗救痛楚心灵的解药、寻找创作灵感的素材和失落了的乡村记忆的想象，旅游开发成为城市化扼杀乡村生态的帮凶。同时，我国不能生搬硬套农民只占总人口2%～5%的发达国家的经验，中国的乡村与旅游发展必须实施生态农业与生态旅游相结合的战略，粮食生产、多种作物生产与林、牧、渔、副等相关生产相结合，拓展大农业生产有机产业链，旅游活动融入乡村生产生活，真正实现美丽乡村建设的美好愿景。

传统的乡村社会，被农业生产束缚在土地上的农民世代代维持着自然封闭的小农耕作方式，在土地上耕种各种维持生命生存和再生产的庄稼。荒地、山头、村落、庭院周边还种植着建筑房屋需要的树木以及适宜当地生长的果树，庭院里饲养着各种家禽，家里有纺纱织布的纺车和织机，村落里还有一些简单农具和生活用具的生产店铺、农副产品加工店铺等，基本上保证了村落生产生活和发展的自给自足。因此，乡村是一个功能齐全的小社会，很少与远处社会交流，平时交往的对象多是熟人，社会秩序和公共事务的维持与处理依赖士绅精英等地方势力。这种封闭的高度内聚性的村落单元构成了一个个完整且秩序井然的生活与治理单位，自然地形成了一个个能够满足自我生产生活需求、提供安全保障、解决内外事务的完美体系和自足系统。

作为一个完整的系统，一般具有如下特性：整体系统的功能由其要素或子系统的结构方式决定；系统整体功能大于部分之和；每一个要素系统或者子系统部分都包含着整体的全部信息；系统通过自身结构要素的专门化运作，来确立它与环境的边界，从而接纳或排斥某些可能性，或者由各种偶然性而导致的复杂性；系统的部分如果脱离系统整体结构，这个部分将不再具有系统整体的功能；每个子系统或要素系统之外的其他子系统构成该子系统的环境；开放系统与外界保持物质和信息的交流，以平衡系统无序的熵增，使系统免于热寂、死亡、解体。乡村是一种完整的自生系统，它的一切要素皆由系统自身的运作来生产，同时又在生产系统中运作。它包含了自然生态系统、产业生态系统、文化生态系统等子系统。这些子系统的不同特性和组织方式形成了特定地域特定村落的不同特点，一旦其子系统的要素特性或者子系统间的结构方式发生变化，就有可能使整个乡村系统的属性与功能发生改变。乡村每一个子系统都携带着这一村落的完整信息，代表着这一村落的整体形象。乡村的每个子系统的变化会影响其子系统的特性随之变化，如土地的质量与结构变化会直接关系到人类身心的健康与否。一旦社会生活模式系统中的主体乡民脱离这一乡村系统，它就不再具有乡村生产生活的基本功能；反过来，这个系统也会排斥不具备本村落基因和基本特征的要素。同时，整个乡村作为一个整体系统需要保持与其他村落或社会单元的物质信息联系和交流，以保证它的活力和发展，如婚姻、贸易、教育、文娱活动等功能性交流。

所以乡村旅游文化要尊重乡村文化的系统性特征，关注开发规划工作对乡村每一要素系统的影响。比如，乡村旅游地产的开发造成乡村民居与新增建筑特征的不协调，同时使村落整体风貌发生异化，不仅形成村落形象二元结构，随着游客或新主体的入住和日常生活介入、生活资源分配变化，会在村落组织结构上形成二元世界，破坏乡村整个生态系统的和谐与完整，影响整个村落的社会公平与心理水平，影响乡民的乡村认知与社会意识形态，村落的乡村性特征将受到极大挑战。

（四）乡村旅游文化的构成要素

乡村旅游文化是以自然生态性环境为背景基础、以传统生产生活民生性文化符号为主导的人文与自然历史融合生发的文化形式。乡村旅游文化从本质上看属于人文文化的范畴，是由自然环境、物质要素和非物质要素结构而成的乡村地域文化体系。

1. 自然环境

自然环境是由地质地貌、土壤、水文、气候、生物等要素组合而成的自然综合体，是形成乡村文化的自然生态性基底和背景。人们顺应自然环境的特征和自然生产发展的规律，创造了适应生产、宜于居住和生活从而形成具有地域特色的乡村文化。乡村文化的内部结构和外部特征均与自然环境条件相呼应，从而形成天人合一的自然人文生态系统。地质地貌是形成乡村文化特征类型的骨架，决定了地域资源的开发类型和利用程度，影响乡村社会的经济文化水平和交通、生活景观特征，如华北平原、江南水乡、山区梯田等。土壤、水文和气候条件决定了动植物的类型、分布和自然景观的基本特征，并决定着土地类型、耕作制度、农作物的类型和农业生产的布局，从而也影响着水陆交通、聚落布局及民居类型的地域特征。生物，特别是植被种类与地带性是构成乡村景观不同审美特征的标志符号，如我国南方与北方、东部与西部不同特征的森林、果园、农田、草原等，其审美特征具有极大的差异，而生存于不同植被地带的不同动物群落又形成了狩猎场、牧场、饲养场、渔场等不同景观。

2. 物质要素

物质要素是乡村旅游文化中可视、可触、可感的有形物质性具象，如地质地形地貌、水田旱田梯田、森林草原绿洲、农耕畜牧渔业、房屋建筑聚落、体貌服饰舞蹈等有形的物质。这些物质要素的不同组合，形成了具有不同地域和民族特征的乡村景观的直观特征。例如，杉木的吊脚楼、层层叠叠的梯田、壮族山歌、竹梆舞、浓香的油茶、留着一米多长浓密长发的妇女、几何图案象征民族图腾的服饰、精致的红绣球，构成了龙胜壮族村寨特有的景观。乡村的泛农业生产是构成乡村旅游基底景观的根性元素，农耕业态的不同是形成不同乡村旅游资源类型的基础，如东北黑土地一望无际的庄稼、内蒙古风吹草低见牛羊的草原牧场、中部淮海平原的农耕田园、沿海大大小小的渔场、江南田水汪汪的稻田、山地莽莽苍苍的森林与果园、茫茫大漠生机勃勃的绿洲等。一个地区的聚落布局和建筑式样是顺应该地域自然环境和人文社会诸要素历史而生成的文化成果的集中展示。从建筑材料与式样、庭院布局与装饰、聚落格局与规模、设施功能与布局等方面可以反映出该地域的地势地貌、地理气候、水文水系、生物群落等自然条件，以及土地利用方式、农业结构特征、经济发展水平、民族风习文化、人口密度与结构、农业耕作制度、生产生活习惯等社会文化取向。民族服饰与装扮也是地域自然条件、民族文化风习与历史发展脉络的集中反映。

3. 非物质要素

乡村旅游文化中的非物质要素是指基于自然条件和文化环境自然历史形成的人们无法直接通过感官感知的无形的非物质成分，如不同地域的民族性格、思维方式、价值观念、意识形态、道德取向、民间信仰、行为方式、民风习俗等在具体的行为活动中体现出来的文化性特征。游客在与东道主交往过程中或在集体活动的参与中以及对东道主的行为活动的关注中往往能够深切体会它的魅力，它是构成乡村旅游文化吸引力的核心元素，是乡村之所以产生旅游吸引力的灵魂和精髓所在。人们只有在乡村有形物质审美要素欣赏的同时，通过与目的地居民的沟通交流和集体活动的融入性参与，用心品味其言语行为、劳作方式、建筑布局等物质要素所蕴含的文化精神内涵，才能真正获得其中的生命要义和精神意蕴，达到心灵洗礼的境界。同时，一个地区人民的文化气质、精神面貌、生活风习又能形成一种特有的"气氛"，构成地域性文化与精神场域。

（五）乡村旅游文化的类型

从成因、结构、属性、特征、功能等不同角度可以对乡村旅游文化进行不同标准的类型划分。根据适用原则和研究方便，主要从结构、属性角度对乡村旅游文化进行分类。

1. 自然景观文化

自然环境景观是地形、地貌、山水、气候和生物等条件构成的乡村自然环境表征，是乡村地域景观框架的基础和大背景，其鲜明特点是生态性和多样性。乡村由于粗放型农业土地利用开发的特征，自然环境受到人为破坏较少，大多空气清新、土地肥沃、林木葱郁、溪水潺潺、鸟鸣幽幽，庄稼欣欣向荣、果园硕果累累、生态环境优美。乡村环境的自然生态性也体现了人对土地、自然的珍视和敬畏以及天人和谐相处的意识与关系处理态度。乡村这种恬静和谐、舒缓优雅的自然之美正是远离土地的都市人所缺少和渴望的，它一方面为游客提供了自然生态之美的欣赏空间，另一方面也给游客以天人关系认知的启迪，并启发人们对未来家园理想的构筑。

2. 乡村农耕文化

我国农业生产源远流长，乡村劳作形式多种多样，有渔猎捕捞、放牧牛羊、饲养畜禽、采药摘茶、锄作牛犁、灌溉施肥、梯耕水种等各种农事景观与劳作生产过程，包括各种各样不同时代的农具、使用方式以及传统的农具制造，这些都充满了蓬勃的生产活力、劳作激情和浓郁的乡土风情与地域文化气息，体现出不同农耕文化的历史特征与地域精神，对于不事耕作的游客和生活生产方式差别较大的国内外游客都极具吸引力。其中，田园风光是乡村农耕文化景观中最主要的构成部分，包括大规模连片的农田带、多种类型的经济果林与蔬菜园区、一定面积的天然或人工水面等。不同地域有不同特色的典型田园景观资源，如青藏雪域高原天高日丽的青稞田景观、广西龙胜层层叠叠的梯田文化景观、淮河丘陵地带高高低低的水田旱田、黄河中下游一望无际的大平原、黄土高原盆地和河谷地带沉甸甸的谷穗、东北白山黑水间青纱帐里红彤彤的高粱、沿海渔村浮标连连的海上牧场，还有海滩上熠熠闪耀的大片盐场……每一种农耕文化景观都在诉说着悠长的历史和沉重的故事。

3. 乡村聚落文化

聚落是人类活动的依托中心，也是人类生产劳动的文化成果，它既是人们居住、休息、生活、交流的公共社会活动场所，也是人们进行劳动生产与经济贸易的空间。我国乡村聚落形式分为集聚型，包括平原地区的团状、沿水带状和以淡水养殖业为特色的沿湖环水环状村落；散漫型，即点状村落，主要是山地聚落和丘陵带水湾聚落；特殊型，主要表现为分布在草原的游牧型帐篷、广阔水域群岛的水村，以及闽粤历史形成的客家土围楼、黄土高原的窑洞等。乡村聚落的形态、分布特点及建筑布局构成了乡村聚落景观旅游资源丰富的内涵。这些聚落景观具有地域性、历史性、整体性、传统性、文化性等特点，反映了村民们的聚居习惯、历史沿革、居住方式、生产结构关系特征，往往成为乡村地域文化特征的显著标志。

4. 乡村建筑文化

乡村建筑包括乡村民居、庭院布局、乡村宗祠、畜禽饲养等建筑以及其他建筑形式。不同地域的乡村民居代表了该地域自然、劳作、信仰、经济、历史等诸多方面的差异，形式多样，风格迥异，给游客以深刻的文化与历史感悟。如东北俄罗斯民族乡的"木格楞"、内蒙古草原的"毡包"、新疆喀什的"阿以旺"、贵州东南苗乡侗寨的"吊脚楼"、云南纳西族的"井干"、青藏高原的"碉房"、黄土高原的"窑洞"、中部平原的"四合院"、西递宏村的"徽派建筑"、福建客家的"土楼"、广东开平侨乡的"碉楼"等，千姿百态、底蕴深厚、美不胜收。乡村宗祠建筑，如东南沿海气派恢宏的祠堂、中部平原高大挺拔的文笔塔、青藏高原装饰华美的寺庙等，也是乡村孝悌、宗传与信仰文化发展的历史见证，反映出乡村居民文化生活的历史渊源。

5. 乡村民俗文化

乡风民俗反映出特定地域乡村居民的文化信仰、生活风习、审美取向、人情世故等，是乡村生产生活与文化承传长期积淀的结果。乡村传统节日纷繁多样，内容丰富多彩，汉族北方流行元宵灯节庙会、清明祭祖、中秋团圆赏月，南方流行元宵河灯绽放、端午龙舟竞渡、重九登高；藏族有酥油灯节、浴佛节、雪顿节等；彝族有跳歌节、火把节等；傣族有泼水节、开门节、关门节等；蒙古族那达慕大会的赛马、射箭、摔跤等。还有乡村的庙会踩高跷、扭秧歌、划旱船、舞龙舞狮，春天的踏青游春、荡秋千、上巳祓禊、三月三放风筝，端午龙舟竞渡，还有侗族的赶歌坪、彝族的阿细跳月、西南地区的芦笙歌会、陕北的大秧歌、东北的二人转等各种民俗活动，都具有浓郁的文化底蕴和较高的旅游开发价值。还有各地民间工艺品，如朱仙镇年画、潍坊风筝、天津泥人张彩塑、贵州蜡染、乐清黄物木雕、青田石刻以及各种刺绣、香扇、草编、糖人、购纸等，皆因其精湛的工艺、深厚的历史内涵、独特的民族文化而备受游客青睐。

6. 乡村经贸文化

乡村传统的经济贸易形式也是乡村旅游吸引力的一个重要部分。比如，一些村落原始形态的担挑小集市，一些中心村落逢五逢十等周期性举办的大集、赶坪等，届时周边的农人往往拿着自家生产的水果蔬菜、饲养的牛羊牲畜、捕捞的鱼虾等来集上售卖，货品齐全、种类繁杂，熙来攘往、热闹非凡。闲下来去邻人的小摊上吃个炒凉粉、啃个糖葫芦、喝个豆沫、吹个糖人……那种欢畅痛快、乐得其所的简单满足感令来自大城市见过大场面的城市人驻足称美，在其中流连徜徉，大有"村南村北响缫车，牛衣古柳卖黄瓜"的兴味。这种朴实淳厚的乡俗风情，着实让生活在大市场经济消费主义时代的人们感慨良多。

7. 乡村社会礼俗文化

中国的乡土社会中，黏着在土地上的人们世代经营着农业耕作，由于协作、安全的需要，他们聚村而居；由于生活生产的自足性而各区域间接触少、生活隔离，所以乡土社会富有地方性。乡村常态的生活是"终老是乡"，所以乡民们彼此熟悉，有着族群的身份与礼俗规范的认同，这是一种自然成长起来的礼俗社会，由于世代习得的潜意识使他们能够在生活中实现从心所欲而不逾规矩的自由，由此在这里自然长成了有机团结的聚落组织，完全不同于城市那种功利性机械团结的社会组织。所以在我国传统的乡村往往能够体验到日常性的其乐融融的大家庭的氛围和真诚。

从乡村地域景观的文化属性特征来看，乡村旅游文化又可以分为乡村物质文化、乡村制度文化、乡村精神文化。从功能与发生演化角度来划分，乡村旅游又包括农业生产旅游、聚落生活旅游、民俗文化旅游。

二、乡村旅游文化重构的多维认知

乡土是耕作者与大地共同播种希望、收获期待的家园，希望与期待使人与大地的价值合一，使人的自然和文化心理过程与大地的生产过程同构；乡村环境的自然性和人工性与人的自然性和文化性趋于同构、达成契合。近年兴起的"新乡土运动"实质上是一种挑战现有生活理念和生活方式的文化活动，是一场从物质到内心的"家园运动"，在寻找家园中获得身份认同与信仰重建，让生命重新扎根于厚重的土地，让灵魂回家，温习久违的淡泊与宁静。能够满怀着对丰硕收获的希望和期待，在这种和谐宁静的环境中辛勤劳作，是乡村的真正魅力之所在。现代技术能解决的是临时性问题，能最终解决根性问题的还是价值观。

（一）乡村旅游文化重构之游客认知

1. 乡村旅游文化的个体特征与整体认知

一般来说，游客对旅游形象的认知源于他对乡村旅游目的地特征的具体感知，但在当下大众参与的多媒体建构过程中，游客对乡村的认知便有一个来源于媒体建构形象的先验想象或期望。然后在旅游中，形象期望与目的地实际形象相匹配，从而获得感性化认知，二者相比照而产生惊喜、满意或不满等情绪或评价。此时，游客认知的乡村形象是一种具有典型地域特征的具体形象，它的个体性特征由它的结构要素如村落景观、民风民俗、生产生活、土地利用等展示出来。

但实质上，人类对事物的兴趣并不在具体的感性认知，人天生具有追求真理的欲望和勇气，人们旅游并不是为了空间移动，空间移动只是途径；也不仅是为了看别处的景观，看不同的景观是为了满足心中对一种审美姿态的渴望，或者说一种生命存在方式的实现。乡村旅游文化个体特征只是人们心里乡村根性意识符号化的载体，人们来到乡村，通过景观和活动的刺激，从而实现"回到家"的满足感。因此，乡村旅游文化的整体认知是游客基于具体乡村要素感知之上获得的关于"回家"的精神满足感，无论什么地域、有怎样特色的乡村目的地，最终的体验和感受结果应该是"回到了家"。无论家在什么地方，是大是小，是什么房屋有什么家产，是富裕还是贫穷，这些都不重要，重要的是家是真实原生的、世代传承的、温情脉脉的，家是能给人们精神支撑和前进动力的所在。

因此，在乡村旅游文化的建构与设计中，元素符号的"根性"与"家"的意涵表征表达十分重要，乡村目的地不同于其他旅游景区，它不是景区，它是家；包括乡村旅游的体验与接待模式也不同于大众旅游，它应该给人一种回家和在家的体验。

2. 乡村旅游文化的个人诉求与大众认同

消费时代全球化市场经济中物欲横流、浮躁无根的技术主义让多少人步履蹒跚在心灵流亡的途中，在城市异乡漂泊的心灵希求回到家园，重温大地的辽阔与稼穑的蕴藉，重新梳理心头的温情与生命的希冀，但是，对于大多数人来说，乡村已经回不去了，只能通过乡村旅游聊慰渴望的心灵。

每个人的阅历不同、学养不同、工作生活环境不同、个性心理特征不同，作为乡村游客，他们对乡村形象的想象和诉求也各不相同。在对成都三圣花乡五朵金花、北京门头沟爨底下村、河南辉县郭亮村三个旅游地游客的调研中，通过问卷调查和深入访谈，对乡村游客的人口统计特征、乡村经验、乡村想象、乡村旅游诉求、乡村旅游认知、信息获取途径等做了统计、整理与分析，结论认为乡村游客的个人诉求主要表现在以下几个方面。

一是田园理想的精神追求，二是身份认同与人性根基的回归，三是文化与传统的皈依，四是优美自然环境的颐养和乡野的休闲放松，五是农家的餐饮娱乐与交际。从调研数据看，选择田园理想追求、人性根基回归、身份认同寻找、文化传统皈依的游客占总游客人数的比例分别是 5.2%、1.9%、2.3%、3.2%，共计 12.6%。而选择优美环境颐养、农家餐饮娱乐与交际和乡野休闲放松的游客比例分别是 21.4%、36.5%、28.2%，共占了 86.1% 的绝大比例。[1] 通过进一步的选择性访谈，我们发现，是关于乡村旅游的形象宣传影响了他们的选择，包括乡村旅游宣传册、乡村旅游网络信息平台、旅行社乡村旅游产品宣传信息、乡村类影视、亲朋好友的介绍等，大多是介绍乡村的美丽自然风光、绿色餐饮产品、休闲娱乐设施的，游客到目的地看到的也大多是这些要素，没有更多更深的体验。那些有根性诉求的游客主要是基于个人的农村生活经历（比如，毛泽东时代上山下乡运动中的知青后代、从农村走出来的知识分子）、中国传统田园诗的解读、中国传统文化与哲学思想的熏陶等因素从而产生回归自然、耕作生产的想法，同时有些游客也谈到基于对现代城市生活与饮食安全的考虑从而产生到农村自耕自种的念头。访谈中发现，那些以餐饮娱乐、休闲方式为目的的游客也有大部分认为乡村旅游应该提供更多的农事劳作体验，"起码是有乡村特色的一些活动项目，让人觉得像电影里那样有一种回老家的感觉，但这些（特色活动）都没有，只能接受现实了，要不就自己到那些比较偏僻的农村体验"。游客的文化诉求使部分乡村经典元素在乡村重构中得以保留，这是积极的影响，但更多的是消

---

[1] 徐虹、焦彦、张柔然：《乡村旅游文化传承与创新开发研究》，北京：中国旅游出版社，2021 年 03 月。

极影响。乡村以消费空间和审美对象的新形象而重塑，这给了乡民重建文化自信的机会，也动摇了乡村作为生产空间和生命根基的地位。

（二）乡村旅游文化重构之主体意识

中国乡村旅游文化建立在传统社会田园诗歌式乡村之上的文化形态，因此可以说，中国历代的田园诗人、作家也都是乡村旅游文化建构的主体之一，而且是奠基人。但他们已成为历史，现在的乡村旅游仍需要从他们的田园诗歌中挖掘乡村深层次的东西为现代形象的建构所用。

新文化乡村影视首先是展示中国新农村、新文化、新风尚的大众媒体，是国家意识形态的传播载体。在乡村旅游时代，它也兼为旅游目的地政府、企业代言，并在乡村旅游文化的塑造与传播中起到举足轻重的作用。相当多的影视村像河南辉县郭亮村、东北刘老根系列影视拍摄地等均是因影视而被人们认识并前往游览的。

度假别墅地产商统筹城乡政策与乡村旅游发展机会，以资本优势绑架了旅游与规划，利用目的地政府短期经济利益之诉求，投社会优势阶层寻求优质度假、养老或居住环境之所好，也在打造乡村现代化、景观化、豪奢化的旅游形象，并吸引了大量欣羡、逐求的目光。

乡村游客基于乡村的艺术形象记忆、曾经的经验或媒体的宣传形象，比照自己关于乡村的理想形象，用自己的符号系统重新加工，整合自己的乡村旅游文化。通过微博、报纸杂志、填写调查问卷、向政府或相关乡村旅游项目管理者提出意见建议等渠道或方式，表达自己的诉求，并影响政府、旅游经营者、旅游规划师、度假别墅地产商等对乡村旅游文化的建构。

目的地居民在现阶段很少参与乡村发展或旅游规划决策，但他们为了抓住机会谋取经济收益，通过开餐馆、旅馆、小商铺、当导游或民俗表演等为游客提供旅游服务，参与了乡村旅游文化的再建构，乡村最终投射到游客心目中的旅游形象与旅游乡村的乡民参与是分不开的，乡民本身成为构成乡村旅游文化的基本元素符号。

这样，乡村旅游文化在乡村传统形象的基础上，在大众性主体的参与中，围绕旅游度假这一目标建构起来。乡村修筑了公路、停车场，建起了乡村饭店、星级旅馆、商场、酒吧、健身俱乐部、民俗演艺舞台……有些乡村成为现代化度假综合体，有些乡民集中住进了小城镇的安置楼；再者是有人把乡村理解为城市边缘的山庄。面对现代化与城市侵袭，面对铺天盖地的媒体舆论，乡村无力反抗，乡民接受为自己必然的命运。外部事实只有被主体认为心理实在时，才能影响主体行为；没有外部事实的存在，但被主体认为心理实在时，同样能影响主体行为。当乡村被建构为旅游场时，乡民被旅游磁化，并认同了旅游化、商品化的乡村和旅游经营与服务者的自我身份，这就是场的建构性。在 GDP 的追逐与狂欢中，在现代消费主义迷失中，乡村符号价值的建构与消费成为联系各旅游参与主体的基础和纽带，政府、多数游客、乡民与旅游经营者、旅游地产商一起，忘却了乡村的由来与传统，共同选择了商业化。

乡村旅游这一形象实质上已游离于乡村哺育生命、滋润文化、固延根基的传统功能。从田园世界到园林世界再到旅游世界，曾经寄予诗人人生理想和乡愁绵思的家园、村落和茫茫大地在人们的记忆中渐行渐远。乡村由生命起源与生产化育的根性空间转换为以观光度假为主要内容的消费空间，那些寻找心灵故乡的人们希望通过乡村旅游实现在精神维度上的诗意栖居业已变得奢侈，执着于诗意寻根甚至在精神上重建家园的游客心里盛满了深刻的孤独与理想幻灭的痛楚。

总之，乡村形象由于建构主体与背景的差异，主要表现为基于审美发展、经济技术进步、社会制度演进、世俗生活变迁、生存环境突变等因素影响的历时性建构和基于自然环境、经济传统、民俗文化差异等因素影响的地域性建构。其中地域性建构很少涉及政治意识形态的地域性差异，而历时性建构则表现出深刻的主体意识形态化倾向，具体表现为由历代田园诗人、作家、诗意寻根理想者基于"根""家""诗意""理想""生命"等意蕴观念的诗性建构，由革命诗人、乡土反思作家等基于革命、土改、权力等社会象征、寓言观念的政治性建构，由新农村建设者、乡村旅游开发者（政府、企业、规划师、乡民等）、新文化乡村影视作者、度假别墅地产商、乡村游客等基于旅游、度假等开发经营观念的多媒体旅游性建构。

（三）乡村旅游文化重构之历史与社会认知

一方水土孕育一方文化，中国乡村由于地理区域、气候、地势地貌等自然环境因素差异及经济发展水平不平衡的影响，造成乡村在农业生产方式（农、林、牧、渔，土地利用方式、生产关系、生产资料、技术水平等）、作物种类（主导农作物及各类作物品种、习性、外貌特征、营养成分，地方土特产，作物耕种布局特征等）、耕作方式（水、旱、梯田，两熟、三熟，畜力、机械，灌溉方式、播种方式等）、民居形式与结构（聚落布局形式与集散度、庭院结构与绿化树种、房屋式样与特征、街道式样及基础设施等）、生活习俗（餐饮原料、种类、加工方法与炊餐具，室内布局、装饰、家具特征，交通工具与方式，服饰习惯与特征，水、暖、照明设施及方式，婚丧节庆方式与特征，邻里关系与亲戚交流方式，民间文化娱乐与健身卫生等习俗）等各方面的差异，从而在这一基础上又形成了乡村文化的地域差异。对于乡村文化地域差异的认知正是乡村旅游活动开展的前提，实质上，这一文化差异也正是地域乡村性的具体体现，是乡村旅游文化吸引力所在。这种认知背后是深刻的人地关系意识和哲学认同，悠远传统的人地关系养成了人们根深蒂固的亲土心理。

1. 亲土情结与心理结构

从一个人"呱呱坠地"的出生开始，厚重的土地是人类生命得以延续立身的首要条件。作为人类生活和生产的场所，土地是一切生产和存在的基础，是最基本的自然资源和生产资料。人类依赖土地和阳光赋予的大气、水源、矿产以及盛产的作物、动物得以生存，并利用和改造土地资源，干预土地的结构和功能，给土地打上经济、技术、文化的烙印，使土地具有了社会的属性。土地是农业生产的源头，是农村发展的根基，是人类生命的根系所在。在传统社会，人类生活所需基本来源于土地。随着生产力的提高，土地成为人们诸种财富的重要来源。"宁送三石粮，不让一寸田"，体现了人们对土地发展价值的认识。辛勤劳作在土地上的人们，逐渐将自己的生命与土地融为一体，土地提供了人们赖以生存的信心和保障，并成为人们对生命和美好生活的精神寄托所在。土地是生产性的、是母性的，它滋育着生命万物，是生命之本、是母亲。

土地上的人勤劳、协作、和谐、熟悉。乡村是熟人社会，年长的智者是乡村的权威，舆论是人们行为的社会规范。中国社会是乡土性的，"土头土脑"的乡下人是中国社会的基层，乡土大众是社会生态的根基，百姓的日常洒扫孕育了中国人的智慧和精神。以土地为生的人们都有共同的品质和根本信仰，那就是勤劳、坚强、善良、质朴，并深深热爱脚下的土地。

人与土地这种生死相依的关系是自有人类以来的客观存在，并逐渐形塑了人们日常的认知意识与心理结构。乡村聚落作为人地关系表现的核心，它一方面反映了人类适应自然条件对生存生活环境的营造，另一方面表达了人类对自然规律的主动探索与认知把握，同时也反馈了人类活动与自然环境的相互作用与影响。当人踏上哺育人类生命的大地时，人的呼吸和生命节律会融入自然有序而活跃的和谐运动状态，人自然性态的潜意识被激活，譬如一滴水汇入河流，进入张力同构的机体，成为自然生灵的一部分。人的生产与自然生产同理，人的心理与乡土社会同构。人在风雨中锻铸成长，接受土地丰收的馈赠，也认同自然灾难的惩罚。人们经过犁耕、播种、施肥、浇灌，并顺应自然规律轮作、间种、休耕让土地自我修复，从而获得丰硕的收获。人地关系在乡村聚落的发展中成长，土地是乡土社会关系的核心，土地是乡民的身份符号，人和土地的关系构成了中国农村社会的独特结构。乡民与土地休戚与共、唇齿相依，亲土、爱土、敬土、重土、守土是乡民特别是农民生存与生活的日常逻辑，"穷家难舍，故土难离"这句话放在每个中国人身上都感受深刻、理解透彻。即使现代社会发生了翻天覆地的变迁，中国百姓始终无法割舍对土地的心理归属感与天然依赖情结。人与土地的这种生死相依的关系已经深深融入人们的血液和潜意识，这是一种地缘兼血缘联系。

乡土心理结构和身份认知构筑了人们由土而生的系列人生观和价值观，同时也深刻地影响着人们悠远的生活行为方式和空间认知取向。中国百姓自古以来就有着"土生万物由来远，地载群伦自占尊"的观念，土地在中国百姓心目中有崇高的地位。即使是现代社会，那些与泥土亲近的往事，依然是人们记忆中最生动活泼的生命信息。

2. 心理认同与回归诉求

千百年来，人在与土地风雨的交融成长中，养成了总结自然规律、顺应自然、与自然和谐相处、遵循季节变更、适应节气变化的习惯；并且在长期的积累中，每个人都能应付常年百事，一年四季的播种收获、应付灾荒的预案、年度的算计、长远的计划、土地的生产、子孙的繁衍……在千百年来的磨砺中，人们熟悉乡土如同自我，认同乡土如同自己的生命，虽然不能预测未来，但就像认识自己的身体一样，日复一日揣摩乡土的习性，融入乡土的血脉。建立在血缘与地缘基础上的乡村社会，大家彼此熟知，基于共同的生产生活，建立了共同的信仰，形成了共有的风俗，认定了共同遵循的公德规范。这个乡土社会在熟悉中成长，在成长中熟悉，虽然热情接纳来客，但新的陌生很快融入大的熟悉，整个乡里传统自古以来基本是稳定的、细水长流的、绵绵不绝的。

长久的依存关系养成了人们根深蒂固的亲土习性和与土地同呼吸共命运的心理结构，生产、劳作、希望、收获、和谐、安谧、信守、生命、生机、成长……是人们对土地和自我心灵与精神同一的价值认知。从未经历乡土洗礼的城市人，可以说从来就没有体验过生命根基的厚重，特别是在现代消费经济时代商品价值取向的社会背景中，自我生命价值和意义的追寻成为最严峻的问题，生命处于一种失衡或失重的状态；仿佛从小就失去了母亲，长大了得不到身份的认证，甚至没有任何关于母亲温情的回忆。人本应该诗意地栖居在大地上，但在城市里完全人工化的异化景观中，人们失去了大地，失去了本当借之以定位、以之为归属的诗意栖居的天地，失去了自我的空间向度。人们迫切地需要回归到土地，找到这个星球上与"我"彼此照应、价值同构的那片土地。

海德格尔强调诗歌的意义首先是"把人带上大地，使人归属于大地"。回归乡土是要达成人生"诗意栖居"理想的实际行动，完成人类之于土地从生命机制的联系到行为表达的认同。荷尔德林居无定所、贫病交加时以诗人敏锐的直觉预感到科学与文明将使人日渐异化，因而呼唤人们以平常的心态领悟寻常景观的诗意，通过栖居的诗意化来抵制人性异化与个性泯灭，寻找回家之路，皈依人的精神家园。中国古代的卜居风水与诗人所追求的诗情画意与荷尔德林对栖居的阐释不谋而合。所以，无论从习得经验、艺术追求，还是从心理结构、哲学期望，无论东方还是西方，获得心灵解放与自由、寻求生命价值与意义的探索体验，总是将人带回大地，回到人对于土地的真实的归属与认同。

在城市里，人们在现代科技、制度与现代文化罗织的网络中上演着同质化的机械的剧目，被体制化的现代人，通过反体制的努力，找回本真的自我成为当今社会最大的问题。这种努力有多种途径，每一种途径都只是一种符号象征的建构，"所有外在的追寻，其实都在完成一个内心旅程"。乡土温情流动于胸臆的过程，移化着凝视者现有的心理格局，促成人与自然的和谐同构，让人的心灵回归到自然的机体结构中，正如在外流浪的游子回到根系的故乡。

3. 乡村审美与田园精神

在传统历史时代，乡村只是文化人审美的对象，可能还谈不上旅游性。其时的乡村形象是文化人通过对乡村生活践行与认知的文化、观念性积累建构并因袭下来的记忆性文本或图像形态的形象。从历史发展的角度看，乡村作为审美对象的是它的生态性，乡村审美远远早于城市审美（在中国文学中，乡村作为审美对象最早出现在《诗经》时代，而城市被作为描摹的对象最早出现在宋代诗词中），正在于其有别于城市人为刻板特征的生态自然之美。二是它的生产性。审美特征的本质源于其实用性，最早对人类有用的东西是人们心目中美的、善的东西，乡村孕育生机、滋养生命的生产性特征在人们心目中是根的象征，只要人勤劳善良、敬畏自然，乡村就能保证人类的生存繁衍。三是它的生活性。乡村是人类对自然适应和选择建构的结果，是人类在大自然中营造的宜于生活的生产性空间，包含肥沃的土地、愉悦的协作、丰茂的庄稼、和谐的邻里、宁静的环境、宜居宜产的院落村庄等。四是它的文化性。人之所以区别于动物，就在于人有文化、有记忆、有历史、有未来，乡村有人类源起发展的历史记忆，是传统文化孕育生发的肥沃土壤，是人们根族精神绵延成长的家园空间，有人们生产学习、休闲娱乐的文化传统，所以乡村旅游不同于原野旅行、深山探险。

（四）乡村旅游文化重构之文化建构主义认知

语言是人基于表达需要的创造物，是实物的规范性和社会性表达符号，是实物的符号化，是一个与人相对应、为大众所认同的概念意义系统，是对象化的人。语言既是主观意味的表达，又是人人能接受的尺度、规律。它是实物的表达符号，既可以是抽象的文字符号，也可以是具象的实物符号，是物质与意识的统一。

从语义学角度来讲，"乡村"这个词，它就代表着人们共同接受的概念表达，既包含乡村所蕴含的自然社会要素，也抽象概括着乡村历时空间的感性形象。

在旅游中，乡村意象是乡村要素的符号化建构，其象征意义基于基本载体又游离于其上，生成一种概念或观念性的东西。比如庄稼，在旅游审美中，它已不是具体的粮食产品的载体，而是赋予了劳作、收获或生命成长的意义，抑或是一种生命自在状态的象征；梯田上的庄稼可能还意味着贫困、艰辛和历史的积淀。这其实就是一种文化，是乡村文化的意象。建立在乡村结构要素基础上的乡村意象被赋予了传统审美习得的意义且为社会普遍认同和接受，并逐渐概念化为承载某种社会价值与理想的符号。乡村意象是乡村旅游审美的核心诉求，乡村空间是乡村意境营造的载体，乡村形象是乡村意象的符号化表达。在历史发展过程中，乡村社会的构成要素、结构功能、审美特征等随着生产、科技、经济、文化的发展和地域条件的不同处于不断变迁之中，乡村审美价值取向的变化反映了其在历史变迁中的社会价值和意义的变化。

在历史发展过程中，乡村社会的构成要素、结构功能、审美特征等随着生产、科技、经济、文化的发展和地域条件的不同处于不断变迁之中，乡村意象认知在不同阅历、不同处境的人们心中也不一而足。当乡村进入人们的审美视野，乡村意象诞生了；当乡村进入旅游诉求的视野，乡村旅游文化形象诞生了。乡村旅游文化形象是乡村形象在旅游审美过程中建构起来的符合人们社会理想和价值观，并由不同旅游目的地乡村通过各种途径展示给游客的旅游性文化形象。乡村旅游文化形象不同于乡村形象，它是作为旅游目的地被旅游经营者规划设计过或被媒体宣传过，并为乡村游客所接受的旅游性乡村文化形象，是以独特旅游吸引力为核心，由富有社会诉求价值的乡村典型吸引要素系统建构起来的整体文化形象。

由于乡村旅游的规划设计者、宣传描绘者、形象接受者并非都具有深刻的乡村经验，实质上，其中大多数是没有真正的乡村生产生活经验的，因此，这里面的乡村概念就存在一个重构的问题，存在一个脱离乡村事实的符号建构问题。另外，建构主义告诉我们，基于意识诱导按照自我意愿对某一事实进行的符号化概念建构能够反作用于事实本身，从而导致事实的重构。首先是旅游规划者和乡村旅游媒体基于审美原理和消费心理采撷乡村田园诗元素、融合大量非乡村元素（主要是城市性审美元素符号）、摈弃在城市人看来不美的元素来建构乡村形象，学界称这种形象为伪乡村形象。其次是这种形象通过各种媒体的传播逐渐被大众接受（相当多受众是没有多少乡村经验的游客），使之以为乡村就是这样的。进而，有着深刻乡村生产生活经验的乡民由于缺乏对城市审美价值观和对媒体建构特征的认知，久之以为乡村本该是这样的，我们原来的生产生活已经过时了，从而接受了被媒体概念化的伪乡村形象，放弃了对原生态乡村的珍惜。于是包括新农村建设执行者在内的社会各界开始了另一种乡村——审美的和消费的乡村的重建，乡村从生产、生活、景观、娱乐到村落布局和建筑风格、文化观念与价值取向、产业结构与社会关系、自我认知与风俗民情一一重构，大众旅游语境中的乡村其实已是人们观念中的一种虚假符号。意识形态标准是实用性，物质消费给人们带来的刺激、舒适和满足，麻木了人们寻根问真的心灵，在旅游消费促进经济发展的征途中，乡村的根基意识、淳朴民风、传统美德、神性敬畏都已荡然无存。

（五）乡村旅游文化重构之后现代主义认知

消费是生命存续的保证，是生命质量提升的基础，是社会发展的动力，消费是必不可少的、正当的，否则，生产也就失去了意义。但是，当生产过剩，为维持资本增值而通过市场政策、商业广告诱导奢华消费并引致民众非理性消费盛行时，消费主义时代到来了。在消费主义时代，消费不是出自本真需求，而是地位、身份象征的符号，甚至成为自我存在的证明手段，或者是排解压力、消磨时光的途径，物质消费成为精神动力的支撑，人重新为物所役。此时，以回归自然、颐养心灵为目的的乡村旅游开始异化为一种新环境的消费娱乐方式，从而导致乡村空间景观化、乡村资源商品化、乡村食宿标准化、乡村购物同质化、乡村设施城市化、乡村文化多元化，乡村成为一种既非城市又非乡村的新型现代消费文化空间。

当下全球化消费主义市场经济大语境中，人们对乡村旅游诉求的多样性、乡村旅游文化表现出琳琅满目的色彩，造成乡村旅游活动及认知的异化。由于消费的非理性需求和旅游发展的经济性导向，在乡村旅游发展中形成了民俗舞台表演化、手工艺制作机械化、邻里关系竞利化、旅游经营资本化，从而导致乡村的淳朴民风不再，和睦的邻里关系不再协作互助的生产关系不再；乡民身份商业服务化，由于自主自信意识的缺乏，进一步导致乡民意识奴化；乡村旅游经营飞地化，传统产业空心化，从而导致乡村发展殖民化。乡村需要发展，但更要有自己的历史根基，割断历史传统的无根模仿和盲目的物质攫取，是一种看不到未来的伪发展。

孕育华夏民族认同与价值信仰传统的土壤是乡村，乡村是我们回归传统、复兴民族文化、重构价值信仰的根据地，因此，乡村旅游更重要的任务是传统化育与文化价值重构，它关涉着我们民族的未来，也影响着世界发展的格局。传统文化的复兴，要求我们通过健康的生活和良好的行为切实践行我们的传统美德，实践证明，最佳的社会生活形态不在城市，而是在乡村。悠远质朴的农耕文化、散居式的村落民居，低能耗的生产生活，自给自足的意识形态，和谐谨敬的天人关系，田园苗稼的空间形态，这美丽乡村是中国士族世代承传的精神领地，是我国各民族成长和历史记忆的载体，也是我们今天心灵复归的依托。因此，如何矫正理念、厘清思路、保护乡村与乡村旅游免受伪构建、飞地化、商业化等的戕害，是我们在乡村旅游文化重构中的第一要务，也是"三农"问题和国家发展需要直面的大问题。

（六）乡村旅游文化重构之文化复兴认知

传统的中国是乡土社会，厚重乡土是孕育中国传统文化的母体，传统村落是中国传统文化生生不息的土壤。中国文化是土地里长出来的，在乡村社会里，比较稳固地生长传承着一整套意识逻辑与伦理价值体系。乡村是中国传统文化之根基所在，而乡村传统的生产生活方式则是诞育这乡土文化并且绵延承传这民族身份认同的基础。实质上，传统中国城市的文化也是中国乡土传统文化的自然延伸。而我国现代的城市文明则是泊自西方的文化意识形态。所以我国的民族文化复兴，只能回望传统尚存的乡村。丧失了传统乡村生产生活的"经济"人和"知识"人很容易忘却自己的由来和根本，中国乡村危机的本质即是民族自信不足和主体性迷失危机，一些明智之士已开始了乡村生产生活方式回归的旅程。"国家有责任为人民创造幸福，政府有责任推广好的道德和价值"，所以拯救乡村，需从拯救我们的心开始，从生态文明的目标起航，保护乡土文化的传承者和游子回归的巢窠，保护传统生产方式，为乡村文明留下复生的根，拯救乡村即是拯救华夏民族的文化系统和价值系统。"放弃与人隔离的苦境，重新回到共享的、相互依靠的、丰富的共同体生活中去"。而旅游作为一种精神文化活动，具有强大的文化建构功能，以沐浴淳厚乡风、回溯乡村文明为旨归的乡村旅游能够也应当为传统文化的现代传承尽力尽责。

中国优秀的传统文化根植于乡村民间，乡村蕴含着至为珍贵的精神文化财富，乡村旅游为文化复兴提供了日常生活式精神化育途径，国家的这一民族文化复兴大政氛围，有助于乡村旅游根性价值的认知、生产生活本真属性的回归，文化传承功能的重建与开拓。但这一理念的转向还有待于国家从乡村建设角度的政策确认和旅游企业与规划专家的责任反省和社会担当。党的十七大立足传统构建民族精神家园，将文化建设、中华文化的兴盛提高到了战略的高度。党的十八大报告第六部分以"扎实推进社会主义文化强国建设"为题，提出四项文化建设任务包括社会主义核心价值体系建设、公民道德素质建设、人民精神文化生活建设和文化整体实力和竞争力建设。党的十九大报告指出"文化自信是一个国家、一个民族发展中更基本、更深沉、更持久的力量。必须坚持马克思主义，牢固树立共产主义远大理想和中国特色社会主义共同理想，培育和践行社会主义核心价值观，不断增强意识形态领域主导权和话语权，推动中华优秀传统文化创造性转化、创新性发展，继承革命文化，发展社会主义先进文化，不忘本来、吸收外来、面向未来，更好构筑中国精神、中国价值、中国力量，为人民提供精神指引"。中共中央、国务院印发《乡村振兴战略规划（2018—2022年）》文件中指出："保护利用乡村传统文化，实施农耕文化传承保护工程，深入挖掘农耕文化中蕴含的优秀思想观念、人文精神、道德规范，充分发挥其在凝聚人心、教化群众、淳化民风中的重要作用。划定乡村建设的历史文化保护线，保护好文物古迹、传统村落、民族村寨、传统建筑、农业遗迹、灌溉工程遗产。传承传统建筑文化，使历史记忆、地域特色、民族特点融入乡村建设与维护。支持农村地区优秀戏曲曲艺、少数民族文化、民间文化等传承发展。完善非物质文化遗产保护制度，实施非物质文化遗产传承发展工程"。党的十八大、十九大以来，习近平总书记在大大小小历次会议不同场合，从各个角度强调了文化复兴的重要性及其路径，从身边生活环境中，我们也感觉到文化复兴的氛围日益浓厚，从各种媒体到学校教材再到公共场合的宣传画面和标语口号，勤劳、善良、节俭、孝悌、礼貌、祥睦、民主、公正、和谐、诚信、仁爱、和平等华夏传统美德与社会主义核心价值观以贴近生活的形式洋溢在城市、乡村的大街小巷。

从民族文化复兴来看，民族文化复兴主题几乎贯穿了从新民主主义革命到全球化多元文化交流与冲突的 21 世纪的当下。传统的中国是乡土社会，厚重乡土是孕育中国传统文化的母体，传统村落是中国传统文化生生不息的土壤。但是，乡村传统文化的伟大复兴必然要基于乡村富裕文明的基础之上，基于乡民对乡村优秀传统文化的认知、传承、重建的基础之上，以此看来，乡村旅游达致民族文化复兴的目标还要建立在乡村居民文化教育素养提升的基础上，国家对乡村教育问题必须有高度的认识和扶持力度的革命性加强。

从国家的民族文化复兴政策来说，华夏文化诞育绵延的根基在乡村，其复兴与重建的希望也离不开乡村。马克思在强调经济基础决定上层建筑和意识形态的同时，也强调意识形态具有主观能动性，托克维尔认为美国政治制度之所以能够有效运行就在于"新英格兰自治精神"这一文化基础，当下政治文化理论家自是把文化看作影响政治和经济发展的自变项。任何个人理性和社会制度都是在传统、习惯、思想、信念、价值观构成的文化软环境中运行的，正是这些文化因素决定了个人行为和制度的性质及其效率。当今世界，文化决定命运。所以在发展主义盛行几十年之后面对市场、科技、全球化、消费主义带来的系统性负面问题，各国都开始反思解决问题的发展理念和文化途径。中国要真正拥有国际话语权，掌握政治、经济、社会发展自主权，就要建立以自己的价值观和意识形态为核心的文化体系，就要把自己的大政方针和战略目标建立在自己的历史文化基础上，"为天地立心，为生民立命，为往圣继绝学，为万世开太平"，最终不仅能影响世界文化和政治格局，还可能影响人类的命运。中国揭开了民族文化复兴运动的序幕。

（七）乡村旅游文化重构之文化救赎认知

乡村是中国传统文化之根基所在，这正是 20 世纪初梁漱溟、晏阳初、陶行知等著名"乡村建设"学者们在探讨和践行中国发展途径时将视线投向乡村的思想基础，也是如今当人们回望传统时映入脑海的首先是乡村田园的原因。传统文化是一个民族在特定的社会环境中历史建构的心理积淀和世代传承的精神结晶，渗透在人们的心理结构之中表现为一种普遍的社会文化心态，是民族身份认同的心理根据和符号象征，是生命意义的源泉与团结奋斗的精神支撑；同时，它又随着社会环境发展变化的影响不断重构、生成和发展。特别是现代社会，中国的乡土社会同样经历着深刻的变化，但比之于城市，农民的价值判断和人格精神底蕴依旧保持着特有的乡土性与民族性，传统村落尚保留着高度身份认同与价值同构的特征和温情脉脉的和谐社会文化生态，并通过各种草根文化传统体现其精神和价值观。

如果说历史上传统的乡村旅游是自然长成的，那么我们说现代乡村旅游则是媒体主动建构的。这里媒体的主体包括国家旅游等相关部门、旅游规划与开发商、旅游经营商、旅游传媒、现代乡村文学与影视作品，甚至包括部分通过网络等媒体参与乡村旅游评价与讨论的旅游者。从根本上讲，现代文明和交通、通信技术的进步使相当一部分人脱离土地，丧失了家园意识生成的土壤，疲惫和迷茫的时候找不到"家"之皈依所在，旅游的过程也是寻找家园、追寻自己梦想的过程，乡村旅游的过程是"心灵洗贫"的过程。然而，基于经济利益和异化旅游的诉求，乡村、政府、旅游者集体选择了商业化。对于有根性诉求的旅游者来说，乡村旅游"以一种异己的敌对力量或负价值作用，给人们自身带来危害"。乡村、旅游与旅游者的异化正在啃噬我们的传统与生活，我国的乡村旅游亟需深刻的反思与革命，扭转发展的方向与目标，并在乡村与传统的回归中逐步实现乡村与人性的文化救赎。旅游需求与消费的建构性、乡村与旅游文化的建构性恰恰为乡村旅游文化的功能转向与文化救赎提供了可能性与思路启示。消费生产着生产，生产也生产着消费，乡村旅游的发展必须实施生产导向模式，并努力建构富于文化传统的乡村旅游文化与产品体系，引导健康的消费理念，而不能一味迁就低层次或者扭曲的市场需求。

乡村旅游文化具有强大的文化建构功能，是促进民族身份认同、传统文化现代传承、美丽乡村建设的重要路径。文化嵌入性是乡村旅游产业天赋特征之一，身份认同与传统回归是乡村旅游发展之哲学根基，乡村旅游需要主动实施文化嵌入战略，以保持乡村生产生活性功能为基础，以重构乡村健康的文化系统和价值系统为核心内涵，应用符号学理论和技术手段构建高品位乡村旅游产品体系，为乡村生态化生产生活的复兴、为传统文化的现代传承做出贡献。

三、乡村旅游文化重构的理念

乡村是孕育和滋润中华传统文化的母体和载体，乡村旅游要肩负起优秀传统文化现代传承的重任，为民族文化复兴与人类信仰重建贡献力量。在乡村旅游发展的问题上，我们应拥有吉福特·肖平的理智（明智的利用和科学的管理），也应有约翰·缪尔的执着情怀（为保护荒野呐喊奔走），我们必须站在整个人类发展和解放的角度来把握乡村旅游文化发展的方向，同时也是对人类未来文化发展的把握。[1]

（一）乡村旅游文化建构的哲学理念

从本质来看，乡村旅游文化的生产生活性、生命性、生态性与系统性特征实际上是我们对乡村的文化性关照和认知，是站在人类发展需要的角度以社会历史评价的眼光去看待它。乡村作为人类社会实践发展的产物，它的所有适宜乡村生产生活发展需要的系统要素都被人文化了，包括乡村的自然环境也是人类对自然要素选择与保留的结果，可以说乡村旅游资源都是文化要素。在传统乡村社会，不合于生存与发展条件的文化以及坚持不合于生存条件理念的人，都会被自然和文化的力量所淘汰。乡村社会有它自己的自然文化生存法则和条件，即亚当·斯密（Adam Smith，经济学家）所谓"冥冥中那只看不见的手"，不合则去，合则留。不是说乡村社会中个人具有天生的生态观念与天人合一意识，而是他们的欲望和行为是从实验与错误的农事劳作实践中累积出来的经验和教训，传统和文化就是能经得起自然历史选择的经验的累积，这些看似自觉的欲望实质上是文化的命令，是适合人类生存条件的基因文化欲望。乡村旅游资源的文化性内涵主要表现在生态文化、农耕文化与民俗文化三大方面，而传统乡村生态文化与

---

[1] 徐虹、焦彦、张柔然：《乡村旅游文化传承与创新开发研究》，北京：中国旅游出版社，2021年03月。

民俗文化又建立在农耕文化基础之上。

乡村旅游文化最主要的属性是它的生产性与根性，这一属性生成的直观文化表现为农耕文化。乡村农耕文化不同于其他传统景观资源的单纯欣赏性或者审美性，它的主要功能是通过劳作生产实现对生命与文化之根的培育，而这一过程是可参与的、成长性性的，是具有心理皈依性的召唤结构。在游客的农事生产活动参与过程中，能够深入体会这是为生命生存与发展而进行的作为人应该掌握和熟悉的劳作，这是一种最本真的劳动需要；这种劳动意味着希望和收获，是上天赐予人类生存与发展的珍贵财富和基本能力；人类劳动应该遵循自然规律，只有保护好土地的生产力，人类发展才能获得更多的机会；大地给人类提供了展示人类生命力和创造力的平台，人类可以通过自己遵循自然法则基础上的创造性劳动让自然和大地变得更加丰富和美丽，并让人的个性得以充分发挥，自由得以最大限度地实现；人类并不需要多少物质财富或者GDP，大地上踏实的劳作、简单的衣食、真诚的交流和智慧的游戏能够让人类更幸福地在美丽的大地上诗意生活。

乡村生态与民俗文化体现于乡村的自然环境、农耕景观、聚落景观、建筑景观、民俗文化景观、经济景观等各子系统内部和谐自然的运行，以及各子系统之间在结构、联系、空间效果、物质与能量交流等方面的协调统一、共生互动性关系状态中。"芳草鲜美，落英缤纷……山有良田美池桑竹之属，阡陌交通，鸡犬相闻"，这种桃源式理想田园美景，饱含着人类对富有诗情画意、闲情逸致的生态化净土的渴望，是人类对其乐融融、无论魏晋的生态化民俗社会的向往。游客的心目中乡村诗意理想的审美图式包括优美的自然风景画、别致的地域风俗画、异族的民俗风情画。村落、田园与自然和生活劳作在其中的乡民构成和谐优美的有机整体，游客置身其中能够受到自然和谐文化的熏陶，自然产生一种生态理念认知，并影响其世界观和价值观，从而可能对其行为及以后的生活工作价值取向产生反馈性修正。质朴健康的农村传统习俗（包括生产耕作、土地利用、生活方式、民居建筑、游戏娱乐、宗教、民间文艺、节庆仪式、服饰、饮食、民族特色知识体系与文化形态等），其中所体现的源远流长的文化象征意义、独特的文化精神底蕴与生命根基皈依意识，有助于游客重新认知或强化自己的民族文化身份，在体验乡村传统文化精神的魅力中反思当下文化废墟与信仰失重的原因，重铸自己的民族文化信念与理想。

乡村旅游作为一种精神文化活动，从浅层意义上说，具有放松身心、愉悦情怀的功能；从深层意义上看，其最主要的功能还在于，它能够通过乡村旅游过程中精神文化的愉悦从而达到丰腴、熏陶甚至重新建构旅游者文化精神意志的功能，当然这一建构的效果要看乡村旅游产品本身的质量和层次。旅游者之所以前往乡村，从本质上讲是一种诗意的还乡，是渴望实现从时空到心灵的返璞归真，使疲累、空虚、焦虑的心灵通过乡土文化与劳动的洗礼复归恬适、丰盈、安宁。"采菊东篱下，悠然见南山"的恬适安逸，"晨兴理荒秽，戴月荷锄归"的艰辛超脱，"梅子金黄杏子肥，麦花雪白菜花稀"的烂漫优雅，"蓬头稚子学垂纶，侧坐莓苔草映身"的稚拙纯朴，"开轩面场圃，把酒话桑麻"的和谐欢畅，"醉里吴音相媚好，白发谁家翁媪"的幸福安详……一首首田园诗营造着华夏人世世代代明净纯洁、宁静淡远的精神家园，积淀了中华民族五千多年的农耕传统与文明底蕴，洋溢着华夏文化浑厚而绚丽的神韵和光彩，千百年来为滋养人们的心灵、涤荡人们的精神提供了取之不竭的源泉。乡村——那片生养万物的土地，那种原始的生态和久远的习俗，那份云淡风轻的闲适与悠然，是千百年来中国人魂牵梦萦的心灵故乡。闲来寻几树渊明桃花，兴起听数声稼轩鸣蛙，它是我们心中永远的"世外桃源"和对生命本真的想望……"充满劳绩，但人诗意地，栖居在这片大地上。"回望乡里田园其根本的心理哲学依据恐怕还是对家的诉求与生命本源的回归，是生命之于土地天然的联系，是一种"诗意地还乡"，这应该成为乡村旅游文化建构的哲学基础。

（二）乡村旅游文化建构的生态理念

西方走向衰微的病态工业文明——高能耗引致的能源和环境危机，生产过剩引致的经济膨胀和经济危机，以及为维持资本增值人为诱导的病态高消费，高消费需要的高能耗维持，又创造了技术创新所需要的资本投资机会……终于形成无解的恶性循环，也从而引发了近年兴起的新能源革命。以经济为中心的现代生产主义思维定式在当今全球范围市场经济中已经失灵，生态文明是人类发展的必然走向。20世纪80年代开启的中国现代化同样遭遇了工业文明的危害，满足人类福祉为目标的财富生产，被颠倒为维持资本增值和GDP增长的病态消费。农村在现代化革命中不仅承受化学农业带来的严重污染，还承受着城市发展转移的污染，同时，在政府主导的城镇化过程中大量乡村纷纷消亡。起源于古希腊、古罗马的西方文明是根植于工商业经济基础上发展起来的城市文明，而中国文明则是根植于乡村农业种植基础上的农耕文明，中国乡村的未来实质上承载着华夏文明传承与发展的命运。同时，中国五千多年传统农业文明携带着生态文明的基因，与生态文明在能源形态、价值观、文化特征方面具有天然契合性。"只有中国文明的精髓引导人类文化前进时，世界历史才找到真正的归宿"，我国当从乡村文明中找到华夏民族文化自信之根与复兴之路。

传统乡民通过辛勤劳作为生命健康延续提供了新鲜、安全、营养的食物，而乡村的生产、生态、文化也形成了一种低成本生态化的幸福生活模式：勤劳、简朴、闲适、宁静、敞亮、祥和的本真生活。面对工业文明带来的食品安全、环境污染、物种减少、气候反常等问题，美国、日本和欧洲等西方发达国家出现了"社区支持农业（Community Support Agriculture，CSA）"模式的田园运动，中国的北京、上海等地也出现了这种新农夫运动。因此，赶上生态文明的世纪，中国当务之急不是消灭农村，而是建设生态农村；乡村旅游亦当为生态化美丽乡村建设开辟旅游路径，以生态生产、生态生活、生态文化、生态消费理念武装旅游，建设乡村，引导游客。

（三）乡村旅游文化建构的人性发展理念

从人类社会发展的终极目标来看，国家的职责是创造民生福祉，让人从物的奴役中解放出来，使劳动成为人类创造性激情释放的需要，让人们过上一种本真的人性全面发展的生活，也就是人类发展的目标是人性的解放与全面发展。而旅游是实现人性解放与发展的一种暂时性生活方式，那么乡村旅游则是人们在传统旅游和现代生活方式遭遇发展悖论时对生态化本真性旅游与生活方式的一种新的追求。所以在乡村旅游发展中，我国更需要秉持人性解放与发展理念。从乡村角度来看，塑造乡民，才能让乡村进步，国家要为乡民的能动性提供基本能力保障，培养农村的造血能力，让乡民在创造性的生态农业发展中自觉追求自身的解放与全面发展。同时，乡村的生态化生产生活方式与乡民的健康美丽人性魅力作为吸引物从而促进乡村旅游的发展；反过来乡村旅游的发展进一步增强乡民文化自信、拓展乡村生态农业发展方向，推动美丽乡村建设。从旅游角度来看，乡村的生态生产生活与文化魅力吸引游客前往旅游，同时，在深入体验和参与乡村生产生活的旅游活动中，使游客实现自我解放与发展体验的满足，并被熏陶感染，与乡村文明同构，与乡村发展共济。因此，乡村的未来取决于理念能否再次战胜利益，国家在乡村与旅游发展中必须去除商业化倾向，避免国家性机会主义追求强势集团利益最大化而导致乡村的殖民化发展，要秉持创造性发展理念，旅游接待保持为乡村探亲规模标准，以高质量臻品旅游提升经济收益价值，让美丽乡村建设与乡村旅游规划真正成为一种没有经济负担的创造性设计，把乡村建设为丰产的乡村、生态的乡村、美丽的乡村和人类诗意栖居的家园。

（四）乡村旅游文化建构的健康消费理念

在消费主义时代，生产是为了追求高额利润，消费是为了炫耀或找到存在的标识，旅游不仅是为了放松休闲、增长见识、体验成长，更多的成为身份、能力与幸福指数的标签，成为达到消磨时光、寻求刺激、交际沟通等目的的手段。乡村传统的勤俭节约、淳朴良善等优良传统被弃置甚至嘲讽，人生失去了理想和信仰的目标，失去了把握未来的信心，权且以这种随时随意的虚幻消费来麻痹心灵苦孤无助的痛楚。

消费之所以成为主义，源于理性与信仰的缺失，而基于经济生产为核心的发展主义的盛行则是消费主义生成的诱导因素，在这种发展语境中，奢侈和非理性消费得到政策性鼓励或被商业广告所引诱。由此看来，消费主义不仅是个人的事情，国家政府具有不可推卸的责任。从个人来说，坚守或重建自己的人生理想和价值信仰体系，能够从踏实的劳动生产中体会自己生命存在发展的价值和意义，并勇于承担基于共同体发展的使命，确立责任对于欲望的优先秩序，是抵御消费主义诱惑的根本。其实，从实践上来看，健康消费的达成需要的只是——只能——每个人改变一下他们刚刚习惯的消费主义生活方式而已。所以说，政府的生产主义和个人的消费主义是造成乡村旅游异化生产与畸形消费的根源。从个人来说，从原生态的乡村习染、原生态的生产生活中辛勤劳动、踏实收获、简单生活的精神与生活方式正是抵御现代消费异化的有效途径，同时也是挽救旅游乡村未来命运和实现华夏文化传统传承的重要途径。在要求政府规范旅游企业以健康生产引导健康消费的同时，让我们也考虑一下乡村游客素质的提升，以自我健康的乡村旅游消费理念修正乡村旅游畸形的生产，引导健康的消费理念与消费文化。乡村旅游文化应当确立文化传承发展导向，构筑乡村田园美好生存环境，传承中华民族优秀传统美德和文化遗产，进而实现从"安天下、稳民心"到"近者悦、远者来"的愿景，在文化和精神层面上影响世界，才能实现为人类构建精神家园与灵魂栖息地的理想。

第二节　乡村旅游文化创意产品的开发与管理

一、乡村文化与创意产品

2018 年国务院印发的《乡村振兴战略规划（2018—2022 年）》中提出，要立足乡村文明，吸取城市文明及外来文化优秀成果，在保护传承的基础上，创造性转化、创新性发展，不断赋予时代内涵，丰富表现形式，为增强文化自信提供优质载体。乡村旅游中的文化创意产品开发，一方面有利于我国各地乡村文化的传承与创新，另一方面也可以通过产品化增强乡村旅游经济收益，同时，特色化的乡村旅游文化创意产品也能增强乡村旅游目的地的吸引力。

（一）乡村文化与乡村吸引力

乡村文化是乡村居民、乡村生产、乡村生活与乡村环境相互作用下所创造出的乡村社会所有事物和现象的总和。在实践中，乡村文化是一个不断生成、流动的概念，它既包含乡村的公共信仰文化、乡土民俗手工艺文化、乡村建筑民居文化，又包括具有精神教化意味的文化传承（家风家训、文化礼堂、乡村祠堂）等。随着现代化和城镇化的加速推进，传统的乡土环境发生变化，不过这并不意味着乡土文化的消失，乡村反而显得更加珍贵和稀缺。与高楼大厦林立的城市相比，乡村承载着乡音、乡情，保留了宁静的生活及质朴的传统。如今的乡村让人们"望得见山、看得见水、记得住乡愁"。乡村文化整体具有乡村独特性，而传统民居、自然景观、生活方式、生产方式和手工技艺又都可以作为单独的文化要素资源，对生活在城市的居民形成特有的吸引力。

（二）乡村文化创意产品的概念

在乡村旅游开发中，各种乡村文化要素和文化基因为文化创意产品的开发提供了不竭的动力，也容易实现产品化的经济性。文化创意产品，在旅游产业中，又称为旅游商品，近年来其开发越发受到重视。联合国教科文组织对"文化产品"的定义是：文化产品一般是指传播思想、符号和生活方式的消费品，它能够提供信息和娱乐，进而形成群体认同并影响文化行为。文化创意产品相较于文化产品突出了创意理念，凝聚了个人或团体的智慧与灵感，创造性地重塑产品的文化内涵，通过差异化和个性化的改造满足消费者的商品需求和文化情感。文化创意产品可视为文化产品与创意理念的融合，文化是创意的源泉，创意使文化更具活力。文化创意产品不仅要在外在形象上体现设计性，还要在内在层次上展现深度的文化精神，从而更好地与消费者建立情感联系，传递文化内涵。乡村文化创意产品将乡村文化与文化创意产品相融合，乡村文化构成了文化创意产品的核心"基因"，是文创产品的创意源泉。乡村文化创意产品立足于乡村地域文化背景，通过创新性设计将乡村文化要素以商品形式展现出来，从而形成全新的创意产品。乡村文化创意产品是乡村发展的必然产物，它是乡村历史文化作用于物质基础的重要表现，能够突出特色、传播文化、促进乡村旅游发展。

（三）乡村文化创意产品的特性

1. 创新独特性

文化创意产品强调创新，无论是其形式还是内容都具有独特性，才能够在千篇一律的商品中脱颖而出，满足消费者的个性化、多样化需求。文化创意产品独特性的背后是文化的特殊性，通过独特的产品设计展现地域特色，方能避免现代设计带来的同质化现象。乡村文化的丰富性和不可替代性能够形成众多创新点，从而为创意产品的设计开发提供思路，形成独一无二的旅游产品。

2. 文化关联性

文化创意产品的创意理念基于文化，独特的文化是文创产品的核心。文化创意产品对地域文化进行深入研究后，将其以独特的符号形式传递给消费者，从而唤起消费者的文化认同和情感记忆。文化创意产品能够使消费者联想到消费的文化场所，一定程度上起到了宣传地域文化的作用，能够体现乡土风情、传统文化，并且有利于促进当地文化传播、树立文化自信。

3. 艺术性与实用性兼备

文化创意产品的外在形态应符合形式美的法则，与当代审美相适应，产品设计上应充分把握材质、配色、纹样的搭配，使文创产品具有较高的艺术性。与此同时，消费者在购买产品时更倾向于具有实用价值的商品，因而文创产品在设计时应贴近消费者的生活，在具有美观性和纪念意义的同时也要具备一定的实用性。乡村文化创意产品蕴含有代表性的乡土文化要素，如竹编元素、刺绣元素、自然文化景观元素等，考虑现代人审美需求的同时增强其实用价值，让乡村文化创意产品既有美感，又有功用。

二、乡村旅游中的文化创意产品类型

围绕乡村文化创意可以开发经营的创意产品类型多、内涵丰富，既可以有乡土特色的农副产品、手工艺品、旅游纪念品、日常消费品、体验服务，也可以有与乡村文化相关的衍生品。要想满足旅游者日益差异化、个性化和时尚化的需求，乡村旅游中的文化创意产品需要兼备本地性、文化性和创意性，要将市场知识、经营智慧和创意灵感等融入乡村旅游商品中，增强乡村旅游特色与价值。

（一）特色农副产品

农副产品是指由农业生产所带来的副产品，包括农、林、牧、副、渔五业产品，具体分为粮食、经济作物、竹木材、禽畜产品及调味品、药材、土副产品、水产品等若干大类，每个大类下又分为若干小类。农副产品与文化创意相融合，除了在品种、颜色等方面进行创新外，还可以将乡村文化融入农副产品的包装设计中，提高农副产品的附加价值。通常这类文创产品定位于高端市场，包装材质多使用本土资源的绿色材料，有助于循环使用、保护生态，在包装设计上尽可能体现本土元素，符合消费者的审美需求。农副产品富有特色的包装设计，承载游客乡村旅游的记忆，展现了乡村旅游的形象，富含情感价值。

中国台湾在文创农业的发展上取得了显著成就，不仅重视产品的外在包装，还赋予了产品深刻的文化内涵，从而与游客产生情感共鸣，加深情感记忆。古迈茶园位于梨山的原始黑森林，茶叶包装上颜色以雾青色为主，象征着雨过天晴的森林天空，通过版画刻画出茶园景致，再配以高山族人民眼中的报喜灵鸟——猫头鹰，从而表现出幸福、自由、无忧无虑的山林生活。马祖外岛的芹壁村以金银花闻名，结合当地文化为此设计专属包装，与其他特色农副产品一起作为组合包装，融入闽东花岗岩石屋元素，颇具民族气息。可见，农副产品的包装设计要深入挖掘当地文化，通过符号化的形式表现出来，使农副产品具有更强的感染力。

（二）传统手工艺品

随着非物质文化遗产的申报，传统手工艺品越来越受到人们的重视。乡村手工艺品是乡村生活方式的体现，其特色在于传统手工艺特色和文化记忆。手工艺品的种类繁多，如泥塑、剪纸、刺绣、服饰、玩具等。传统手工艺品凝聚了古人的智慧和创造力，凭借着代代相传而流传于世，部分手工艺品由于做工烦琐、实用性不强，逐渐淡出人们的生活。因而需要对其进行现代化的改造，使传统手工艺品适应新时代的审美需求和使用需求，从而吸引消费者的关注。传统手工艺品的设计要以创新的艺术手段表现出来，使其不再是奢侈品和展览品。陕西千阳县的千阳刺绣源远流长，具有鲜明的地方特色和历史渊源。千阳刺绣的元素来源于当地的民俗文化和传统，颜色大胆夸张，题材以老虎枕、青蛙枕、虎头帽等居多，寓意保佑老人、孩童吉祥安康。刺绣蕴含的古老元素与现代设计相结合，符合现代审美的同时也保留了人们对美好生活的愿景，有利于形成新的潮流。如今千阳刺绣产品热销于海内外，尤其是婴幼儿产品，知名度和美誉度也得到大大提升。

（三）文化创意衍生品

文化创意衍生品主要包括利用原生艺术品的符号意义、美学特征、文化元素，将原生艺术品的文化元素与产品本身的创意相结合，形成的一种新型文化创意产品。常见的文化创意衍生品包括蕴含当地元素的明信片、书签、冰箱贴、书籍等纪念品。乡村文化创意衍生品区别于一般产品的地方在于其承载的丰富的历史记忆和文化传承。在合理提取乡村文化概念的基础上，选择合适的文化载体进行表象化、脉络化、灵魂化的开发设计，打造符合现代潮流的产品造型。比如，在嘉兴秀洲，农民画的衍生品设计主要包括提取独特颜色、开发相关书籍、打造农民画IP形象三个方面，秀洲农民画鲜艳独特的色彩搭配又被应用到其产品包装上，让人眼前一亮。除此之外，秀洲农民画明丽的色彩元素还可应用于日常生活的各种用具中，增强人们的视觉享受。农民画与儿童画在艺术表现上有异曲同工之处，因而可以通过书籍读物，让人们感受到农民画的魅力。多种衍生产品使秀洲农民画形成了品牌IP，这不仅能促进其本身的发展，还能与其衍生品形成良性循环。

（四）创意生活用品

乡村创意生活用品源于农村的生产、生活用品，在此基础上进行创意开发而形成的深受消费者喜爱的乡村旅游产品。乡村创意生活用品既有观赏性，又有很强的实用性，具有地方特色和纪念意义。乡村创意生活用品的材质大多取材于大自然，如竹、木、石、草等原材料可制成竹帛、陶瓷器、漆器等。在成都"非遗"文化节中的瓷胎竹编，以竹子为原材料，手工编制精细的竹丝依照瓷胎成形，可应用到现代家具设计中，具有不变色、不变形、可清洗的特征，蕴含深刻的文化内涵的同时具有超凡的实用价值。除此之外，乡村创意生活用品还可由原有的乡村生活用品演变而来，如三峡地区的民间刺绣，过去常用于生活中的灯罩、门帘等，如今看来失去了实用价值，于是将其刺绣元素应用到杯垫、冰箱贴等生活用品上，受到了人们的喜爱。乡村创意生活用品将乡村文化符号应用到生活用品中，追求实用的同时更加符合现代化的审美需求，体现了乡村的生态性和文化性。

（五）文化创意体验产品

乡村文化创意体验产品指能够让旅游者进行农事体验、民俗体验、手工体验等项目。传统的乡村旅游大多以吃农家饭、住民宿为主，旅游者缺乏深度体验。对体验项目进行创新，可以从乡村的基础设施入手，利用当地空闲的房屋和土地，打造具有当地特色的农事活动，游客在其中可以体验农耕活动、农副产品的制作、传统手工艺品的制作等，提高人们在乡村旅游中的参与度，进而优化人们的体验。这些体验活动既能加强游客对当地文化的认知，也激起了人们购买当地特色商品的兴趣。除此之外，民俗节日也可进行创新，针对节庆活动进行营销策划，创新乡村文化主题活动，让游客获得更多感知和体验。

苏南地区的乡村摄影如今成为一种新的体验产品。苏南地区风景独特，充满古色古香的江南水乡韵味，身着传统服饰于江南水乡的风景中漫步，别有一番风味。乡村摄影为旅游者提供服饰、妆容以及专业摄影师的私人定制服务，拍摄过程中设计相关剧情，使旅游者在拍摄过程中也有"沉浸式"的体验。乡村摄影能够让人们再次感受到乡村的亮点和特色，以身临其境的方式体验乡村文化。

（六）乡村记忆档案

乡村记忆是以乡村为基础，在时代变迁过程中保留下来属于特定区域居民的共同记忆。乡村记忆档案是传统乡村档案管理和乡村记忆有机融合的产物，具有丰富的文化内涵、记忆特征和地域特色。乡村记忆档案文化产品将乡村记忆档案中的历史文化要素附着在实体商品或服务上，从而满足大众对乡村文化的需求。乡村记忆档案文创产品包括影音制品、书籍等出版物以及具有较高文化价值的档案资料复制品或仿品等。乡村记忆档案文创产品是乡村生活符号化的体现，可提高公众的关注度，成为乡村的特色记忆名片。乡村记忆档案文创产品应寻求多领域的协同开发，如台北"故宫博物院"采用"策略联盟"的合作方式，先后与华硕、零二设计、水越、春和家具等多领域的设计团队合作开发文创产品，创造出许多市场反响较好的档案文化创意产品。

三、乡村文化创意产品开发与乡村旅游发展的耦合

传统的乡村旅游产业大多为第一产业，以耕种、加工农产品为主，而文化创意产业属于第三产业，文化创意产业与乡村旅游的融合将延长乡村旅游的产业链，推动乡村旅游的产业化发展。文化创意在生产、销售、营销等各个环节的应用，将有效解决乡村旅游面临的资源有限和生态保护困难的问题，创新了传统文化资源的利用方式和渠道。在信息时代，新媒体技术的运用能促进乡村旅游产品的推广，在网络上与消费者形成互动，从营销上拓展了乡村旅游的发展链条。文化创意产品的开发可以促进乡村旅游产业链的延伸和扩展，培育乡土人才，与乡村振兴、乡村旅游的发展形成耦合效应，既有助于乡村旅游，也反哺乡村旅游发展与乡村振兴进程。

（一）乡村旅游资源是乡村文化创意产品的源泉

乡村旅游作为一种特殊的旅游形式，兼具了农业和旅游的一些特征，表现在目标市场明确、生态性突出、地域与季节差异性明显。乡村旅游的灵魂在于乡土文化，乡土文化是在经历长时期人类与乡村自然的相互作用下形成的特殊文化，经过长期的传承形成了特殊的文化魅力。乡土文化从形态上可分为物质形态和非物质形态，物质形态主要包括乡村建筑、乡村聚落、民俗工艺品等；非物质形态包括民俗文化、节日庆典、文艺表演等。乡土文化凝聚了乡民的智慧，是世世代代乡民的劳动创造和精神创造。乡土文化具有地域性，每个地域的乡土文化的形成过程都不同，因而乡土文化具有独特性。文化创意产品相较于其他类产品更具文化识别的特点，文化是创意的来源，因而乡土文化不仅构成了文创产品的内核，还为其不断创新提供了更加广泛的思路。正是因为乡土文化不可复制，乡村文化创意产品才更具独特创新性。

乡村文化资源多种多样，可分为乡村物质性文化、乡村制度性文化和乡村精神性文化。乡村物质性文化是在村民长期的生产生活中创造的物质产品以及这些产品背后的生产技术；乡村制度性文化是乡村在长期发展中为了维系乡村社会稳定的乡村生活习俗和礼仪规范；乡村精神性文化是乡村文化的精髓，通常表现为乡村居民共有的心理、秉性、观念等。乡村文化创意产品可从这些文化资源中挖掘文化要素和符号，加以创造性的改造，从而形成特色迥异的乡村文创产品。

（二）乡村文化创意产品的发展助推乡村旅游发展

1. 乡村文化创意产品丰富了乡村旅游的资源

随着城镇化水平的不断提高，快节奏的城市生活给人们的生理和心理都带来了较大的压力，因而催生了人们向往远离尘嚣的乡村生活的精神追求，乡村旅游也迎来了较好的发展机遇。乡村旅游资源兼具自然性和文化性，目前的乡村旅游资源的开发大多依托自然资源和文物古迹，对资源的利用较为单一，因而提供的旅游项目、旅游内容基本相同，对游客的吸引力也较低。而乡村文化创意产品通过深入挖掘当地文化，创造性地开发差异性和个性化的项目，形成系列化的品牌产品，如东北的象牙村、亲爱的客栈等。文化创意为乡村旅游的发展提供了广阔的空

间，丰富了乡村旅游的资源种类，提升了乡村旅游的吸引力。

2. 乡村文化创意产品创新了乡村旅游的模式

乡村旅游经过长时间的发展后，其单一的开发模式逐渐无法满足旅游者的需求，如传统的农家乐以生态化的餐饮为主，具有可复制性，因而无法满足旅游者的需求。乡村旅游文化创意产品将乡村旅游与文化创意结合起来，不仅实现了对传统乡村旅游的再加工，如农产品的包装升级等，还创新了乡村旅游的模式，如将传统的农家乐转变为生态采摘园，形成了特色庄园的新兴旅游模式。除此之外，文化创意产品常常注重科技元素的运用，以科研和教育为主体，挖掘乡村传统文化资源，实现教育科研型、生态观光型、民俗体验型、康养休闲型等不同类型的乡村创意旅游模式。

3. 乡村文化创意产品促进了乡土文化的传承和传播

乡村文化创意产品基于一定的乡村文化背景进行创新，与市场需求紧密结合，承载着独特的文化内涵，是宣传和推广乡土文化的好的载体。为人们所熟知的故宫文创，对清朝宫廷文化进行再创造，推出了"雍正：感觉自己萌萌哒"系列产品，一定程度上宣传了故宫的文化，也为文创设计提供了新的思路。在我国很多乡村中保留了不少非物质文化遗产，但是因为与市场需求不符而无人问津甚至无法传承下去，而文化创意产品与大众需求紧密结合，通过创新将这些传统文化展现出来，从而受到消费者的青睐，传统文化也因此得到传承和发展。桂林市大河乡的傩文化作为小众的非物质文化遗产，长期宣传力度不足而无法得到推广，有了后继无人、走向衰落的趋势。为了保护传承傩文化，将傩文化传统"驱鬼逐疫"的观念创新为"去水逆""去失眠"等现代新兴词汇，并在此基础上设计手办、明信片、帽子等产品，让消费者潜移默化地了解到传统的傩文化，也有效达到了文化致富的效果。

乡村旅游的特色在于其环境与旅游者的惯常城市环境不同，因此乡村文创产品需要充分利用乡村素材，让旅游者进行深度体验。受气候、文化背景、宗教信仰等方面的影响，我国各地的乡村特色有所不同，如黄土高原的民居多以窑洞为主，内蒙古自治区以蒙古包闻名，西南地区竹楼林立，江浙一带徽派建筑独具特色。乡村文创产品在设计开发时应因地制宜，从各个方面带给旅游者沉浸式的体验，比如让旅游者可以亲身体验农事活动、农产品的制作等。

（1）深入挖掘乡村地域文化特色，提炼乡村文化元素

文创产品创新的核心要素在于文化元素，通过文化元素的提炼与创新，推动文创产品整体上的创新，形成产品自身独特的文化价值。对于文化元素的创新，一般从音、形、色、行为四方面进行考虑：音多指具有地方特色的语言、戏曲、词汇、声音等；形指造型、形态、图形，例如地方建筑、山水、图文；色指具有地方特色的颜色、色彩；行为指地方特色的行为，如民俗习惯等。对不同层面的文化元素进行提炼，在保留其辨识度的基础上融入现代时尚设计，从而更好地创新文创产品。例如，闽南文化中的"歌仔戏"，设计者从歌仔戏中提炼出脸谱的元素，与生肖"虎"相结合，设计出符合现代审美的形象，整个设计精美且富有创意。除此之外，

节庆民俗体验也要进行一定的创新，如大连的星台镇每年4月都有盛大的清泉寺庙会活动，通过主题策划调动各利益主体参与节庆活动，强调村民参与营造节日氛围，结合当地的文创品牌进行标志设计和吉祥物设计，展现古镇的文化特色和历史性。节庆民俗的创新也要注重真实性，减少表演痕迹，带给旅游者更好的旅游体验。

（2）开发系列化乡村文创产品，营造品牌形象

文创产品可以采用系列化模式，增加产品的种类，尽可能满足多方面的需求．系列化的文创产品更容易树立品牌形象，扩大文创产品的消费群体。系列化的文创产品具有相同的文化内涵和文化形象，以不同的形式表现出来，产品之间既有关联又相互分离，共同组合成具有相同文化元素的系列文创产品。乡村文化创意产品形成系列化组合产品，建立品牌形象后，将大大提高产品的知名度和吸引力，成为乡村文化的特色名片，一定程度上也促进乡村旅游的发展。例如，宁波的象山茅洋打造"山海水乡，心悦茅洋"的系列文创产品，共含12大类28个品种，都有统一的Logo，Logo画面以田园绿和海水蓝为主色调，融合乐园主题，展现了茅洋的标志性景点。这些文创产品包括名片盒、明信片、小镜子、梳子、书签等，具有实用性的同时也承载了当地的文化内涵，是当地宣传推广的特色名片。

（3）讲好乡村故事，注重营销渠道的创新

乡村文创产品是一种情感载体，能够满足消费者的情感需求，因此乡村文创产品应该具备诱发消费者情感的元素。设计乡村文创产品时应注重讲好乡村故事，遵循纪念性原则，借助象征等手段，将乡村特有的自然景观、风土人情融入产品中，彰显乡村文化特色，与消费者的情感产生共鸣。除此之外，讲好乡村故事也要重视营销渠道的创新，"酒香也怕巷子深"，许多乡村文创产品因为缺乏合适的营销渠道而不为人知。随着互联网技术的发展，许多乡村文创产品也开启了网络营销，创立相关的网站或者移动端的App，更加适合习惯于线上购物的年轻人。例如，"织趣"，在移动设备页面设计上以冷色调作为订购页面的主色调，暖色调则作为互动社区的主色调，减少消费者的审美疲劳，提高新鲜感和用户活跃度，除此之外还提供了定制产品服务，满足了消费者的个性化需求。通过建立移动端的App，文创产品不仅提高了知名度，还增进了消费者对其文化的认知。

四、乡村文化创意产品发展中的管理问题

目前，我国乡村文化创意产品的种类较少，雷同较多，缺乏本地特色，甚至有些乡村文创产品的经营者盲目跟风、抄袭他人创意，使产品缺乏竞争力。在造型和材质上，不少乡村文创产品缺乏乡村特色，无法形成本土化优势，其外观也不符合现代审美，因而无法触动人心。例如，在靠近海洋的渔村小镇，文创产品大多以贝壳装饰品为主，贝壳被涂上各种颜料组成风铃及其他造型，这类产品在海边小镇随处可见，缺乏文化特色，无法激发旅游者的情感共鸣，因而得不到消费者的认可。除此之外，有些乡村为了增加游客数量、提高旅游收入，盲目加入游乐园等各类设施，并收取较高费用，这些游乐设施大多比较常见，不仅对旅游者无法形成吸引力，还破坏了乡村的自然景观，而且大型设施的成本较高，短时间内难以收回成本。因此，乡

村旅游文化创意产品在开发过程中，要有整体意识，形成乡村旅游与文化创意产品耦合发展的开发管理思维。

（一）注重乡村文化创意产品开发整体性

乡村文化创意产品的开发多处于盲目、自发式的状态，且开发者多为自主经营，文创产品开发没有考虑产业链的上、下延伸，如文创产品未进行深、精加工和高端产品延伸，缺乏衍生产品，未形成完整的产业链。文化创意产业与乡村旅游的融合停留在表面，未能深入乡村文化的内涵，许多乡村文创产品停留在带有当地标志的纪念品阶段，因而无法创造乡村旅游新的增长点，也未能形成新的产业链。乡村文化创意产品中具有核心竞争力的品牌较少，很多乡村文创产品没有 IP 形象，因而无法形成上游与下游联动、周边拓展衍生的产业链条。乡村旅游创意产品的开发，要注重与具体的乡村旅游目的地的开发相协调，要与乡村旅游的品牌、重点产品、乡村意象、产业形成互动，形成整体开发思维与整体管理战略。

（二）加强乡村创新型复合人才培养

创新型的复合型人才缺乏是制约乡村旅游文创产品发展的因素之一。乡村文化创意产品是乡村旅游与文化创意的融合，因而要求开发者具有敏锐的旅游市场观察能力和深厚的文化内涵，设计产品既能满足一般需求，又能体现创新性，满足消费者求异的心理。目前乡村旅游文化创意产品大多由乡村当地居民进行开发，缺乏专家的指导，难以设计出具有现代审美的创意产品，无法满足消费者个性化和多样化的需求。当前，创新型的复合型人才大多聚居在城市，因为薪资待遇低和地缘劣势，回流到乡村的人才很少，创新型复合人才的缺失制约了乡村文创产品的创新性发展。因此，要注意对乡村文创产业形成人才的吸引和培养机制，积累乡村复合型人才培养案例，探索乡村人才的吸引、培养和扶持方法。

（三）增强线上营销长效机制

目前我国乡村文化创意产品和乡村旅游虽然都增强了线上营销意识，但许多乡村旅游和文创产品的购物平台、社交平台、专用网页、电子商务等推广或营销工作经常是偶发性，经常呈现项目初始推广或者活动推广时"一把火"现象，线上营销工作长效性不足。在乡村文化创意产品越来越重要的今天，网络营销信息的丰富性、多样性和长期性，才能带来爆点的偶发性。多种渠道的长期线上宣传，有助于形成特定乡村旅游目的地和文创产品的品牌信任，为乡村旅游经济延长产业链。

参考文献

[1] 闫郢. 文化创意与旅游产品设计 [M]. 长春：吉林美术出版社，2021.

[2] 张立明. 基于 AR 应用的土家族文化旅游产品创意开发研究 [M]. 北京：科学出版社，2021.11.

[3] 吴静澂. 广西北部湾海洋文化创意与旅游发展研究 [M]. 武汉：华中科学技术大学出版社，2021.06.

[4] 徐虹，焦彦，张柔然. 乡村旅游文化传承与创新开发研究 [M]. 北京：中国旅游出版社，2021.03.

[5] 赵勤. 旅游文创产品设计 [M]. 哈尔滨：哈尔滨工程大学出版社，2021.

[6] 陈博. 文创设计与产品化 [M]. 南开大学出版社有限公司，2021.02.

[7] 王丽. 特色文化 IP 与文创产品设计 [M]. 浙江大学出版社有限责任公司，2021.11.

[8] 刘玉娟，文珠蓉. 文创品牌形象设计与表现 [M]. 吉林人民出版社，2021.09.

[9] 阳梦祥. 侗族特色文化与旅游文化创意产品开发研究 [M]. 昆明：云南美术出版社，2020.07.

[10] 秦宗财. 文化创意产业品牌 [M]. 中国科学技术大学出版社有限责任公司，2020.07.

[11] 潘海颖. 创意旅游 —— 新乡村后都市 [M]. 中国原子能出版社，2020.07.

[12] 包银全. "传统"与"现代"的碰撞：文化创意产品设计中的创新性研究 [M]. 天津：天津大学出版社，2020.04.

[13] 张河清，王蕾蕾. 岭南文化与旅游产业融合发展研究 [M]. 广州：中山大学出版社，2020.06.

[14] 范周. 2019 文化创意产业研究报告 [M]. 北京：知识产权出版社，2020.01.

[15] 郭岚. 文创产品设计及应用研究 [M]. 吉林出版集团股份有限公司，2020.05.

[16] 王菊. 文创产品开发与创新设计 [M]. 西安：西北工业大学出版社，2020.04.

[17] 严婷婷，张西玲. 文创产品与旅游纪念品设计 [M]. 北京：科学出版社，2020.09.

[18] 何家辉. 文创设计 [M]. 武汉：华中科技大学出版社，2020.05.

[19] 于爱晶. 文创产业的创新、融合与实践 [M]. 北京联合出版公司，2020.03.

[20] 周文军. 文创的本质 [M]. 北京：中国商业出版社，2020.05.

[21] 周钰庭. 文创地图：文化创意产业的经营路径 [M]. 北京：现代出版社，2020.01.

[22] 马云. 文化创意与旅游产品设计 [M]. 吉林出版集团股份有限公司，2019.06.

[23] 李柏文. "文化创意 +" 旅游业融合发展 [M]. 北京：知识产权出版社，2019.10.

[24] 朱月，杨猛编；洪斌译 . 创意旅游纪念品设计 [M]. 桂林：广西师范大学出版社，2019.01.

[25] 李雅林 . 文化创意产业与产品传播的媒介发展路径研究 [M]. 沈阳：沈阳出版社，2019.01.

[26] 杨静 . 文创产品设计与开发 [M]. 长春：吉林美术出版社，2019.01.

[27] 张鸳鸳 . 文创产品设计实践 [M]. 成都：四川美术出版社，2019.10.

[28] 周承君，何章强，袁诗群 . 汇设计丛书·文创产品设计 [M]. 北京：化学工业出版社，2019.09.

[29] 张爱红 . 文创产品审美化消费研究 [M]. 济南：山东人民出版社，2019.11.

[30] 王俊涛 . 文创开发与设计 [M]. 中国轻工业出版社，2019.09.